I0797471

BÉROUL

TRISTRAN ET ISEUT

KTĒMATA

PUBLIÉS SOUS LA DIRECTION DE H. BRAET

10*

2 . **Maître Pierre Pathelin** (*traduit par* Omer JODOGNE)

3 . **Le Voyage de Charlemagne à Jérusalem et à Constantinople**
(*traduction critique par* Madeleine TYSSENS)

4 . **Adam de la Halle, Le Jeu de la Feuillée**
(*édité, traduit et annoté par* Jean DUFOURNET)

5 . **Geoffroy Chaucer, Les Contes de Cantorbéry - I**
(*traduits par* Juliette DE CALUWÉ-DOR)

6 . **Cantar de mío Cid – Chanson de mon Cid**
(*prés., éditée et traduite par* † Jules HORRENT)

7 . **Cantar de Mío Cid – Chanson de mon Cid**
(*annotée et commentée par* † Jules HORRENT)

8 . **The Old French Epic: An Introduction**
(*Texts, Commentaries, Notes by* Alan HINDLEY *and* Brian J. LEVY)

9 . **Geoffroy Chaucer, Les Contes de Cantorbéry - II**
(*texte de* J.H. FISCHER, *tr. et ann.* J. DE CALUWÉ-DOR)

10* . **Béroul, Tristran et Iseut, vol. I**
(*nouvellement édité et traduit par* Herman BRAET *et* Guy RAYNAUD DE LAGE)

11 . **Béroul, Tristran et Iseut, vol. II**
(*annoté et commenté par* Guy RAYNAUD DE LAGE *et* Herman BRAET

12*. **Marie de France, Les Fables**
(*éd., traduites et commentées par* Charles BRUCKER)

13 . **Marie de France, L'Espurgatoire Seint Patriz**
(*éd., trad. et commenté par* Yolande DE PONTFARCY)

14 . **Alexandre du Pont, Le Roman de Mahomet**
(*nouvelle édition, traduction, présentation et notes de* Yvan G. LEPAGE)

BÉROUL

TRISTRAN ET ISEUT

Poème du XIIe siècle

I

ÉDITION ET TRADUCTION

par

HERMAN BRAET

et

GUY RAYNAUD DE LAGE

2e édition revue

1999

PEETERS

PARIS – LOUVAIN

ISBN 2-87723-453-3 (Peeters France)
ISBN 90-429-0777-0 (Peeters Leuven)
D. 1999/0602/66

INTRODUCTION

I. La Légende.

1. *Origines.*

L'histoire des amours de Tristan et d'Iseut remonte pour l'essentiel à des origines celtiques: ainsi l'attestent notamment, outre l'onomastique (Drust ou Drystan, March, Brengain, Dinas) et la géographie[1], les similitudes avec le conte irlandais de *Diarmaid et Grainne*[2].

2. *Le premier roman français.*

A l'origine de tous les romans de Tristan, la critique a volontiers supposé un ancêtre commun, appelé suivant la langue *Ur-Tristan* ou *Estoire*. Bédier, le premier, a affirmé que cet archétype était déjà un roman, bien conçu et écrit en français. Aujourd'hui, on a tendance à mettre en doute l'existence d'un modèle ou même, d'une tradition uniques; les auteurs des divers romans conservés ont probablement pu connaître des variantes narratives, lues ou entendues, et partielles pour certains épisodes et scènes. Thomas et Béroul attestent l'un et l'autre que des versions parallèles, mais divergentes, circulaient; tous deux s'en prennent aux

[1] Principalement celle de la Cornouailles du Sud; voir, dans le second volume, les notes aux v. 954, 1040, 1275, 1320, 2653 et 2733.

[2] Voir, dans le second volume, la note liminaire au chap. III et les notes aux v. 954 et 1793.

«conteurs» qui trahissent la légende[3]. Béroul affirme avoir lu lui-même *l'estoire* (v. 1789-1790); nous ignorons toutefois si c'était sa seule source.

3. *Version commune, version courtoise.*

Certains aspects ont fait qualifier les récits de Béroul et d'Eilhart, par rapport à celui de Thomas, de version «commune», constituant une sorte de vulgate de la légende[4]. Le caractère primitif des mœurs décrites[5], l'empreinte faible de l'évolution littéraire et sociale contemporaine s'expliqueraient par une plus grande fidélité à l'hypothétique *Estoire* ou *Ur-Tristan.*

On a observé que le Tristan de Béroul n'est guère conforme au type héroïque du roman courtois: plusieurs traits, notamment ses vertus athlétiques et sportives[6], tendent à l'apparenter à une civilisation plus ancienne. La passion qui l'unit à Iseut s'exprime le plus souvent sans les détours de la problématique courtoise: frustes et sauvages, les sentiments du couple semblent se soustraire aux convenances instaurées par l'idéal nouveau. Peut-être même l'auteur s'y oppose-t-il? En tout état de cause, il ne s'intéresse guère aux états d'âme de ses personnages qui, de leur côté, pratiquent rarement l'introspection.

[3] Thomas, fragment Douce, v. 835-884; Béroul, v. 1265-1268. Pour le témoignage d'Eilhart d'Oberge, voyez les v. 9452-9457 de son poème.

[4] La critique rattache à la version commune la *Folie Tristan* de Berne, à la version courtoise, la *Folie* d'Oxford. Rappelons qu'il s'agit de deux textes courts relatant un même épisode, mais comportant de nombreux renvois à des événements dont le récit devait figurer dans les portions perdues des deux romans.

[5] Les fugitifs survivent dans la forêt du Morois grâce à leurs talents pratiques, notamment la chasse à l'arc (v. 1279-1295, 1752 [note] et 1285-98 [note]); Governal décapite un des traîtres pour en rapporter la tête (v. 1708-1744); Tristan s'embusque pour attendre un ennemi, le tue sans combat et lui coupe les tresses (v. 4351-4394 et note).

[6] Voir le «Saut Tristan» (v. 909-956 et note) et la note au v. 1752.

Il convient toutefois de se demander si l'opposition radicale entre version «courtoise» et version «commune» peut être maintenue. Pour certains commentateurs, Thomas n'est pas un authentique poète courtois: pour d'autres, l'œuvre de Béroul prend elle aussi en compte, fût-ce par endroits seulement et de manière superficielle, les exigences d'un nouveau public. En se référant à l'écriture, si différente, des deux auteurs, Payen proposait de parler plutôt d'une version «épique» et d'une version «lyrique»: l'une juxtapose à vive allure des séquences narratives où l'analyse psychologique est rare; l'autre sacrifie dans de longs monologues à la casuistique sentimentale de l'époque.

II. L'Auteur.

1. *Unité ou dualité.*

«Béroul est si peu un 'auteur' et son *Tristan* si peu un 'livre'»[7]. L'œuvre contenue dans le ms. BN f.fr. 2171 n'est pas seulement mutilée et disparate: sur le plan de la narration, elle se distingue d'emblée par une démarche paratactique. C'est sa relative discontinuité qui l'a fait considérer jadis comme une compilation, provenant d'une vingtaine de petits poèmes d'abord indépendants: une «théorie des chorizontes», vite abandonnée, mais à laquelle s'est substituée l'hypothèse de la dualité, mieux étayée.

On a relevé dans le récit certaines discordances: la présence des trois barons hostiles dans la fin alors que l'un d'eux a été tué aux v. 1656-1750, la répétition de la scène

[7] G. Raynaud de Lage, Les Romans de Tristan au XIIe siècle, dans J. Frappier et R.R. Grimm (éd.), *Le Roman jusqu'à la fin du XIIIe siècle* («Grundriss der romanischen Literaturen des Mittelalters, IV a»), Heidelberg, 1978, p. 220.

des adieux, la mort du forestier, annoncée par la main de Périnis, mais accomplie par Governal et de façon différente[8]. Si ces incohérences ont été interprétées comme les traces d'une soudure assez maladroite, c'est à la lumière d'une importante constatation. Le poème évoque le comportement des amants en deux temps; le premier où tout s'inscrit sous le signe du philtre et de la magie du désir, le second où la fidélité en amour n'empêche pas d'autres préoccupations, telles que les tentatives de réintégration sociale et l'élimination des traîtres. Si le premier mouvement (jusqu'au v. 2751) se montre fort proche du récit d'Eilhart, le second s'avère étranger au modèle suivi par cet auteur[9]. Or, c'est à partir du moment où il quitte la voie parallèle, que «Béroul» se dément lui-même[10]. Ne s'agirait-il pas, dans ces conditions, d'un second rédacteur?

Abandonnée depuis 1927, cette nouvelle hypothèse a été reprise par la suite et formulée sur nouveaux frais. S'alimentant à d'autres sources et travaillant dans un autre registre que le premier poète[11], l'auteur de la seconde partie pourrait se distinguer encore par d'autres éléments: la facture du vers et de la rime, certains traits d'écriture[12], de style[13] et de langue[14].

On n'a pu à ce sujet aboutir à des conclusions qui fassent l'unanimité. Certains érudits ont estimé que les différences

[8] Voir à ce sujet, dans le second volume, les notes aux v. 2755, 2811 et 2761.

[9] Et par toutes les autres versions, même si, par endroits, il se trouve quelques parallélismes.

[10] Voir encore la note aux v. 2820-1.

[11] Voir, entre autres, les notes aux v. 3288-312, 3398-400, 3696 et 3824-7.

[12] Telle la forme différente de l'appel au public et de l'*interiectio ex persona auctoris*.

[13] Le vocabulaire, l'emploi de certains adverbes et conjonctions. On lira toutefois les observations de J. Batany sur la rhétorique (Mélanges Lepelley, notamment p. 428-9 et *passim)*.[H.B.]

[14] Pour les caractéristiques phonétiques et morphologiques, v. les travaux cités sous III. *Versification et langue*.

étaient inexistantes ou insignifiantes; d'autres suggèrent que la seconde partie aura été composée plus tard[15], expliquant les changements de style par un changement de modèle, de but ou de manière; d'autres encore verraient en «Béroul» un remanieur ayant à sa disposition deux sources ou poèmes différents auxquels il aurait imposé une empreinte unitaire[16]. En revanche, plusieurs critiques reconnaissent dans les divergences narratives la trace de récitations successives ou la preuve d'une rédaction par épisodes: nous aurions entre les mains un texte de jongleur où coexisteraient des états logiquement incompatibles, remontant aux variantes courantes de la légende. L'auteur ou rédacteur ne les aurait pas raccordés.

Parmi les arguments avancés en faveur de l'existence d'un second poète — ou d'un continuateur — aucun n'a force de preuve en lui-même. Mais la convergence forme un faisceau de présomptions extrêmement fortes. Si l'on ajoute, pour finir, les modifications de structure et l'altération de l'esprit de l'œuvre[17], il paraît plus naturel et plus vraisemblable de songer à une double création.

2. *Patrie*.

On ne peut exclure que Béroul ait vécu en Angleterre: c'est ce que fait supposer sa familiarité avec la topographie du Sud-Ouest, notamment la Cornouailles[18]. Le texte

[15] T.B.W. Reid (*Mod. Lang. Rev*. LX, 358) rejette toutefois l'hypothèse d'une rédaction tardive de la seconde partie par le même auteur, les différences de langue étant trop marquées.

[16] De toute évidence, cette explication ne fait que déplacer la question et ne la résout pas. Reid (*loc. cit.)* signale, quant à lui, que rien, dans l'analyse linguistique, ne permet d'affirmer que l'auteur de la seconde partie aurait recomposé l'œuvre de son prédécesseur.

[17] On se reportera, par exemple, aux notes aux v. 2811 ss. et 3288-312 sur l'évolution du personnage d'Iseut.

[18] Voir les notes aux v. 954, 1040, 1275, 2232, 2653, 2973 et 3268.

paraît d'ailleurs s'adresser à la cour royale de Grande-Bretagne, milieu bilingue qui pouvait comprendre le nom du *lovendrinc* donné au philtre ou la mention de la route des pèlerins de saint André coupant la «mer d'Ecosse»[19]. Il est difficile de penser que les poètes du *Tristran* aient pu œuvrer pour un autre milieu que la cour d'Henri II, où qu'ils l'aient connue.

3. *Personnalité poétique.*

Le génie de Béroul ne doit pas grand-chose à l'enseignement des *Artes*. Il est plus voisin du trouvère épique, auquel il emprunte, en l'adaptant, non seulement sa langue archaïque, mais encore sa technique des annonces, ses reprises et ses appels à l'auditoire. Son texte, en effet, semble fait pour être écouté: la syntaxe en est orale, la rhétorique celle de l'exclamation. Le récit, entrecoupé par les interventions d'un conteur qui ne cache pas ses partis pris, se trouve fragmenté en une succession de tableaux bien délimités; de nombreux discours, dialogues et scènes animées contribuent à le dramatiser[20].

La seconde partie tient davantage du poème écrit. C'est l'œuvre d'un véritable lettré qui, pour exercer son emprise sur le public, recourt à des moyens plus savants: les rimes sont choisies, la langue riche, le style se souvient quelquefois du *Roman d'Eneas*; l'histoire se trouve brusquement peuplée par de prestigieux personnages appartenant au corpus arthurien[21].

[19] Voir les notes aux v. 2138 et 3132-3. D'autres indications pourraient être données par la mention de l'Arc qui ne faut (v. 1752 et note) et par le nom du traître Godoïne (v. la n. aux v. 3138-9).

[20] Voir surtout les notes aux v. 4, 561, 825-6, 827-65, 979-88, 1270, 1351-66, 1729 et 1981-7.

[21] Se reporter, entre autres, aux notes v. 2930-2, 3221-7, 3249, 3398-400, 4000, 4091-2 et 4295 ss.

III. Versification et Langue.

Le poème, écrit en octosyllabes à rime plate, conserve notamment dans sa première partie, un certain nombre de quatrains. En revanche, c'est dans la seconde partie que l'ancien couplet se trouve le plus souvent brisé, comme chez Chrétien de Troyes[22].

Comme Ewert l'a relevé dans son introduction, les rimes imparfaites ne sont pas rares, de même que les rimes paronymiques; un certain nombre peuvent être dues au poète. Plus variées dans la seconde partie, les rimes ne présentent guère de combinaison se retrouvant dans tout le poème.

Muret avait déjà identifié la langue du texte — transcrit par un copiste normand — à l'un des parlers de la Normandie orientale. Pope[23] et Ewert soutiennent que le poème offre la langue de l'Ouest.

Reid décèle dans la seconde partie des éléments pris à la langue littéraire franco-picarde[24]. Pour sa part, M. Holden estime que le texte est linguistiquement homogène[25].

IV. Date.

Si l'on adopte l'hypothèse de l'auteur unique, on peut se fonder sur l'étude de la langue et dater l'ensemble du

[22] On verra G. Raynaud de Lage, *Les Premiers romans français* (Genève, 1976), p. 108-12 et 119-20.

[23] M.K. Pope, A Note on the Dialect of Beroul's *Tristan*, dans *Mod. Lang. Rev.* VIII (1913) p. 189-92.

[24] T.B.W. Reid, The *Tristan* of Beroul: One author or two?, dans *Mod. Lang. Rev.* LX (1965), p. 352-8; Idem, A further note on the language of Beroul, dans *Rom* XC (1969), p. 382-90.

[25] A. Holden, Note sur la langue de Béroul, dans *Rom* LXXXIX (1968), p. 387-99.

texte de la fin du XIIe siècle. Sinon, il convient de placer la composition de la première partie vers 1165-1170, celle de la seconde vers 1190.

La date 1165-1170 tient compte de la brisure du couplet, introduite, pense-t-on généralement, par Chrétien de Troyes à partir de son roman *Erec et Enide* (composé vers 1170). Il se pourrait toutefois que ce soit Béroul qui ait influencé son grand contemporain, devenant ainsi l'auteur du plus ancien roman breton[26].

La fin du poème contient, au v. 4285, une mention de *Malpertis*, la résidence de Renart: ce nom apparaît pour la première fois dans la branche Va du *Roman de Renart*, datée de 1174-1177. Cette partie contient aussi, au vers 3849, une allusion possible à l'épidémie d'Acre de 1190-1191. Si la conjecture dont elle procède est retenue, cette mention situe la composition dans la dernière décennie du siècle.

V. Le Manuscrit et les Éditions précédentes.

Le texte est conservé dans le manuscrit fr. 2171 de la Bibliothèque Nationale, comptant actuellement 32 feuillets; le commencement et la fin du poème sont perdus. Fortement maculés, les deux premiers feuillets n'offrent qu'une lecture lacunaire[27].

La copie, d'une seule main, date de la seconde moitié du XIIIe siècle. Le texte a été disposé sur deux colonnes

[26] Voir, pour une autre indication, la note au v. 3414.

[27] Le manuscrit a fait l'objet de plusieurs examens à la lumière de Wood et d'une tentative de lecture au moyen du «video spectral comparator». Dans bien des cas, les lectures et conjectures de Roques, Meylan et Ewert n'ont pu être vérifiées. De fait, par rapport à l'état dont témoigne le microfilm en possession de la B.N., on a pu constater une détérioration croissante; la toile dont le premier folio a été recouvert rend le déchiffrement plus malaisé encore.

de 35 à 36 vers, avec la première lettre bien détachée, à gauche. L'emploi des initiales est quelquefois arbitraire. L'écriture est petite, parfois indistincte, confondant à de très nombreuses reprises *n* et *u*, *c* et *t*, *f* et *s*. Les omissions de vers, les inversions et les homéotéleutes ne sont pas rares[28].

Après avoir été transcrit par Friedrich Heinrich von der Hagen (1823) et par Francisque Michel (1835-1838), le poème a été édité séparément en 1903 par Ernest Muret, pour la Société des Anciens Textes français. Le même érudit a revu le texte à trois reprises dans les «Classiques français du moyen âge»: il y élimine graduellement un certain nombre de ses premières interventions et montre, dans l'introduction, une conviction de moins en moins ferme quant à la dualité de la composition.

La première édition d'Alfred Ewert a vu le jour en 1939; souvent réimprimée et revue, elle a été complétée en 1970 par un précieux volume de commentaires. La très grande fidélité de l'érudit anglo-saxon au manuscrit semble avoir inspiré Lucien Foulet et Mario Roques lorsque, en 1947, ils ont procuré — sous le pseudonyme «L.M. Defourques» — une dernière révision du texte de Muret. La transcription de Jean Charles Payen, publiée en 1974, s'écarte par contre volontiers de celle de ses prédécesseurs. Mais elle comporte quantité de contresens et d'erreurs de lecture.

L'effort philologique a été poursuivi: T.B.W. Reid a proposé, en 1972, de nombreuses lectures nouvelles, souvent fondées sur des corrections. Les *Notes textuelles* de M. Sandqvist lui donnent volontiers la réplique en situant

[28] Pour plus de détails sur le travail et sur les négligences du scribe, on se reportera à la description exhaustive d'Alfred Ewert, On the Text of Beroul's *Tristran*, dans Mélanges Pope, 1939, p. 89-98.

la syntaxe à première vue «déviationniste» de l'œuvre dans son contexte linguistique.

Comme le montre notre bibliographie, qui reprend les plus importants, beaucoup d'autres travaux sont venus éclairer, qui le texte et la composition, qui le style et l'esprit du poème. Compte tenu de cet apport considérable, il paraissait utile de proposer une nouvelle édition commentée[29].

VI. Principes de l'édition et de la traduction.

Le texte du manuscrit a été reproduit avec un minimum de changements. On a régularisé l'emploi, parfois arbitraire, des majuscules; une ponctuation a été introduite. La distinction entre *i* et *j*, *u* et *v* a été faite selon l'usage moderne. L'apostrophe indique la suppression d'une voyelle finale par le scribe; le tréma sur le *e* final d'un mot polysyllabique, la non-élision. Les variantes ne reprendront que les leçons rejetées du manuscrit: s'il y a lieu, elles feront l'objet d'un commentaire dans les notes du second volume, où seront examinées également certaines restaurations, corrections et conjectures non retenues.

Le copiste fait un emploi assez arbitraire des grandes initiales rouges; une partie seulement nous ont paru justifier un alinéa.

Il n'a pas semblé utile d'ajouter un glossaire, le texte étant accompagné d'une traduction juxtalinéaire, qui se veut aussi littérale que possible. Quand plusieurs interpré-

[29] L'édition que M. Gregory a fait paraître en 1992 comporte une bonne étude de la langue rappelant les principaux traits de phonétique et de morphologie. L'éditeur propose en outre un grand nombre d'interventions; quelques-unes s'avèrent très judicieuses, d'autres paraissent fort hardies.[H.B.]

tations semblent pouvoir être retenues, elles sont signalées dans le commentaire.

Les notes critiques et explicatives ne peuvent prétendre à l'exhaustivité: l'état présent complet de toutes les recherches dont le poème et la légende ont fait l'objet, reste à faire. Mais on a mis à profit un large choix des travaux parus au cours de ces trente dernières années.

VII. Début du poème.

Le texte du ms. fr. 2171 est acéphale. Plusieurs allusions, éparses dans le poème, tendent à indiquer les lignes générales du récit que l'auteur a dû suivre dans la partie perdue. Elles nous orientent du côté du modèle d'Eilhart, que Béroul utilise d'ailleurs pendant les deux premiers tiers du texte conservé[30].

Orphelin dès son plus jeune âge, Tristan a reçu sa formation des mains de l'écuyer Governal. Celui-ci l'a incité à faire voile vers la Cornouailles pour y parfaire son éducation. Tristan y a rejoint son oncle maternel, le roi Marc (*Béroul* v. 161), qui l'a confié à son sénéchal Dinas de Lidan. Sur ces entrefaites, le beau-frère du roi d'Irlande, un chevalier nommé le Morholt, est venu réclamer à Marc un tribut humain. Aucun baron de Cornouailles n'a osé défier cet adversaire en combat singulier (*Béroul* v. 135-8 et 848-58). Devant la détresse de son oncle et pour son honneur, Tristan a combattu l'ennemi (*Béroul* v. 139-42) et l'a finalement tué (*Béroul* v. 28 et 855). Mais le Morholt l'avait grièvement atteint d'un javelot (*Béroul* v. 856-7). Ne trouvant personne qui puisse guérir sa blessure, Tristan s'est fait abandonner à la dérive dans une barque sans rames ni gouvernail et a failli mourir en mer

[30] On sait depuis la thèse de Mme Buschinger (*Le «Tristrant» d'Eilhart von Oberg*, Lille, 1974) qu'en ce qui concerne ce modèle commun, Eilhart n'est pas un témoin fidèle à tous égards. La reconstitution qui suit est donc conjecturale, assurée seulement pour ce que les allusions de Béroul lui-même ont pu garantir.

(*Béroul* v. 484). Il a échoué en Irlande, où la nièce du Morholt, Iseut, l'a guéri (*Béroul* v. 53) sans connaître son identité.

Rétabli, le héros est retourné en Cornouailles, où son oncle a renoncé à se marier pour faire de lui son héritier. Mais les barons, jaloux de le voir succéder à Marc, ont pressé celui-ci de prendre femme. Pour les déjouer, Marc a promis d'épouser celle dont une hirondelle vient de laisser tomber un cheveu devant eux. Tristan, pour faire taire les malveillants, s'est offert à la retrouver.

Une nouvelle fois, les caprices de la mer l'ont amené en Irlande où un dragon ravageait alors le pays. Tristan a réussi à le tuer, gagnant ainsi la main d'Iseut pour Marc (*Béroul* v. 2559-63). Blessé lui-même par le monstre, il a été guéri une seconde fois par la jeune fille (*Béroul* v. 845) avant de la conduire à Marc (*Béroul* v. 115-6).

La mère d'Iseut avait préparé et confié à Brangain, à l'intention des futurs époux, un breuvage magique qui devait assurer leur amour: son pouvoir ne s'affaiblirait pas avant trois ans (*Béroul* v. 2139-41). Au cours de la traversée, ce philtre avait été servi par mégarde aux deux jeunes gens (*Béroul* v. 2203-10): dès ce jour, ils étaient condamnés à une passion que rien ne pouvait briser. A la cour de Marc, les amants ont été vite soupçonnés. Un groupe de barons les a dénoncés au roi (*Béroul* v. 26-30), pour qu'il chasse son neveu (*Béroul* v. 123-5); Marc vient d'interdire à celui-ci l'appartement royal (*Béroul* v. 175-6). Mais Tristan continue de voir Iseut en secret. . .

Clermont-Ferrand et Anvers, hiver 1988

*

Cette nouvelle édition du premier volume a permis de contrôler la transcription du texte, d'en revoir la ponctuation ainsi que la traduction.

Anvers, été 1999

. . . .
q*ue* nul senblant de rie*n* en face. *1a*
Com ele ap*ri*sme son ami,
oiez *com* el l'a devanci:
"Sire Tristran, por Deu le roi,
si g*ra*nt pechié avez de moi,
q*ui* me mandez a itel ore!"
Or fait senblant *con* s'ele plore.
. . . . mie
. . . . mes en vie
. . . . ceste asenblee
. . . . s'espee
. . . .
I . . . .
*Con*me . . . .
P*ar* Deu, qui l'air fist et la mer,
ne me ma*n*dez nule foiz mais;
je vos di bie*n*, T*ri*stra*n*, a fais,
certes, je n'i ve*n*droie mie.
Li rois pense que par folie,
sire T*ri*stran, vos aie amé;
mais De*us* plevis ma loiauté,
q*ui* sor mo*n* cors mete flaele,
s'onq*ues* fors cil qui m'ot pucele
out m'amistié encor nul jor!
Se le felon de cest' enor,
por q*ui* jadis vos *con*batistes
o le Morhout, q*a*nt l'oceïstes,
li font acroire, ce me se*n*ble,
que nos amors joste*n*t ense*n*ble,
sire, vos n'e*n* avez talent,
— ne je, p*ar* Deu om*n*ipotent,
n'ai corage de drüerie
q*ui* tort a nule vilanie.
Me*us* voudroie q*ue* je fuse arse,
aval le vent la poudre esp*ar*se, *1b*
jor q*ue* je vive q*ue* amor
aie o home q*u'o* mo*n* seignor.
Et, De*us*! si ne m'e*n* croit il pas;

. . . .
[*Mais elle se garde bien*]
De rien laisser paraître.
Comme elle s'approche de son ami,
Ecoutez comment elle a pris les devants:
"Seigneur Tristran, par Dieu le roi,
Vous me causez grand tort
En m'appelant à pareille heure!"
Elle fait alors semblant de pleurer.
. . . .
. . . .
. . . .
. . . .
. . . .
. . . .
"Par Dieu, créateur du ciel et de la mer,
Ne m'appelez plus jamais.
Tristran, je vous le dis bien, avec insistance:
Je ne viendrais certainement pas.
Le roi se figure, seigneur Tristran, que
C'est d'un amour coupable que je vous ai aimé.
Mais je jure devant Dieu que j'ai été fidèle:
Qu'Il me frappe de son fléau
Si un autre que celui qui me prit vierge
Obtint jamais mon amour depuis!
Même si les félons de ce royaume,
Pour qui jadis vous avez combattu
Et tué le Morholt,
Lui font accroire, à ce qu'il me semble,
Que l'amour nous unit,
Vous n'avez pas, seigneur, un tel désir.
Ni moi non plus, par Dieu tout-puissant,
Je n'aspire pas à un amour
Qui mène au déshonneur.
J'aimerais mieux être brûlée
Et avoir mes cendres dispersées au vent,
Que d'aimer un seul jour de ma vie
Un autre homme que mon époux.
Eh, Dieu! pourtant il ne me croit pas;

je puis dire: de haut si bas!
Sire, m*o*lt dist voir Salemo*n*:
q*ui* de forches (t)raient larro*n*,
ja p*us* ne l'amera nul jor.
Se li felo*n* de cest' enor
. . . .
. . . .
. . . .
. . . aise . . . parole . . .
[J]a nos deüsent il celer.
M*o*lt vos estut mal e*n*durer
de la plaie q*ue* vos p*r*eïstes
en la batalle q*ue* feïstes
o mo*n* oncle. Je vos gari;
se vos m'e*n* erïez ami,
n'ert pas m*er*velle, p*ar* ma foi!
Et il ont fait e*n*te*n*dre au roi
que vos m'amez d'amor vilaine.
Si voient il Deu *et* son reigne!
Ja nul verroi*en*t e*n* la face.
Tristra*n*, gardez e*n* nule place
ne me mandez por nule chose;
je ne seroie pas tant ose
q*ue* je i osase venir.
Trop demor ci, n'e*n* qi*e*r me*n*tir;
s'or en savoit li rois *un* mot,
mon cors seret desme*n*bré tot.
Et si seroit a m*o*lt g*ra*nt tort;
bien sai, q*u*'*i*l me dorroit la mort.
   Tristra*n*, certes, li rois ne set
q*ue* por lui par vos aie ameit;
por ce q*u*'*e*res du parenté *1c*
vos avoie je en ch*er*té.
Je q*ui*dai jadis q*ue* ma m*er*e
amast m*o*lt les p*ar*enz mo*n* p*er*e,
et disoit ce, q*ue* ja moll*ier*
ne*n* avroit ja [son] seignor ch*ier*

70 par] pas

Je puis dire; j'étais si haut, me voici bien bas.
Seigneur, Salomon dit bien vrai:
Celui qui sauve le larron du gibet
Ne s'en fera jamais aimer.
Si le félons de ce royaume
. . . .
. . . .
. . . .
. . . .
Ils auraient dû taire . . . . . .
Il vous a fallu souffrir beaucoup
De la blessure reçue
Dans le combat que vous avez livré
A mon oncle. Je vous ai guéri;
Si vous deveniez mon ami pour cela,
Par ma foi, cela n'avait rien d'étonnant!
Or ils ont fait entendre au roi
Que vous m'aimez d'un amour indigne.
Puissent-ils voir Dieu et son royaume!
Mais jamais ils ne contempleraient sa face.
Tristran, gardez-vous de m'appeler,
En quelque lieu et pour quelque raison que ce soit;
je ne serais pas assez téméraire
Pour oser y venir.
Sans vouloir le cacher, je m'attarde trop ici.
Si le roi en savait un seul mot,
Je serais écartelée.
Ce serait pourtant une grave injustice,
Comme je puis le savoir, s'il me mettait à mort.
Visiblement, Tristran, le roi ignore
Que c'est à cause de lui que je vous ai beaucoup aimé:
C'est parce que tu étais de son lignage
Que je vous ai pris en affection.
Il me semblait autrefois que ma mère
Aimait beaucoup la parenté de mon père.
Elle disait que jamais épouse
N'aimerait son mari

q*ui* les parenz n'e*n* amereit;
certes, bie*n* sai q*ue* voir diset.
Sire, m*o*lt t'ai por lui amé,
et j'e*n* ai tot perdu son gré."
— "Certes, et il nen . . . . . .
Por qoi seroit tot sue*n* li . . .
Si home li o*n*t fait acroire
de nos tel chose q*ui* n'est voire."
— "Sire T*ri*stran, q*ue* volez dire?
M*o*lt est cortois li rois, mi sire:
ja nu pensast nul jor p*ar* lui
q'e*n* cest pe*n*sé fuso*n* andui.
Mais l'en puet ho*m*e desveier,
faire le mal *et* bie*n* laisier;
si a l'o*n* fait de mo*n* seignor.
Tristra*n*, vois m'e*n*, trop i demor."
— "Dame, por amor Deu, merci!
Mandai toi *e*t or es ici;
entent un poi a ma proiere:
ja t'ai je tant tenue ch*ie*re!"
Qant out oï p*ar*ler sa drue,
sout q*ue* s'estoit ap*er*ceüe.
Deu en re*n*t graces *e*t m*e*rci,
or set q*ue* b*ie*n istro*n*t de ci.
"Ahi, Yseut, fille de roi,
franche, cortoise, bone foi!
P*ar* plusors foiz vos ai ma*n*dee
puis q*ue* cha*n*bre me fu vee[e],
ne puis ne poi a vos p*ar*ler.
Dame, or vos vuel m*e*rci cr*ï*er *1d*
q*u'i*l vos me*n*bre de cest chaitif
q*ui* a traval et a duel vif;
qar j'ai tel duel *c'onques* le roi
out mal pe*n*sé de vos v*er*s moi
q*u'i*l n'i a el fors q*ue* je muere.
Fort m'est a cuer . . . que je . . .
Dame, granz . . . .

78 diret

Sans aimer aussi sa famille;
Je suis sûre qu'elle disait vrai.
Seigneur, je t'ai beaucoup aimé à cause de lui
Et pourtant j'ai perdu ainsi toute sa faveur.
— Certes, et il ne . . . .
. . . .
Ses hommes lui ont fait accroire
A notre sujet des choses qui ne sont pas vraies.
— Seigneur Tristran, que voulez-vous dire?
Le roi, mon époux, est un homme courtois:
De lui-même, il n'aurait jamais imaginé
Que nous puissions partager un tel sentiment;
Mais on peut dévoyer un homme,
Lui faire mal agir et délaisser le bien:
Ainsi a-t-on agi avec mon époux.
Tristran, je m'en vais; je ne m'attarde que trop.
— Dame, pour l'amour de Dieu, pitié!
Je t'ai appelée et te voici;
Ecoute un peu ma prière:
Tu m'as toujours été si chère!"
En entendant parler son amie,
Il comprit qu'elle avait vu clair.
Il en rend grâces à Dieu:
Il sait à présent qu'ils s'en sortiront.
"Hélas, Iseut, fille de roi,
Noble, courtoise et loyale!
Plusieurs fois je vous ai fait appeler
Depuis que les appartements me furent interdits
Et que je ne pus vous parler.
Dame, je veux maintenant vous supplier
De vous souvenir de ce malheureux
Qui endure peine et tourment:
Car je suis tellement affligé que le roi ait jamais
Pensé mal du sentiment que vous me portez
Qu'il ne me reste qu'à mourir.
Il me tient à coeur de . . . .
Dame, ...

D . . . .
q*ui* . . . .
. . . . ne fai
. . . . mon corage
. . . . qu'il fust si sage
Q*u'i*l n'e*n* creüst pas loseng*ier*
moi desor lui a esloign*ier*.
Li fel covert Corneualeis
or en sont lié *et* font gabois.
Or voi je bie*n*, si *con* je quit,
q*u'i*l ne voudroient q*ue* o lui
eüst home de so*n* linage;
m*o*lt m'a pené so*n* mariage.
De*us*! por quoi est li rois si fol?
Ainz me lairoie p*ar* le col
pendre a un arbre q'e*n* ma vie
o vos preïse drüerie.
Il ne me lait sol es*con*dire!
Por ses felons v*er*s moi s'aïre,
trop p*ar* fait mal q*u'i*l les e*n* croit;
deceü l'ont, gote ne voit.
M*o*lt les vi ja taisa*n*t *et* muz
qant li Morhot fu ça venuz,
ou ne*n* i out *uns* d'eus tot sous
q*ui* osast pre*n*dre ses adous.
M*o*lt vi mo*n* oncle iluec pe*n*sis,
Me*us* vosist estre mort q*ue* vis.
Por s'o*n*or croistre m'e*n* armai, 2*a*
*con*bati m'e*n*, si l'e*n*chaçai.
Ne deüst pas mis oncles chiers
de moi croire ses lose*n*giers;
sovent en ai mo*n* cuer irié.
Pensë il que n'e*n* ait pechié?
Certes, oïl, n'i faudra mie.
Por Deu, le fiz sai*n*te Marie,
dame, ore li dites errant
q*u'i*l face faire un ré ardant,

138 adoul

. . . .
. . . .
. . . .
. . . .
. . . . . . qu'il fût assez sage
Pour ne pas croire une mauvaise langue . . .
Me bannir de sa présence.
Les traîtres perfides de Cornouailles
S'en réjouissent à présent et brocardent.
Maintenant je comprends bien, ce me semble,
Qu'ils ne voudraient pas qu'il eût
Auprès de lui un homme de son lignage;
Son mariage m'aura causé beaucoup d'ennuis.
Dieu! pourquoi le roi est-il si crédule?
Je me laisserais plutôt
Prendre par le cou à un arbre
Que de jamais devenir votre amant.
Il ne me laisse même pas me disculper!
Il me poursuit de son courroux à cause de ses félons
Et il a grand tort de les croire:
Ils l'ont trompé et il n'y voit goutte.
Je les vis bien silencieux et muets
Quand le Morholt est venu ici;
Alors il n'y en eut pas un seul
Qui osât prendre son équipement.
Je vis là mon oncle très anxieux;
Il eût préféré être mort que vif.
Pour accroître son honneur, je pris les armes,
Je battis et je le chassai (le Morholt).
Mon oncle bien-aimé n'aurait pas dû
Croire à mon sujet ses courtisans;
J'en ai souvent le coeur gros.
S'imagine-t-il qu'il n'y ait pas là de péché?
Certes, oui, il finira pas s'en rendre compte.
Par Dieu, le fils de sainte Marie,
Dame, dites-lui sur l'heure
De faire préparer un grand feu

et je m'e*n* e*ntre*rai el ré;
se ja un poil en ai bruslé
de la haire qu'avrai vestu,
si me laist tot ardoir u feu;
— qar je sai bie*n* n'a de sa cort
q*ui* a batalle o moi s'e*n* tort.
Dame, por v*ost*re g*ra*nt franchise,
donc ne vos en est pitié p*ri*se?
Dame, je vos en c*ri* merci,
tenez moi bien a mo*n* ami;
qant je vinc ça a lui p*ar* mer
com a seignor i vol torner."
— "Par foi, sire, g*ra*nt tort avez,
q*ui* de tel chose a moi p*ar*lez
q*ue* de vos le mete a raison
et de s'ire face pardon.
Je ne vuel pas e*n*cor morir
ne moi du tot en tot p*e*rir.
Il vos mescroit de moi forme*n*t,
et j'e*n* tendrai le p*ar*lement?
Donc seroie je trop hardie;
p*ar* foi, T*ri*stra*n*, n'en ferai mie,
ne vos nu me devez req*ue*rre:
tote sui sole en ceste t*er*re.
Il vos a fait cha*n*bres veer
por moi; s'il or m'e*n* ot p*ar*ler, *2b*
bie*n* me porroit tenir p*or* fole;
p*ar* foi, ja n'e*n* dirai p*ar*ole.
Et si vos dirai une rie*n*
si vuel q*ue* vos le saciés bie*n*:
se il vos p*ar*dounot, beau sire,
p*ar* Deu, so*n* mautale*nt* *et* s'ire,
j'en seroie joiose *et* lie.
S'or savoit ceste chevauchie,
cel sai je bie*n* q*ue* ja resort,
T*ri*stra*n*, n'avroit *con*tre la mort.
Vois m'e*n*, imais ne pre*n*drai some:

156 a] o

Et moi, j'entrerai dans le brasier;
Si j'ai un seul poil brûlé
De la haire que j'aurai revêtue,
Qu'il me laisse consumer par le feu;
Car je sais bien qu'il n'y a personne
A sa cour qui vienne me combattre.
Dame, j'en appelle à votre noble coeur,
N'êtes-vous pas prise de pitié?
Dame, je vous en supplie:
Regagnez-moi la faveur de mon ami;
Puisque je vins ici à lui par mer, comme à un seigneur,
De même, j'ai voulu me tourner vers lui.
— Vraiment, seigneur, vous avez grand tort
Quand vous me suggérez
Que j'intercède auprès de lui
Et le fasse renoncer à sa colère.
Je ne veux pas mourir encore
Ni consommer ma perte.
Il vous soupçonne fortement à mon sujet
Et moi, j'irai lui en parler?
Ce serait être trop hardie;
Ma foi, Tristran, je n'en ferai rien
Et vous ne devez pas me le demander:
Je suis toute seule dans ce pays.
Il vous a fait interdire les appartements
A cause de moi; s'il m'en entend parler à présent,
Il pourrait bien me tenir pour folle;
Par la foi, je n'en soufflerai mot.
Mais à vous je dirai ceci
Et je veux que vous le sachiez bien:
Par Dieu, s'il vous faisait quitte, cher seigneur,
De son ressentiment et de sa colère,
J'en serais joyeuse et contente.
Mais s'il apprenait cette équipée, Tristran,
Je suis certaine qu'il n'y aurait plus
De recours contre la mort.
Je m'en vais, je ne pourrai plus dormir:

grant poor ai q*ue* aucu*n* home
ne nos ait ci veü venir.
S'un mot en puet li rois oïr
q*ue* nos fuso*n* ça ase*n*blé,
il me feroit ardoir e*n* ré.
Ne seret pas m*er*velle g*ra*nt;
mis cors tre*n*ble, poor ai g*ra*nt.
De la poor q*ui* or me prent
vois m'e*n*, trop sui ci lo*n*gueme*n*t."
Iseut s'en torne, il la rapele:
"Dame, por Deu, q*ui* en pucele
prist por le pueple umanité,
*con*selliez moi p*ar* charité.
Bie*n* sai n'i osez mais remai*n*dre.
Fors a vos ne sai a q*ui* plai*n*dre,
bie*n* sai q*ue* mo*l*t me het li rois.
Engagiez est tot mo*n* h*er*nois;
car le me faites delivrer
si m'e*n* fuirai, n'i os ester.
Bie*n* sai q*ue* j'ai gr*a*nt prooise
p*ar* tote t*er*re ou sol adoise,
bie*n* sai q*ue* u mo*n*de n'a cort,
s'i vois, li sires ne m'avot.
Et se onq*ue*s poi*n*t du sue*n* oi, *2c*
Yseut, p*ar* cest mie*n* chief le bloi,
nel se voudroit avoir pe*n*sé
mes oncles, ainz *un* an passé,
por si g*ra*nt d'or *com* il est toz;
ne vos en qier me*n*tir *deus* moz.
Yseut, por Deu, de moi pe*n*sez,
env*er*s mo*n* oste m'aq*ui*tez."
— "Par Deu, T*ri*stra*n*, mo*l*t me m*er*vel,
q*ui* me donez itel consel!
Vos m'alez porchaçant mo*n* mal,
icest *con*sel n'est pas loial:
vos savez bie*n* la mescreance,
ou soit a voir ou set enfa*n*ce.

208 fol a.

Je crains que quelqu'un
Ne nous ait vus venir ici.
Si par un seul mot le roi apprenait
Que nous nous sommes rencontrés ici,
Il me ferait brûler sur un bûcher.
Et cela ne serait pas étonnant;
Je tremble, j'ai grand peur.
La peur qui m'étreint me force
A partir; je ne suis restée que trop longtemps."
Iseut s'en va. Il la rappelle:
"Dame, au nom de Dieu qui pour le genre humain
Se fit homme d'une vierge,
Aidez-moi par charité.
Je sais que vous n'osez demeurer davantage,
Mais à qui me plaindrais-je sinon à vous?
Je sais que le roi m'a en grande haine.
Tout mon équipement est mis en gage;
Faites-le moi donc libérer
Et je m'enfuirai; je n'ose rester.
Je sais que ma valeur est telle
En quelque contrée que j'atteigne,
Je sais, il n'y a pas de cour au monde où je ne puisse aller
Sans que le seigneur ne m'accepte comme vassal.
Aurais-je quelque chose qui lui appartenait,
Iseut, par ma tête blonde,
Mon oncle, avant un an d'ici,
Souhaiterait pour tout son pesant d'or
Ne pas avoir eu de telles pensées;
Je vous dis la vérité.
Iseut, pour l'amour de Dieu, pensez à moi,
Acquittez-moi auprès de mon hôte.
— Par Dieu, Tristran, je m'étonne fort
Que vous me fassiez pareille suggestion!
Vous cherchez à me perdre;
Cette proposition n'est pas loyale:
Vous savez bien ce qu'est la méfiance,
Qu'elle soit réelle ou qu'il s'agisse d'enfantillages.

Par Deu, li sire glorios,
q*ui* forma ciel *et* te*r*re et nos,
se il en ot *un* mot p*ar*ler
q*ue* vos gages face aquiter,
trop p*ar* seroit ap*er*te chose;
c*er*tes, je ne sui pas si osse,
ne nel vos di por av*er*té,
ce saciés v*os* de verité."
Atant s'e*n* est Iseut tornee,
T*ri*stra*n* l'a plora*n*t salüce.
Sor le p*er*ro*n* de marbre bis
Tristra*n* s'apuie, ce m'est vis;
deme*n*te soi a lui tot sol:
"Ha De*us*, beau sire sai*n*t Evrol,
je ne pensai faire tel perte
ne foïr m'e*n* a tel poverte!
N'en merré armes ne cheval
ne *con*paignon fors Gov*er*nal.
Ha [Deus,] d'ome desatorné!
Petit fait om de lui ch*er*té.
Qant je serai en aut*re* terre
s'oi ch*evalie*r p*ar*ler de g*er*re, *2d*
ge n'e*n* oserai mot soner:
hom nu n'a nul leu de p*ar*ler.
Or m'estovra sofrir fortune,
trop m'avra fait mal *et* ra*n*cune.
Beaus oncles, poi me de*con*nut
q*ui* de ta feme me mescrut;
onq*ue*s n'oi talent de tel rage.
Petit savroit a mon corage
. . . .
. . . .
. . . .
Li rois, q*ui* sus [en l'arbr]e estoit,
out l'ase*n*blee bie*n* veüe
et la raiso*n* tote ente*n*due.
De la pitié q'au cor li p*ri*st,

230 je ne] se ie   231 ne nel] q*ue* ce   238 s. eutol   239 perte] sai*n*te

Par Dieu, le seigneur glorieux
Qui créa le ciel, la terre et nous,
S'il entendait dire un seul mot
Pour que je fasse libérer vos gages,
La chose serait trop manifeste.
Assurément, je ne suis pas si hardie;
Je ne vous le dis pas par avarice,
Sachez-le en toute vérité."
Sur ce, Iseut s'en est allée;
Tristran l'a saluée en pleurant.
Tristran s'appuie, j'imagine,
Sur le bloc de marbre gris
Et se lamente tout seul:
"Ah Dieu, saint Evroul, cher seigneur,
Je ne pensais pas faire une telle perte
Ni m'enfuir en pareille pauvreté!
Je m'emmènerai ni armes ni cheval,
Ni d'autre compagnon que Governal.
Ah Dieu, d'un homme sans ressources
On fait peu de cas!
Quand je serai dans un autre pays,
Si j'entends un chevalier parler de guerre,
Je n'oserai en souffler mot:
L'homme démuni n'a pas le droit de parler.
A présent il me faudra subir un destin
Qui m'aura apporté beaucoup de mal et de rancoeurs.
cher oncle, il me connaissait bien peu
Celui qui m'a soupçonné à propos de ta femme;
Jamais je n'eus désir d'une telle folie.
Ce serait peu à mon goût
. . . .
. . . .
. . . .
Le roi, juché dans l'arbre,
A bien observé la rencontre
Et entendu toute la conversation.
A cause de la pitié qui le prit au coeur,

q*u'i*l ne plorast ne s'e*n* tenist
por nul avoir; m*o*lt a g*ra*nt duel,
m*o*lt het le nai*n* Ti*n*taguel.
  "Las!" fait li rois, "or ai veü
q*ue* li nains m'a trop deceü.
En cest arbre me fist mo*n*ter;
il ne me pout pl*us* ahonter.
De mo*n* nevo me fist e*n*te*n*dre
menço*n*ge, p*o*r qoi ferai pendre.
Por ce me fist metre e*n* aïr,
de ma moll*ier* faire haïr.
Ge l'en crui *et* si fis q*ue* fous;
li g*er*redon l'en sera sous:
se je le puis as poinz tenir,
p*ar* feu ferai so*n* cors fenir;
p*ar* moi avra pl*us* dure fin
q*ue* ne fist faire Coste*n*ti*n*
a Segoço*n*, q*u'i*l escolla
qant o sa feme le trova.
Il l'avoit coroné' à Rome, *3a*
et la servoie*n*t mai*n*t p*ro*dome;
il la tint ch*iere* *et* honora;
e*n* lié mesfist, puis en plora."
Tristra*n* s'e*n* ert pieça alez.
Li rois de l'arbre est devalez;
en so*n* cuer dit or croit sa feme
et mescroit les barons du reigne,
q*ue* li faisoient chose acroire
q*ue* il set bie*n* q*ue* n'est pas voire
et q*u'i*l a provė' a me*n*ço*n*ge.
Or ne laira q'au nai*n* ne do*n*ge
o s'espee si sa merite
p*ar* lui n'iert mais t*ra*iso*n* dite;
ne jamais jor ne mescroira
Tristra*n* d'Iseut, ainz lor laira
la cha*n*bre tot a lor voloir:
"Or puis je bie*n* enfi*n* savoir.

263 m. a] nistra

Il n'aurait pu retenir ses larmes
Pour rien au monde; il se désole
Et se prend de haine pour le nain de Tintagel.
"Hélas," *fait le roi*, "à présent j'ai vu
Que le nain m'a bien trompé.
Il me fit grimper dans cet arbre;
Il ne pouvait m'humilier davantage.
Sur mon neveu, il m'a raconté
Des mensonges — je le ferai pendre pour cela.
Il a suscité ma colère
En me faisant haïr ma femme.
Comme un insensé, je l'ai cru;
Il en recevra la récompense:
Si je puis mettre la main sur lui,
Je le ferai consumer par le feu;
Il me devra une fin plus cruelle
Que celle que Constantin réserva
A Segoçon, qu'il fit châtrer
Quand il le surprit avec sa femme.
Il l'avait couronnée à Rome
Et maints gentilshommes étaient à son service;
Il la chérit et l'honora;
Il la maltraita et le regretta plus tard."
Tristran s'en était allé depuis quelque temps
Quand le roi est descendu de l'arbre;
Il se dit en lui-même qu'à présent il croit sa femme
Et se défie des barons du royaume,
Qui lui ont fait accroire une chose
Dont il sait bien qu'elle n'est pas fondée
Et dont il a constaté le caractère mensonger.
Il n'aura de cesse que son épée n'ait administré
Au nain une telle récompense
Qu'il ne pourra plus jamais raconter de calomnie;
Et jamais plus il ne soupçonnera
Tristran au sujet d'Iseut; au contraire, il leur laissera
Les appartements tout à leur loisir:
"Maintenant je puis enfin être certain.

Se feüst voir, ceste ase*n*blee
ne feüst pas issi finee;
s'il s'amase*nt* de fol' amor,
ci avoient asez leisor,
bie*n* les veïse entrebaisier;
ges ai oï si gramoier,
or sai je bie*n* n'e*n* ont corage.
Por qoi cro[i] je si fort out*ra*ge?
Ce poise moi si m'e*n* repent;
m*o*lt est fous q*ui* croit tote gent.
Bie*n* deüse ainz avoir prové
de ces deus genz la v*er*ité
q*ue* je eüse fol espoir.
Buen vire*nt* ap*ri*mier cest soir!
Au parlement ai tant ap*ris*
jamais jor n'e*n* serai pensis.
P*ar* matinet sera paiez
T*ri*stra*n* o moi, s'avra *con*giez *3b*
d'estre a ma cha*n*bre a so*n* plesir;
or est remés li sue*n* fuïr(s),
q*u'i*l voloit faire le mati*n*."
Oiez du nai*n* boçu Froci*n*.
Fors estoit si gardoit e*n* l'er,
vit Orïent *et* Lucifer;
des estoiles le cors savoit,
les *set* planestres devisoit.
Il savoit bie*n* q*ue* ert a estre:
qant il oiet *un* e*n*fant nestre,
les poinz *con*tot toz de sa vie.
Li nai[n]s Froci[n]s, plains de voisdie,
m*o*lt se penout de cel deçoivre
q*ui* de l'ame le feroit soivre.
As estoiles choisist l'asente,
de mautalent rogist *et* e*n*fle;
bie*n* set li rois fort le menace,
ne laira pas q*u'i*l nu desface.
M*o*lt est li nai*n* nerci *et* pales,

301 sol 329 cel] ceus

Si cela avait été vrai, ce ne serait pas ainsi
Que cette rencontre se serait terminée;
S'ils s'étaient aimés d'un amour coupable,
Ils en avaient ici tout loisir
Et je les aurais vus échanger des baisers;
Je les ai entendus se lamenter tellement que
Je suis sûr à présent qu'ils n'y songent pas.
Pourquoi ai-je cru à une telle énormité?
J'en ai le coeur gros et m'en repens;
Bien fou celui qui croit tout le monde.
J'aurais dû bien établir
La vérité sur ces deux êtres
Avant de concevoir de folles présomptions.
C'est heureusement qu'ils virent arriver cette soirée!
Leur conversation m'en a tant appris
Que jamais plus je n'aurai d'inquiétude de ce côté.
Au petit matin, Tristran sera réconcilié
Avec moi, et il aura la permission
De se tenir dans ma chambre à son gré;
Et le départ qu'il projetait
Au matin est remis".

Parlons de Frocin, le nain bossu.
Il était dehors et regardait le ciel.
Il vit Orion et Lucifer;
Il savait le mouvement des astres
Et distinguait les sept planètes.
Il savait bien l'avenir:
Quand il apprenait la naissance d'un enfant,
Il dénombrait tous les événements de son existence.
Ce nain Frocin, plein de malice,
S'évertuait à tromper celui
Qui allait lui faire rendre l'âme.
A la présence des astres, il discerne le présage
Et rougit de colère, près d'éclater.
Il comprend que le roi le menace
Et n'aura de cesse qu'il ne l'ait tué.
Le nain devient livide, il blêmit;

m*o*lt tost s'en vet fuiant v*er*s Gales.
Li rois vait m*o*lt le nai*n* qu*er*a*n*t;
nu puet trover s(i) e*n* a duel g*ra*nt.
Yseut est en sa cha*n*bre entree.
Bre*n*gai*n* la vit descoloree,
bie*n* sout q*ue* ele avoit oï
tel rie*n* dont out le cuer marri,
q*ui* si muoit *et* palisoit;
. . . .
Ele respont: "Bele magistre,
bie*n* doi(t) estre pe*n*sive *et* t*ri*stre.
Bre*n*gai*n*, ne vos vel pas me*n*tir;
ne sai q*ui* hui nos vout traïr,
mais li rois Marc estoit e*n* l'arbre,
ou li p*er*rons estoit de marbre;
je vi son onbre en la fo*n*taine.
De*us* me fist p*ar*ler premeraine; *3c*
onq*ue*s de ce q*ue* je i quis
n'i out mot dit, ce v*os* plevis,
mais m*er*vellos *con*plaignement
et m*er*vellos gemissement.
Gel blasmé q*ue* il me ma*n*dot
et il autretant me p*ri*out
q*ue* l'acordase a mo*n* seignor,
q*ui* a g*ra*nt tort ert a error
vers lui de moi, *et* je li dis
q*ue* g*ra*nt folie avoit dequis,
q*ue* je a lui mais ne ve*n*droie,
ne ja au roi ne p*ar*leroie.
Ne sai q*ue* je plus ra*con*tasse;
*con*p[l]ainz i out une g*ra*nt masse.
Onq*ue*s li rois ne s'ap*er*çut
ne mo*n* estre ne des*con*nut;
p*ar*tie me sui du t*ri*pot."
Q*a*nt l'ot Bre*n*gai*n*, m*o*lt s'e*n* esjot:
"Iseut, ma dame, g*ra*nt merci
n*os* a De*us* fait, q*ui* ne me*n*ti,

364 au roi] a toi

Sans attendre, il s'enfuit vers le Pays de Galles.
Le roi cherche le nain sans relâche;
Il ne parvient pas à le trouver et en est fort dépité.
Iseut est entrée dans sa chambre.
Brangain vit son teint livide;
Elle comprit qu'elle venait d'apprendre
Une nouvelle qui lui attristait le coeur,
Puisqu'elle changeait de couleur et pâlissait ainsi.
[*Elle lui demande ce qu'elle a.*]
Celle-ci répond: "Chère gouvernante,
J'ai bien lieu d'être anxieuse et triste.
Brangain, je ne veux pas vous le cacher,
J'ignore qui a voulu nous trahir aujourd'hui,
Mais le roi Marc se trouvait dans l'arbre,
Là où se dresse le montoir de marbre.
J'aperçus son reflet dans la fontaine.
Dieu me permit de parler la première:
De ce que j'y cherchai
Je ne soufflai mot, je vous le garantis,
Au contraire, il y eut des plaintes prodigieuses
Et de prodigieuses lamentations.
Je le blâmai de m'avoir fait venir
Et lui me priait de la même façon
De le réconcilier avec mon époux
Qui, à grand tort, se méprenait
Sur ses sentiments à mon égard; et je lui dis
Qu'il m'avait demandé une chose insensée,
Que je ne viendrais jamais plus à lui
Et que jamais ne je parlerais au roi.
Je ne sais ce que j'aurais pu dire encore;
Il y eut beaucoup de lamentations.
Jamais le roi ne s'est douté de rien,
Ni n'a découvert mon état d'âme;
Je me suis tirée de l'embrouille."
Brangain, à ces mots, se réjouit:
"Iseut, ma dame, Dieu, qui jamais n'a déçu,
Nous a fait une grande faveur

qant il vos a fait desevrer
du p*ar*leme*n*t sanz pl*us* outrer,
q*ue* li rois n'a chose veüe
q*ui* ne puise estre bie*n* tenue.
Granz miracles vos a fait De*us*;
il est verais peres *et* te*us*
q*u'i*l n'a cure de faire mal
a ceus q*ui* so*n*t bue*n* *et* loial."
Tristra*n* ravoit tot ra*con*té
a so*n* mestre *com* out ouvré;
qant co*nter* l'ot, Deu en m*er*cie
q*ue* plus n'i out fait o s'amie.
Ne pout so*n* nai*n* trov*er* li rois;
De*us*, tant ert a T*ri*stra*n* sordois!
A sa cha*n*bre li rois en vient; *3d*
Iseut le voit, q*ui* mo*l*t le crient:
"Sire, por Deu, dont venez vos?
Avez besoi*n*, q*ui* venez sous?"
— "Roïne, ainz vie*n* a vos p*ar*ler
et une chose demander;
si ne me celez pas le voir,
qar la v*er*té e*n* vuel savoir."
— "Sire, onq*ue*s jor ne vos me*n*ti;
se la mort doi recevoir ci,
s'en dirai je le voir du tot,
ja n'i avra me*n*ti d'u*n* mot."
— "Dame, veïs puis mo*n* nevo?"
— "Sire, le voir vos en desno.
Ne croiras pas q*ue* voir e*n* die,
mais jel dirai sanz t*ri*cherie:
gel vi *et* pu*s* p*ar*lai a lui,
o ton nevo soz cel pi*n* füi.
Or m'e*n* oci, roi, se tu veus.
Certes, gel vi, ce est g*ra*nt deus,
qar tu pe*n*ses q*ue* j'ai*m* T*ri*strai*n*
p*ar* puterie *et* par avien;
si ai tel duel q*ue* moi n'e*n* chaut

379 core   382 s. oncle   404 sor c.

En vous faisant rompre
L'entretien sans en faire davantage,
Si bien que le roi n'a rien vu
Qui ne puisse être pris en bonne part.
Dieu a fait pour vous un grand miracle;
C'est un père véritable et comme tel
Il ne veut pas de mal
A ceux qui sont bons et loyaux."
Tristran, de son côté, avait raconté en détail
A son maître comment il s'était comporté;
A ce récit, celui-ci rend grâces à Dieu
Qu'il n'en ait pas fait davantage avec son amie.
Le roi ne put retrouver son nain.
Dieu, ce sera bien fâcheux pour Tristran!
Le roi arrive dans les appartements;
Iseut, qui en a grand peur, l'aperçoit:
"Sire, pour Dieu, que se passe-t-il?
Que vous faut-il, que vous veniez seul ainsi?
— Reine, je viens plutôt vous parler
Et vous poser une question.
Ne me cachez pas la vérité,
Car c'est elle que je veux connaître.
— Sire, pas un jour je ne vous ai menti;
Même s'il me faut trouver la mort à l'instant,
Je dirai toute la vérité
Sans vous mentir d'un mot.
— Dame, as-tu vu mon neveu depuis lors?
— Sire, je vais vous découvrir toute la vérité.
Tu ne croiras pas que je dise vrai
Et pourtant je parlerai sans tricherie:
Je l'ai vu et je lui ai parlé;
Avec ton neveu je me suis trouvée sous ce pin.
Roi, tue-moi pour cela, si tu veux.
Certes, je l'ai vu; c'est fort dommage,
Car tu penses que j'aime Tristran
D'un amour déshonnête et impur;
J'en ai un tel chagrin que peu m'importe

se tu me fais pre*n*dre *un* mal saut.
Sire, m*er*ci a celle foiz!
Je t'ai voir dit si ne m'e*n* croiz,
einz croiz p*ar*ole [fole et] vaine;
ma bone foi me fera saine.
Tristra*n* tes niés vi*n*t soz cel pi*n*
q*ui* est laienz e*n* cel jardi*n*
si me manda q*u'a*lasse a lui.
Ne me dist rie*n*, mais je li dui
anor faire [non] trop frarine:
p*ar* lui sui je de vos roïne.
Certes, ne fuse*n*t li cuvert
q*ui* vos dïent ce q*ui* ja n'iert, *4a*
volantiers li feïse anor.
Sire, jos tie*n* por mo*n* seignor,
et il est v*ost*re niés, ç'oi dire;
por vos l'ai je tant amé, sire.
Mais li felon, li losengier,
q*ui*l vuele*n*t de cort esloign*ier*,
te font acroire la me*n*ço*n*ge.
Tristra*n* s'e*n* vet; De*us* lor en donge
male v*er*goigne recevoir!
A to*n* nevo p*ar*lai ersoir;
m*o*lt se *con*plai*n*t *com* angoisos,
sire, q*ue* l'acordasse a vos.
Ge li dis ce, q*u'i*l s'e*n* alast,
nule foiz mais ne me ma*n*dast,
qar je a lui mais ne ve*n*droie
ne ja a vos n'en p*ar*leroie.
Sire, de rie*n* ne me*n*tirez:
il n'i ot plus. Se vos volez,
ocïez moi, mes c'iert a tort.
Tristra*n* s'e*n* vet por le descort.
Bie*n* sai q*ue* outre la m*er* passe:
dist moi q*ue* l'ostel l'aq*ui*tasse.
Nel vol de rie*n* nule aq*ui*ter
ne longuement a lui p*ar*ler.

418 je dis lui 421 cuue*n*t 430 en doige

Que tu me fasses faire le grand saut.
Sire, grâce pour cette fois!
Je t'ai dit la vérité et tu ne me crois pas,
Mais tu crois plutôt de folles rumeurs sans fondement;
Ma bonne foi me sauvera.
Tristran, ton neveu, vint sous le pin
Qui se trouve là dans ce jardin,
Et il me fit demander de le rejoindre;
Il ne me dit rien, mais je devais lui
Faire un accueil point trop mesquin:
C'est grâce à lui que je suis votre reine.
Certes, n'étaient les lâches
Qui vous disent ce qui jamais ne sera,
Je lui aurais fait volontiers bon accueil.
Sire, je vous considère comme mon époux,
Et il est votre neveu, à ce qu'on m'a dit;
C'est pour vous, sire, que je l'ai tant aimé.
Mais les félons, les mauvaises langues,
Qui veulent l'éloigner de la cour,
Te font accroire des mensonges.
Tristran s'en va: Dieu fasse
Qu'ils soient couverts de honte!
J'ai parlé à ton neveu hier soir;
En homme tourmenté il se lamente,
Sire, pour que je le réconcilie avec vous.
Je lui ai dit de s'en aller
Et de ne plus jamais m'appeler,
Car je ne viendrais plus à lui
Et n'interviendrais pas auprès de vous.
Sire, ne vous méprenez pas,
Il n'y eut rien de plus. Si vous le voulez,
Tuez-moi, mais ce sera injuste.
Tristran s'en va à cause de cette querelle.
Je suis sûre qu'il s'en va outre-mer:
Il m'a demandé de payer son logement.
Je n'ai rien voulu payer pour lui
Ni m'attarder à lui parler.

Sire, or t'ai dit le voir sanz falle;
se je te me*n*t, le chief me talle.
Ce saciez, sire, sanz douta*n*ce,
je li feïse l'aq*ui*tance,
se je osase, volentiers;
ne sol *quatre* besanz entiers
ne li vol metre e*n* s'aumosn*ier*e
por ta mesnie novel*ier*e.
Povre s'*en* vet; De*us* le conduie!
P*ar* gr*a*nt pechié li donez fuie.
Il n'ira ja en cel païs 4*b*
De*us* ne li soit verais amis."
Li rois sout bie*n* q*u'e*l ot voir dit:
les paroles totes oït.
Acole la, cent foiz la besse.
El plore, il dit q*u'e*le se tese;
ja nes mescrerra mais nul jor
por dit de nul losengeor;
alle*nt* et vie*n*ge*n*t a lor buens.
Li avoirs T*ri*stra*n* ert mes suens,
et li suens avoirs ert T*ri*stran(s).
N'en crerra mais Corneualan(s).
Or dit li rois a la roïne
conme le felo*n* nai*n* Frocine
out ano*n*cié le p*ar*lement
et com el pi*n* plus hautement
le fist mont*er* por eus voier
a lor ase*n*bleme*n*t, le soir.
"Sire, estïez vos donc el pi*n*?"
— "Oïl, dame, p*ar* sai*n*t Marti*n*.
Onq*ue*s n'i ot p*ar*ole dite
ge n'oïse, gr*a*nt ne petite.
Qant j'oï a T*ri*stra*n* retraire
la batalle q*ue* li fis faire,
pitié en oi, petit falli
q*ue* de l'arbre j*us* ne chaï.
Et qant je li oï retraire

468 Nenterra m. 470 c.] dame

Sire, je t'ai dit la stricte vérité;
Si je t'ai menti, coupe-moi la tête.
Sachez-le, sire, sans aucun doute,
Je lui aurais payé sa dette
Bien volontiers, si j'avais osé;
Mais je n'ai même pas voulu lui glisser
Dans la bourse quatre besants entiers,
Par crainte de ta suite cancanière.
Il s'en va pauvre, que Dieu le guide!
Vous qui le poussez à fuir, vous péchez.
Il n'ira jamais dans un pays
Où Dieu ne lui soit un véritable ami."
Le roi sut qu'elle avait dit la vérité:
Il avait entendu toute la conversation.
Il la prend dans ses bras et la couvre de baisers.
Elle pleure, il la conjure de s'apaiser.
Jamais plus il ne les soupçonnera,
Quoi qu'en disent les mauvaises langues;
Qu'ils aillent et viennent à leur guise.
Ce qui appartient à Tristran sera désormais à lui,
Ce qui est à lui sera à Tristran.
Il ne croira plus un Cornouaillais à leur sujet.
Et le roi de raconter à la reine
Comment le vilain nain Frocin
Avait dénoncé le rendez-vous
Et comment il le fit grimper
Tout en haut du pin pour les épier
Lors de leur rencontre, ce soir-là.
"Sire, vous vous teniez donc dans le pin?
— Oui, dame, par saint Martin!
Pas un mot ne fut échangé
Que je n'aie entendu, important ou futile.
Quand j'entendis Tristran retracer
Le combat que je lui fis livrer,
Je fus pris de pitié et me trouvai sur le point
De tomber de l'arbre.
Et quand je l'entendis rappeler

le mal q'e*n* mer li estut t*ra*ire
de la serpent, dont le garistes,
et les g*ra*ns biens q*ue* li feïstes,
et q*a*nt il vos req*ui*st q*ui*tance
de ses gages, si oi pesa*n*ce;
ne li vosistes aq*ui*ter
ne l'un de vos l'aut*re* abiter.
Pitié m'e*n* prist a l'arbre sus,
souef m'en ris si n'e*n* fis plus." *4c*
— "Sire, ce m'est m*o*lt bue*n* forme*n*t:
or savez bie*n* ce*r*tainement.
M*o*lt avio*n* bele loisor:
se il m'amast de fole amor,
asez en veïsiez se*n*blant.
Ainz, p*ar* ma foi, ne tant ne q*a*nt
ne veïstes q*u'i*l m'ap*ri*smast
ne mespreïst ne me baisast.
Bie*n* se*n*ble ce chose ce*r*taine,
ne m'amot pas d'amor vilaine.
Sire, s'or ne nos veïsiez,
ce*r*tes ne nos en creüsiez."
— "P*ar* Deu, je no*n*", li rois respont.
"Bre*n*gai*n* — q*ue* De*us* anor te donst!—
p*or* mo*n* nevo va a l'ostel;
et se il dit ou *un* ou el
ou n'i velle venir por toi,
di je li ma*n*t q*u'i*l vie*n*ge a moi."
Bre*n*gai*n* li dit: "Sire, il me het,
si est a g*ra*nt tort, De*us* le set;
dit p*ar* moi est meslez o vos,
la mort me veut tot a estros.
G'irai; por vos le laisera
bie*n* tost q*ue* ne me tochera.
Sire, por Deu, acordez m'i,
q*a*nt il s*er*a venu ici."
Oiez q*ue* dit la t*ri*cherresse!
M*o*lt fist q*ue* bone lech*er*resse:

504 nos] nes   507 p*ar* *corrigé en* p*or*

Les souffrances qu'il lui a fallu endurer en mer,
[La blessure] du dragon dont vous l'avez guéri
Et les bontés dont vous l'avez comblé,
Et quand il vous pria de libérer
Ses gages, j'eus de la peine.
Vous ne vouliez les lui libérer
Et aucun de vous deux ne chercha à s'approcher de l'autre.
J'en fus saisi de pitié, là-haut dans l'arbre;
J'en ris doucement et n'en fis pas davantage.
— Sire, cela m'est bien agréable.
A présent vous savez avec certitude.
Nous avions tout loisir:
S'il m'avait aimée d'un amour coupable,
Vous en auriez eu suffisamment la preuve.
A aucun moment, par ma foi, vous ne l'avez vu
S'approcher de moi si peu que ce soit,
Commettre une inconvenance, ou me donner un baiser.
Il paraît bien certain
Qu'il ne me vouait pas un amour indigne.
Sire, si vous ne veniez pas de nous voir,
Certes, vous ne nous auriez pas crus à ce sujet.
— Par Dieu, non", *fait le roi.*
"Brangain, que Dieu te bénisse,
Va chercher mon neveu à son logis;
Et s'il te dit quoi que ce soit,
Ou qu'il ne veuille pas venir à cause de toi,
Dis-lui que moi lui ordonne de venir à moi."
Brangain lui répond: "Sire, il me hait,
Et bien injustement, Dieu le sait;
Il dit que par ma faute il est brouillé avec vous
Et il souhaite ma mort avec acharnement.
J'irai; pour l'amour de vous il s'abstiendra
Peut-être de lever la main sur moi.
Sire, pour Dieu, réconciliez-moi avec lui,
Quand il sera ici."
Ecoutez ce que dit la finaude!
Elle agit en parfaite coquine:

lores gaboit a essc ïent
et se plaignoit de maltalent.
"Rois, por li vois," ce dist Bre*n*gai*n*,
"acordez m'i si ferez bie*n*."
Li rois respont: "G'i metrai paine.
Va tost poroc *et* ça l'amaine."
Yseut s'e*n* rist, *et* li rois plus.
 Bre*n*gai*n* s'e*n* ist les sauz p*ar* l'us. *4d*
Tristra*n* estoit a la paroi,
bie*n* les oiet p*ar*ler au roi.
Bre*n*gai*n* a p*ar* les braz saisie,
acole la, Deu e*n* m*er*cie
. . . .
d'estre o Yseut a so*n* plaisir.
Bre*n*gai*n* mist T*ri*stra*n* a raiso*n*:
"Sire, laienz en sa maiso*n*
a li rois g*ra*nt raiso*n* tenue
de toi *et* de ta ch*ier*e drue;
p*ar*doné t'a so*n* mautalent,
or het ceus q*ue* te vo*n*t mesla*n*t.
P*ro*ïe m'a q*ue* vie*n*ge a toi.
Ge ai dit q*ue* ire as v*er*s moi.
Fai g*ra*nt se*n*bla*n*t de toi proier,
n'i venir mie de legier.
Se li rois fait de moi proiere,
fai p*ar* se*n*blant mauvese ch*ier*e."
Tristra*n* l'acole si la beise,
liez est q*ue* ore ra so*n* esse.
A la cha*n*bre pai*n*te s'e*n* vont,
la ou li rois *et* Yseut so*n*t.
 Tristra*n* est e*n* la cha*n*bre entrez.
"Niés," fait li rois, "avant venez;
to*n* mautalent q*ui*te a Bre*n*gai*n*
et je te p*ar*dorrai le mien."
— "Oncle, ch*ie*rs sire, or m'e*n*tendez:
legireme*n*t vos defe*n*dez
v*er*s moi, q*ui* ce m'avez mis sure

547 T. a (*exp.*) 555 Onche *corrigé en* Oncle 557 sus *corrigé en* sure

Elle affabulait à dessein
En se plaignant de ce ressentiment.
"Roi," *reprend Brangain*, "je vais le chercher.
Réconciliez-moi avec lui, vous ferez bien.
Le roi répond: "Je m'y efforcerai.
Va-le chercher tout de suite et amène-le ici."
Iseut en rit et le roi encore davantage.
Brangain franchit la porte d'un pas léger.
Tristran se tenait contre le mur;
Il les entendait bien parler au roi.
Il saisit Brangain par les bras,
L'étreint et rend grâces à Dieu:
[Désormais il aura tout loisir]
D'être avec Iseut autant qu'il lui plaira.
Brangain s'adresse à Tristran:
"Seigneur, là, dans sa demeure,
Le roi a tenu un long discours
Sur toi et ta chère amie;
Il vous a fait quitte de sa rancune
Et à présent, déteste ceux qui te cherchent querelle.
Il m'a priée de venir te trouver.
Je lui ai dit que tu étais en colère contre moi;
Fais bien semblant de te faire prier
Et de ne pas venir volontiers.
Si le roi te fait une prière à mon sujet,
Affecte de faire grise mine."
Tristran l'étreint et lui donne un baiser;
Il se réjouit de pouvoir de nouveau vivre à sa guise.
Ils se rendent à la chambre décorée
Où se tiennent le roi et Iseut.
Tristran entre dans la chambre.
"Neveu," *fait le roi*, "approchez;
Renonce à ta rancune contre Brangain
Et je te fera quitte de la mienne.
— Oncle, cher seigneur, écoutez-moi:
Vous vous excusez de façon bien désinvolte,
Après m'avoir chargé d'une accusation

dont li mie*n* cor el ve*n*tre pleure.
Si g*ra*nt desroi, tel felonie!
Dannez seroie *et* el honie;
ainz nu pe*n*sames, De*us* le set.
Or savez bie*n* q*ue* cil vos het
q*ui* te fait croire tel m*er*velle.
D'or en avant meux te *con*selle; *5a*
ne portë ire a la roïne
n'a moi, qui sui de v*ost*re orine."
— "Non ferai je, beaus niés, p*ar* foi."
Acordez est T*r*istra*n* au roi.
  Li rois li a doné *con*gié
d'estre a la cha*n*bre; es le v*os* lié!
Tristra*n* vait a la cha*n*bre et vie*n*t,
nule cure li rois n'e*n* tient.
Ha De*us*, q*ui* puet amor tenir
un an ou *deus* sanz descovrir?
Car amors ne se puet celer:
sovent cline l'un v*er*s so*n* per,
sovent viene*n*t a p*ar*lement,
et a celé *et* voiant gent;
p*ar* tot ne püe*n*t aise ate*n*dre,
maint p*ar*leme*n*t lor estuet p*re*ndre.
  A la cort avoit *trois* barons,
ainz ne veïstes plus felons.
P*ar* soireme*n*t s'estoient p*ris*
q*ue*, se li rois de son païs
n'en faisot so*n* nevo p*ar*tir,
il nu voudroient mais soufrir;
a lor chasteaus sus s'e*n* trairoient
et au roi Marc ge*r*re feroient.
Qar, en *un* gardin, soz *une* ente,
vire*n*t l'aut*ri*er Yseut la ge*n*te
ovoc T*ri*stra*n* en tel endroit
q*ue* nus ho*n* *con*sentir ne doit;
et plusors foiz les ont veüz
el lit roi Marc gesir toz nus.

591 tel *peut être lu* cel   593 plisors

Dont mon coeur se désole.
Un tel outrage, une telle félonie!
J'aurais été perdu et elle, déshonorée.
Jamais, Dieu le sait, nous n'avons eu une telle pensée.
Maintenant vous savez qu'il vous hait,
Celui qui t'a fait croire une telle extravagance.
Dorénavant, fais-toi mieux conseiller
Et ne t'emporte pas contre la reine
Ni contre moi, qui suis de votre lignée.
— Non assurément pas, cher neveu, par ma foi."
Tristran a fait la paix avec le roi.
Le roi lui a permis
L'accès des appartements; le voilà heureux!
Tristran va et vient dans les appartements
Et le roi ne s'en souci nullement.
Ah Dieu, qui peut aimer
Un an ou deux sans se trahir?
Car l'amour ne se dissimule pas.
Souvent l'un fait un clin d'oeil à l'autre;
Souvent ils s'entretiennent
En cachette ou en public;
Ils ne peuvent attendre partout l'occasion propice:
Il leur faut prendre maint rendez-vous.
Il y avait à la cour trois barons;
Jamais on n'en vit de plus traîtres.
Ils s'étaient juré
Que si le roi n'obligeait pas
Son neveu à quitter le pays,
Ils n'en toléreraient pas davantage;
Ils se retireraient dans leurs châteaux
Et feraient la guerre au roi Marc.
Parce que l'autre jour ils avaient aperçu
Dans un jardin, sous un arbre greffé, la noble Iseut
Avec Tristran, dans une attitude
Qu'aucun homme ne doit accepter;
Et que, plusieurs fois, ils les ont vus
Couchés tout nus dans le lit du roi Marc;

Q*ar*, q*a*nt li rois e*n* vet el bois
et Tr*is*tra*n* dit: “Sire, g’en vois”,
puis se remai*n*t, entre en la cha*n*bre,
iluec g*ra*nt piece so*n*t ense*n*ble.
“Nos li diromes nos meïmes; *5b*
alo*n* au ro *et* si li dimes,
ou il nos aint ou il nos hast,
nos volo*n* so*n* nevo *en*chast.”
Tuit ense*n*ble ont ce *cons*[el pr]is.
Li roi Marc ont a raiso*n* mis,
a une part ont le roi trait:
“Sire,” font il, “malement vet:
tes niés s’e*n*traime*n*t *et* Yseut,
savoir le puet q*ui* c’*on*q*ue*s veut.
Et nos nu volo*n* mais sofrir.”
Li rois l’ente*n*t, fist *un* sospir,
son chief abesse vers la t*er*re;
ne set q*u’i*l die, sovent erre.
“Rois,” ce dïent li troi felo*n*,
“p*ar* foi, mais nu *con*sentiro*n*;
qar bie*n* savo*n* de verité
q*ue* tu *con*senz lor cruauté
et tu sez bie*n* ceste m*er*velle.
Qu’en feras tu? Or t’e*n* *con*selle!
Se ton nevo n’ostes de cort
si q*ue* [il] jamais ne retort,
ne nos te*n*ro*n* a vos jamez
si ne vos te*n*dro*n* nule pez;
de nos voisins fero*n* p*ar*tir
de cort, q*ue* nel poo*n* soufrir.
Or t‘aro*n* tost cest geu p*ar*ti;
tote ta vole*n*té nos di.”
— “Seignor, vos estes mi fael.
Si m’aït De*us*, m*o*lt me m*er*vel
q*ue* mes niés ma v*er*gonde ait q*ui*se;
mais servi m’a d’estra*n*ge guise.

609 m. endormir (*exp.*) sofrir (*en marge*) 610 fus *un* 621 ne] nos 624 nes p. 629 meuergonderoit (*avec* r *barré et* o *corrigé en* a)

Parce que, quand le roi part chasser
Et que Tristran déclare: “Sire, je m’en vais”,
Mais reste et pénètre dans la chambre,
Ils y demeurent longtemps ensemble.
“Nous le lui apprendrons nous-mêmes;
Allons chez le roi et disons-le-lui:
Qu’il nous aime ou qu’il nous haïsse,
Nous exigeons qu’il chasse son neveu.”
Ils ont pris cette décision à l’unanimité.
Ils ont interpellé le roi Marc
Et l’ont pris à part:
“Sire,” *font-ils*, “les choses vont mal.
Ton neveu et Iseut s’aiment;
Quiconque le veut, peut le savoir.
Et nous, nous ne voulons pas le tolérer davantage.”
Le roi comprend, il soupire
Et baisse la tête vers le sol;
Il ne sait que dire et marche de long en large.
“Roi,” *disent les trois félons*, “par notre foi,
Nous n’en supporterons pas davantage;
Nous savons fort bien
Que tu consens à leur forfait
Et que tu es au courant de cette chose extraordinaire.
Que vas-tu faire? Prends conseil!
Si tu n’éloignes pas ton neveu de la cour
De sorte qu’il n’y revienne jamais,
Nous ne te garderons pas notre fidélité
Et ne te laisserons pas en paix;
Nous entraînerons certains de nos voisins hors de cette cour,
Car nous ne pouvons le tolérer.
Nous te soumettons ce choix sans attendre;
Dis-nous ce que tu décides.
— Seigneurs, vous êtes mes féaux.
Par Dieu, je suis très surpris
Que mon neveu ait cherché mon déshonneur;
Il m’a servi de bien étrange façon.

*Con*seliez m'e*n*, gel vos req*ui*er;
vos me devez bie*n* *con*sell*ie*r,
q*ue* servise perdre ne vuel.
Vos savez bie*n*, n'ai so*n* d'orguel." 5c
— "Sire, or mandez le nai*n* devi*n*;
certes, il set de mai*n*t lati*n*:
si en soit ja li *con*sel pris.
Mandez le nai*n*, puis soit asis."
Et il i est m*o*lt tost venuz;
dehez ait il *con*me boçuz!
Li un des barons l'e*n* acole,
li rois li mostre sa parole.
Ha, or oiez qel traïso*n*
et *con*faite seducio*n*
a dit au roi cil nai*n* Frocin!
Dehé aient tuit cil devi*n*!
Q*ui* porpe*n*sa tel felonie
con fist cist nai*n*, q*ui* De*us* maudie?
 "Di ton nevo q'au roi Artur,
a Carduel, q*ui* est clos de mur,
covie*n*ge q*u'i*l aut p*ar* mati*n*;
un brief escr*i*t an p*ar*chemi*n*
port a Artur toz les galoz,
bie*n* seelé, a cire aclox.
Rois, T*ri*stra*n* gist deva*n*t to*n* lit;
anevoies, en ceste nuit,
sai q*ue* voudra a lui p*ar*ler,
por Deu, q*ue* devra la aler.
Rois, de la cha*n*bre is a p*ri*nsome;
Deu te jur *et* la loi de Rome:
se T*ri*stra*n* l'aime folement,
a lui ve*n*dra a p*ar*lement;
et s'il i vient, *et* ge nul sai,
se tu nu voiz, si me desfai
et tuit ti home outreement.
Prové sero*n*t sanz soirement.
Rois, or m'e*n* laise covenir

645 frociz 651 qu'il alle 652 b.] deus 665 si h. autreme*n*t

Conseillez-moi, je vous prie;
632 Vous me devez de bons conseils,
Car je ne veux pas perdre vos services;
Vous le savez bien, je n'ai point d'orgueil.
— Sire, mandez donc le nain qui est devin:
636 Assurément, il est versé en mainte science:
Que l'on prenne conseil auprès de lui.
Mandez le nain, puis que l'on décide."
Il est arrivé bien vite;
640 *Maudit soit-il comme un bossu peut l'être!*
Un des barons va lui donner l'accolade
Et le roi lui expose son propos.
Ah, écoutez quelles propositions
644 *Traîtresses et rusées*
Le nain Frocin a faites au roi!
Maudits soient tous ces devins!
Qui a jamais conçu une infamie
648 *Comme celle du nain, que Dieu maudisse?*
"Dis à ton neveu qu'il lui faut se rendre
Demain matin auprès du roi Arthur
A Carlisle, qui est ceinte de remparts;
Qu'il porte à Arthur au grand galop
652 Une lettre écrite sur parchemin,
Bien scellée et fermée de cire.
Roi, Tristran couche devant ton lit;
656 Tout à l'heure, cette nuit,
Je sais, pour Dieu, qu'il voudra la voir,
Parce qu'il devra se rendre là-bas.
Roi, sors de la chambre au début de la nuit;
660 Je te le jure par Dieu et par la foi romaine:
Si Tristran l'aime de façon coupable,
Il viendra la voir.
Et s'il y va sans que je ne le sache
664 Ou que tu ne le voies, alors tu peux me tuer
Ainsi que tous tes hommes, sans exception.
Ils seront reconnus coupables, sans serment.
Roi, laisse-moi maintenant faire le nécessaire

et a ma volenté sortir,
et se li çole l'envoier 5d
desi q*u'a* l'ore du cochier."
Li rois respont: "Amis, c'ert fait."
Depart*en*t soi, chas*cun* s'e*n* vait.
  M*o*lt fu li nai*n* de g*ra*nt voidie,
m*o*lt p*ar* fist rede felonie:
cil en entra chiés *un* pestor,
quatre derees p*ri*st de flor,
puis la lia a so*n* gu*e*ro*n*.
Q*ui* pensast mais tel traïso*n*?
  La nuit, q*a*nt ot li rois me*n*gié,
p*ar* la sale fure*n*t couchié;
Tristra*n* ala le roi couch*ier*.
"Bea*us* niés," fait il, "je vos req*ui*er,
ma volenté faites, gel vuel:
au roi Artus, j*us*q*u'a* Carduel,
vos covendra a chevauch*ier*;
cel b*ri*ef li faites desploier.
Niés, de ma part le salüez,
o lui c'u*n* jor ne sejornez."
Du mesage ot T*ri*stra*n* p*ar*ler,
au roi respo*n*t de lui porter:
"Rois, ge irai bie*n* p*ar* mati*n*."
— "O vos, ainz q*ue* la nuit ait fin."
Tristra*n* fu mis en g*ra*nt esfroi;
entre son lit *et* cel au roi
avoit bie*n* le lonc d'une la*n*ce.
Trop out T*ri*stra*n* fole atena*n*ce:
en so*n* cuer dist q*u'i*l parleroit
a la roïne, s'il pooit,
qant ses oncles ert e*n*dormiz.
De*us*, quel pechié! trop ert hardiz!
  Li nai*n*s la nuit e*n* la cha*n*bre ert,
oiez *con*ment cele nuit sert.

678 *que* 687 saluer 688 seiorner
697-8 En so*n* cuer dist q*u*il p*ar*leret A
la roine p*ar*leroit Al aiorner se il pooit

Et pronostiquer à ma guise;
Cache-lui sa mission
Jusqu'à l'heure du coucher."
Le roi répond: "Ami, ce sera fait."
Ils se quittent et chacun s'en va de son côté.
Le nain, qui était plein d'astuce,
Ourdit la machination la plus terrible:
Il se rendit chez un boulanger
Et lui prit pour quatre deniers de fleur de farine
Qu'il serra sous sa ceinture.
Qui aurait jamais imaginé une telle ruse?
Le soir, après le repas du roi,
On se coucha dans la salle;
Tristran alla coucher le roi.
"Cher neveu," *fait celui-ci*, "je vous prie
De faire ce que je désire, c'est un ordre:
Il faudra vous rendre à cheval
Auprès du roi Arthur, à Carlisle;
Faites-lui ouvrir cette lettre.
Mon neveu, saluez-le de ma part et
Ne restez qu'un jour avec lui."
En entendant parler du message,
Tristran assure le roi qu'il ira le porter:
"Roi, je partirai de bon matin.
— Oui, avant la fin de la nuit."
Voilà Tristran en grand émoi;
Entre son lit et celui du roi
Il y avait bien la longueur d'une lance.
Il vint à Tristran une idée par trop insensée:
Il se promit en son coeur
Qu'il verrait, s'il le pouvait, la reine,
Quand son oncle serait endormi.
Dieu, quel malheur! Il était par trop téméraire!
Cette nuit-là, le nain était dans la chambre.
Ecoutez comment il agit au cours de la nuit.

Entre *deus* liez la flor resp*an*t, *6a*
q*ue* li pas alle*n*t p*ar*aisant
se l'un a l'autre la nuit vie*n*t:
la flor la forme des pas tie*n*t.
Trist*ran* vit le nai*n* besuch*ier*
et la farine esp*ar*pellier;
porpensa soi q*ue* ce devoit,
qar si servir pas ne soloit.
P*us* dist: "Bie*n* tost a ceste place
espandroit flor por nostre t*ra*ce
veer, se l'u*n* a l'autre iroit.
Q*ui* iroit or, q*ue* fous feroit;
bie*n* verra mais se or i vois."
Le jor devant, T*ri*stra*n*, el bois
en la ja*n*be nafrez estoit
d'u*n* g*ra*nt se*n*gler, m*o*lt se doloit.
La plaie m*o*lt avoit saignié;
deslïez ert, p*ar* so*n* pechié.
Trist*ran* ne dormoit pas, ce q*ui*t;
et li rois live a mie nuit,
fors de la cha*n*bre en est issuz;
o lui ala li nai*n* boçuz.
   Dedenz la cha*n*bre n'out clartez,
cirge ne la*n*pë alumez.
Trist*ran* se fu sus piez levez.
De*us*! por qoi fist? Or escoutez!
Les piez a joinz, esme si saut,
el lit le roi chaï de haut.
Sa plaie esc*ri*ve, forme*n*t saine:
le sanc q*ui*(e*n*)n ist les dras e*n*saigne.
La plaie saigne, ne le sent,
qar trop a so*n* delit entent.
En plusors leus li sanc aüne.
Li nains defors est; a la lune
bie*n* vit josté ere*n*t e*n*se*n*ble
li dui ama*n*t: de joie e*n* tre*n*ble, *6b*
et dist au roi: "Se nes puez p*re*ndre

716 roi d. 719-20 *et* 721-2 *intervertis*; *l'ordre est rétabli en marge* 728 fut

Il répand la farine entre les deux lits,
De manière qu'apparaissent les traces de pas
Si l'un d'eux rejoint l'autre pendant la nuit:
La fleur de farine garde l'empreinte des pas.
Tristran vit le nain s'affairer
Pour répandre la farine;
Il se demanda ce que cela pouvait signifier,
Car il (le nain) n'avait pas l'habitude d'agir ainsi.
Puis il se dit: "Il pourrait bien répandre ici
De la farine pour repérer nos traces
Et voir si l'un rejoindrait l'autre.
Bien fou qui irait maintenant;
Il verra bien si j'y vais!"
La veille, dans la forêt, Tristran
Avait été blessé à la jambe
Par un gros sanglier; il souffrait beaucoup.
La plaie avait abondamment saigné;
Pour son malheur, elle n'était plus bandée.
Tristran ne dormait pas, j'imagine;
Le roi s'est levé à minuit
Et est sorti de la chambre;
Le nain bossu est parti avec lui.
Dans la chambre, aucune lumière;
Il n'y avait d'allumé ni chandelle, ni lampe.
Tristran s'est mis debout.
Dieu! pourquoi fit-il cela? Ecoutez donc!
Il joignit les pieds, évalua la distance, sauta
Et retomba dans le lit du roi.
Sa blessure s'ouvre et saigne d'abondance.
Le sang qui en jaillit marque les draps.
La plaie saigne, mais il ne la sent pas,
Car il est tout à son plaisir.
Le sang s'accumule en plusieurs endroits.
Le nain est dehors; dans le clair de lune
Il vit bien que les amants étaient enlacés.
Il en frémit de joie et dit au roi:
"Si tu ne parviens à les surprendre

ense*n*ble, va si me fai pendre."
Iluec fure[n]t li troi felo*n*
par *q*ui fu ceste traïso*n*
porpe*n*see p*ri*veeme*n*t.
Li rois s'e*n* vie*n*t. T*ri*stra*n* l'e*n*te*n*t,
live du lit, tot esfroïz,
erra*n*t s'en rest m*o*lt tost salliz.
Au tresallir q*ue* T*ri*stra*n* fait,
li sans dece*n*t — maleme*n*t vait —
de la plaie sor la farine.
Ha De*us*, qel duel q*ue* la roïne
n'avot les dras du lit ostez!
Ne fust la nuit nus d'eus p*ro*vez;
se ele s'en fust ap*en*see,
m*o*lt eüst bie*n* s'anor te*n*see.
M*o*lt g*ra*nt miracle Deus i out,
q*ui*(e)s gara*n*ti, si *con* li plot.
Li ros a sa cha*n*bre revie*n*t;
li nai*n*, q*ue* la cha*n*dele tient,
vient avoc lui. T*ri*stra*n* faisoit
se*n*bla*n*t *con*me se il dormoit,
q*a*r il ro*n*floit forme*n*t du nes,
Seus en la cha*n*bre fu remés
fors tant q*ue* a ses piez gesoit
Pirinis, q*ui* ne s'esmovoit;
et la roïne a so*n* lit jut.
Sor la flor, chauz, li sanc p*ar*ut.
Li rois choisi el lit le sanc;
v*er*mel en fure[n]t li drap bla*n*c,
et sor la flor en pert la trace
du saut. Li rois T*ri*stra*n* menace.
Li troi baro*n* so*n*t en la cha*n*bre,
Tristra*n* p*ar* ire a so*n* lit prene*n*t.
Cuelli l'ore*n*t cil en haïne, *6c*
p*or* sa prooise, *et* la roïne;
laidisent la, m*o*lt la menace*n*t:
ne lairont j*us*tise n'e*n* face*n*t.

763 gegoit 767 le saut

Ensemble, eh bien, tu peux me faire prendre!”
Les trois félons
Par qui ce complot avait été
Ourdi en secret, se trouvaient là.
Le roi revient. Tristran l’entend,
Il se dresse sur le lit, tout effrayé;
A l’instant, il a fait prestement un nouveau bond.
Au passage de Tristran,
Le sang jaillit — hélas! —
De la plaie sur la farine.
Ah Dieu, quel dommage que la reine
N’eût pas retiré les draps du lit!
Aucun d’eux cette nuit-là n’eût été reconnu coupable;
Si elle s’en était avisée,
Elle eût aisément défendu son honneur.
Dieu accomplit un grand miracle
En les protégeant comme il lui plut.
Le roi revient dans sa chambre
Et le nain, qui tient la chandelle,
L’accompagne. Tristran faisait
Semblant de dormir
En ronflant bruyamment du nez.
Il était resté seul dans la chambre,
A l’exception de Périnis,
Entendu sans bouger à ses pieds,
Et de la reine, couchée dans son lit.
Sur la fleur de farine se distingua le sang tout frais.
Le roi aperçoit le sang sur le lit;
Les draps blancs en furent vermeils,
Et sur la farine se marque la trace
Du saut.Le roi menace Tristran.
Les trois barons sont dans la chambre;
Avec fureur, ils se saisissent de Tristran dans son lit.
Ils l’avaient pris en haine — pour sa prouesse —
De même que la reine,
Qu’ils insultent et menacent:
Ils ne manqueront pas de leur faire justice.

Voient la ja*n*be q*ui* li saine:
"Trop p*ar* a ci veraie enseigne;
p*ro*vez estes," ce dist li rois,
"vostre esc*on*dit n'i vaut *un* pois.
Certes, T*ri*stra*n*, demai*n*, ce q*ui*t,
soiez ce*r*tains d'estre dest*rui*t."
Il li c*ri*e: "Sire, m*er*ci!
Por Deu, q*ui* pasio*n* soufri,
Sire, de nos pitié vos pre*n*ge!"
Li fel dïent: "Sire, or te ve*n*ge."
— "Bea*us* oncles, de moi ne me chaut;
bie*n* sai venuz sui a mo*n* saut.
Ne fust por vos acorocier,
cist plez fust ja ve*n*duz m*o*lt ch*ier*;
ja, por lor eulz, ne le pensase*n*t
q*ue* ja de lor mains m'atochase*n*t.
Mais enve*r*s vos n'e*n* ai je rie*n*.
Or, tort a mal ou tort a bie*n*,
de moi ferez v*ost*re plesir,
et je sui prest de vos soufrir;
sire, por Deu, de la roïne
aiez pitié!"—T*ri*stra*n* l'encline —
"qar il n'a home en ta meso*n*,
se disoit ceste t*ra*ïson
q*ue* p*ri*s eüse drüerie
o la roïne p*ar* folie,
ne m'en trovast e*n* chanp, armé.
Sire, m*er*ci de li, por Dé!"
Li troi q*ui* a la cha*n*bre sont
Tristra*n* ont p*ri*s et lïé l'ont,
et lïee ront la roïne;
m*o*lt est torné a g*ra*nt haïne.
Je, se T*ri*stra*n* ice seüst *6d*
q*ue* esc*on*dire nul leüst,
me*us* se laisast vif depec*ier*
q*ue* lui ne lié soufrist lïer.
Mais en Deu tant fort se fiot,
q*ue* bie*n* savoit *et* bie*n* q*ui*doit,
s'a esc*on*dit peüst venir,

Ils découvrent la jambe qui saigne:
Cet indice n'est que trop clair;
Vous êtres reconnus coupables," *fit le roi.*
"Votre défense n'aura aucune valeur.
A coup sûr, Tristran, demain, ce me semble,
Vous pouvez être assuré d'être mis à mort.
— Sire, miséricorde!" *lui crie celui-ci,*
"Pour Dieu qui souffrit la passion,
Sire, ayez pitié de nous!"
Les félons interviennent: "Sire, maintenant venge-toi!
— Cher oncle, peu m'importe mon sort;
Je le sais bien, pour moi le grand saut est proche.
N'était la crainte de vous courroucer,
Cette affaire se serait déjà payée fort cher;
Jamais, au prix de leurs yeux, il ne leur serait venu à l'esprit
De porter la main sur moi.
Mais envers vous je n'éprouve aucun ressentiment.
Maintenant, pour le meilleur ou pour le pire,
Vous ferez de moi ce qu'il vous plaira,
Et je suis prêt à subir votre volonté.
Mais, sire, pour Dieu, prenez pitié
De la reine!" — *Tristran s'incline devant lui* —
"Car il n'y a personne dans ton entourage qui,
M'ayant accusé perfidement
D'avoir pour la reine
Un sentiment coupable,
Ne me retrouve armé en champ clos.
Sire, pitié pour elle, au nom de Dieu!"
Les trois qui se trouvent dans la chambre
Ont saisi Tristran et l'ont ligoté,
Et ils lient la reine aussi;
Une grande haine en est résultée.
Certes, si Tristran avait su
Qu'il n'aurait pas la permission de se justifier,
Il se serait fait plutôt démembrer vif
Que d'accepter qu'on les liât elle et lui.
Mais il avait une telle foi en Dieu;
Il savait et était convaincu que,
S'il obtenait de se justifier,

nus n'e*n* osast armes saisir
en*con*tre lui, lever ne pre*n*dre.
Bie*n* se q*ui*doit p*ar* chanp defe*n*dre:
por ce ne vout [il] v*er*s le roi
mesfaire soi por nul desroi.
Qar, s'il seüst ce q*ue* en fut
et ce q*ui* avenir lor dut,
il les eüst tüez toz trois;
ja ne les en gardast li rois.
Ha De*us*, po[r] qoi ne les ocist?
A mellor plait asez venist.

Li criz live p*ar* la cité
q'e*n*dui sont e*n*se*n*ble trové
T*ri*stra*n* *et* la roïne Iseut,
et q*ue* li rois destruire eus veut.
Pleure*n*t li g*ra*nt *et* li petit,
sovent l'un d'eus a l'aut*re* dit:
"A las, tant avo*n* a plorer!
Ahi T*ri*stra*n*, ta*n*t p*ar* es ber!
Qel damage q*u'e*[n] traïson
vos ont fait pre*n*dre cil gloto*n*!
Ha roïne fra*n*che, honoree,
en qel terre sera(s) mais nee
fille de roi q*ui* to*n* cors valle?
Ha nains, ç'a fait ta devinalle!
Ja ne voie Deu en la face,
q*ui* trovera le nai*n* e*n* place,
qi nu ferra d'u*n* glaive el cors!
Ahi Tristra*n*, si g*ra*nt dolors
sera de vos, beaus ch*ie*r*s* amis, *7a*
qant si seroiz a destroit mis!
Ha las, qel duel de v*ost*re mort!
Qant le Morhout p*ri*st ja ci port,
q*ui* ça venoit por nos enfanz,
nos barons fist si tos[t] taisanz
q*ue* onq*ue*s n'ot *un* si hardi
q*ui* s'en osast arm*er* v*er*s lui.

819 ne se v. 846 si s.] ceseroit

Nul n'oserait, à ce propos, saisir,
Brandir ou prendre les armes contre lui.
Il comptait bien se défendre en champ clos:
C'est pourquoi il ne voulut pas se discréditer
Auprès du roi par un acte inconsidéré.
Car s'il avait su ce qu'il en était
Et ce qui devait leur arriver,
Il les aurait tués tous les trois;
Le roi lui-même n'eût pu les protéger.
Ah Dieu! que ne les a-t-il pas tués?
L'affaire aurait mieux tourné pour lui.

La rumeur se propage à travers la ville
Que l'on a a surpris ensemble
Tristran et la reine Iseut,
Et que le roi veut les mettre à mort.
Petits et grands pleurent,
L'un répétant à l'autre:
"Hélas, nous avons bien des raisons de pleurer!
Ah Tristran, tu es si preux!
Quel malheur que ces canailles
Vous aient surpris par traîtrise!
Ah reine noble et honorée,
En quel pays naîtra jamais
Une fille de roi qui te vaille?
Ah nain, voilà l'oeuvre de ta voyance!
Puisse-t-il ne jamais contempler la face de Dieu,
Celui qui rencontrera le nain quelque part
Sans le transpercer d'une lance!
Ah Tristran, si grande sera la peine
Eprouvée pour vous, beau cher ami,
Quand vous serez ainsi mis au supplice!
Hélas, quelle douleur de votre mort!
Quand jadis le Morholt débarqua ici,
Lui qui venait pour nos enfants,
Il réduisit si vite nos seigneurs au silence
Qu'il n'y en eut jamais aucun, assez hardi
Pour oser prendre les armes contre lui.

Vos enp*re*ïstes la batalle
por nos trestoz de Cornoualle
et oceïstes le Morhout.
Il v*os* navra d'u*n* javelot,
sire, dont tu deüs morir.
Ja ne devrio*n* *con*sentir
q*ue* v*ost*re cors fust ci dest*ru*it."
Live la noisë *et* li bruit;
tuit en core*n*t droit au palés.
Li rois fu m*o*lt fel *et* e*n*grés.
N'i ot baro*n* tant fort ne fier
q*ui* ost le roi mot araisnier
q*u'i*l i p*ar*donast cel mesfait.
Or vie*n*t li jor, la nuit s'e*n* vait.
Li rois *con*ma*n*de espines querre
et une fosse faire e*n* te*r*re.
Li rois, tra*n*chanz de mai*n* tena*n*t,
p*ar* tot fait q*ue*rre les sarmenz
et asse*n*bler o les espines
aubes *et* noires o racines.
Ja estoit bie*n* p*ri*me de jor.
Li banz c*ri*ërent par l'enor
q*ue* tuit en alle*n*t a la cort;
cil q*ui* plus puet plus tost acort.
Ase*n*blé so*n*t Corneualeis,
grant fu la noise *et* li tibois:
n'i a celui ne face duel,
fors q*ue* li nains de Ti*n*tajol. *7b*
Li rois lor a dit *et* mo*n*stré
q*u'i*l veut faire dedenz *un* ré
ardoir so*n* nevo *et* sa feme.
Tuit s'esc*rï*ent la gent du reigne:
"Rois, trop ferïez lai pechié,
s'il n'estoient p*ri*mes jugié;
puis les destrui. Sire, m*er*ci!"
Li rois p*ar* ire respondi:
"P*ar* cel seignor q*ui* dist le mont,

857-8 *intervertis* 867 e. quiert 887 d. plus (*exp.*) 888 p. ice

C’est vous qui avez engagé le combat
Pour nous tous, gens de Cornouailles,
Et qui avez tué le Morholt.
Il vous blessa, seigneur, d’un coup de javelot
Qui a failli vous être fatal.
Nous ne devrions jamais permettre
Qu’ici vous soyez mis à mort.”
Le bruit et la rumeur s’amplifient
Et tous d’accourir au palais.
Le roi était furieux et acharné.
Pas un baron ne fut assez puissant ni assez téméraire
Pour oser adresser un mot au roi
Afin qu’il leur pardonnât cette faute.
Le jour se lève, la nuit s’en va.
Le roi ordonne de chercher des épines
Et de creuser une fosse dans le sol.
Le roi, une serpette à la main,
Fait chercher partout des sarments
Et les fait amasser avec des épines
Noires et blanches et leurs racines.
C’était déjà la première heure du jour.
Par tout le royaume on proclamait un ban
Ordonnant que tous se rendent à la cour;
Chacun accourt aussi vite qu’il peut.
Les Cornouaillais se sont rassemblés
A grand bruit et à grand tumulte:
Personne qui ne se lamente,
Hormis le nain de Tintagel.
Le roi leur a déclaré et leur a expliqué
Qu’il veut faire brûler sur un bûcher
Son neveu et sa femme.
Tous les gens du royaume s’écrient:
“Roi, vous commettriez une horrible faute,
S’ils ne passaient d’abord en jugement;
Exécute-les ensuite. Sire, par pitié!”
Le roi répond avec fureur:
“Par le Seigneur qui créa le monde

totes les choses q*ui* i sont,
por estre moi desh*er*ité
ne lairoie ne l'arde en ré,
se j'e*n* sui araisnié jamais.
Laisiez m'e*n* tot ester e*n* pais."
Le feu *con*ma*n*de a alumer
et so*n* nevo a amener;
ardoir le veut p*remier*ement.
Or vont por lui, li rois l'atent.
   Lors l'en ameine*n*t p*ar* les mai*n*s;
p*ar* Deu, trop fire*n*t q*ue* vilains!
Tant ploroit, mais rie*n* ne le mo*n*te,
fors l'en ameine*n*t a g*ra*nt ho*n*te.
Yseut plore, p*ar* poi n'e*n*rage.
"Tristra*n*," fait ele, "q*e*l damage
q*u'a* si g*ra*nt honte estes lïez!
Q*ui* m'oceïst s'i garisiez,
ce fust g*ra*nt joie, bea*us* amis:
encor en fust ve*n*geme*n*t p*ri*s."
   Oez, seignors, de Damledé,
*con*ment il est plains de pité;
ne vieat pas mort de pecheor.
Receü out le cri, le plor
q*ue* faisoie*n*t la povre gent
por ceus q*ui* eire*n*t a torment.
Sor la voie p*ar* ont il vont, *7c*
une chapele sor *un* mo*n*t
u coi*n* d'une roche est asise;
sor mer ert faite, dev*er*s bise.
La p*ar*t q*ue* l'en claime cha*n*cel
fu asise sor *un* moncel;
outre n'out rie*n* fors la faloise.
Cil mont est plai*n* de pierre atoise;
s'uns escureus de lui sausist,
si fust il mort, ja n'e*n* garist.
En la dube out une v*er*rine,
que un sainz i fist, porperine.

894 Laisiē   916 c. *et s.*   922 a.] aaise

Et tout ce qu'il contient,
Quand je devrais prendre mon héritage,
Je ne renoncerais pas à le faire brûler sur le bûcher,
Dût-on m'en demander raison un jour.
Laissez-moi en paix!"
Il ordonne d'allumer le feu
Et d'amener son neveu,
Qu'il veut brûler le premier.
On va le chercher, le roi l'attend.
   On l'amène en le tirant par les mains;
Dieu, quel vil comportement!
Il pleurait abondamment, mais en vain;
On le fait sortir à sa grande honte.
Iseut pleure, presque folle de rage.
"Tristran," *fait-elle*, "quel malheur
Que vous soyez lié si honteusement!
Si l'on me tuait et que vous en réchappiez,
Ce serait une grande joie, mon ami:
Il y aurait un jour une vengeance."
   Apprenez, seigneurs, combien Dieu
Est plein de miséricorde;
Il ne veut pas la mort du pécheur.
Il avait entendu les appels et les sanglots
Des pauvres gens
Pour ceux qui étaient en détresse.
Le long du chemin qu'ils empruntent,
Une chapelle est perchée sur une hauteur,
Sise au bord d'un rocher;
Elle surplombait la mer, face à la bise.
La partie que l'on appelle le choeur
Etait assise sur une élévation;
Au delà il n'y avait que la falaise.
Toute la hauteur est faite de pierre lisse;
Si un écureuil avait sauté de là,
Il serait tué, il n'en aurait pas réchappé.
L'abside était percée d'une verrière
Aux tons pourprés, œuvre d'un saint.

Trista*n* ses meneors apele:
“Seignors, vez ci une chapele;
por Deu, q*ar* m’i laisiez entrer.
Pres est mes t*er*mes de finer;
preerai Deu q*u’i*l m*er*ci ait
de moi, q*ar* trop li ai forfait.
Seignors, n’i a q*ue* ceste entree;
a chas*cun* voi tenir s’espee.
Vos savez bie*n*, ne p*us* issir,
p*ar* vos m’e*n* estuet rev*er*tir;
et q*a*nt je Dé proié avrai,
a vos eisinc lors revendrai.”
   Or l’a l’un d’eus dit a so*n* per:
“Bie*n* le poo*n* laisier aler.”
Les lians sache*n*t, il e*n*tre enz;
Trista*n* ne vait pas *con*me lenz,
triés l’autel vi[n]t a la fenestre,
a soi l’en traist a sa mai*n* destre,
p*ar* l’overture s’e*n* saut hors;
me*us* veut sallir q*ue* ja ses cors
soit ars, voiant tel aünee.
Seignors, *une* gr*a*nt pi*er*re lee
out u mileu de cel roch*ier*;
Trista*n* i saut m*o*lt de leg*ier*. *7d*
Li vens le fiert e*n*tre les dras,
quil defent q*u’i*l ne chie a tas —
encor claime*n*t Corneuala*n*
cele pierre le Saut T*ri*stra*n*.
   La chapele ert plaine de pueple.
T*ri*stra*n* saut sus. L’araine ert moble:
toz a genoz font en la glise.
Cil l’atende*n*t defors l’iglise,
mais por noie*n*t; T*ri*stra[n] s’e*n* vet,
bele m*er*ci De*us* li a fait!
La rivi*er*e granz sauz s’e*n* fuit,
m*o*lt p*ar* ot bie*n* le feu q*ui* bruit;
n’a corage q*ue* il retort,

957 so*n*t en ligliglise

Tristran s'adresse à ses gardes:
"Seigneurs, voici une chapelle:
Pour Dieu, laissez-moi donc y entrer.
Ma fin est proche:
Je prierai Dieu d'avoir pitié
De moi, car je l'ai beaucoup offensé.
Seigneurs, il n'y a que cette entrée,
Et je vois chacun de vous porter une épée;
Vous savez bien qu'il m'est impossible de sortir:
Il me faudra repasser devant vous.
Quand j'aurai prié Dieu,
Je reviendrai donc auprès de vous."
Alors l'un d'eux dit à son compagnon:
"Nous pouvons bien le laisser aller".
Ils lui ôtent les liens, il entre.
Tristran ne perd pas de temps:
Il gagne la fenêtre derrière l'autel,
La tire à lui de la main droite et
S'élance par l'embrasure.
Il aime mieux sauter que
D'être brûlé devant pareille assemblée.
Seigneurs, une pierre grande et large
Faisait saillie à mi-hauteur de ce rocher;
Tristran y saute avec beaucoup de souplesse.
Le vent s'engouffre dans ses vêtements
Et l'empêche de tomber comme une masse.
(Les Cornouaillais appellent encore
Cette pierre le Saut-Tristran).
La chapelle était pleine de monde.
Tristran bondit. Le sable était meuble:
Il s‘s'enfonce jusqu'aux genoux dans la boue.
Les autres l'attendent devant l'église,
Mais en vain: Tristran s'enfuit.
Dieu lui a fait une grande faveur!
Il s'enfuit à grands bonds le long du rivage:
Il entend distinctement le feu qui crépite
Et n'a pas le coeur de retourner;

ne puet plus corre q*ue* il cort.
Mais or oiez de Gov*er*nal:
espee çai*n*te, sor cheval,
de la cité s'e*n* est issuz;
bie*n* set, se il fust *con*seüz,
li rois l'arsist por so*n* seignor:
fuiant s'e*n* vait por la poor.
M*o*lt ot li mestre T*ri*stra*n* ch*ier*,
qant il sont b*ra*nt ne vout lais*ier*,
ançois le p*ri*st la ou estoit,
avoc le su*en* l'en aportoit.
Tristra*n* so*n* mestre ap*er*ceüt,
ahucha le, bie*n* le *con*nut;
et il i est venuz a hait.
Qant il le vit, g*ra*nt joie e*n* fait.
"Maistre, ja m'a De*us* fait m*er*ci:
eschapé sui, *et* or sui ci.
Ha las, dolent, *et* moi que chaut?
Qant n'ai Yseut, rie*n* ne me vaut,
dolent, le saut q*ue* orainz fis;
q*ue* dut ice q*ue* ne m'ocis?
Ce me peüst estre m*o*lt tart! *8a*
Eschapé sui! Yseut, l'e*n* t'art!
Certes, por noient eschapai:
en l'art por moi, por li morrai."
Dist Gov*er*nal: "Por Deu, beau sire,
*con*fortez vos, n'acuelliez ire.
Veez ci un espés buison,
clos a fossé tot environ.
Sire, meto*n* nos la dedenz.
P*ar* ci trespasse mai*n*tes genz:
asez orras d'Iseut novele.
Et se en l'art, jamais an cele
ne mont(e)rez vos, se vos b*ri*me[n]t
n'en prenez enp*ré*s ve*n*geme*n*t!
Vos en avrez m*o*lt bone aïe.
Ja, p*ar* Je*s*u, le fiz Marie,

974 l'en a.] la ou estoit 981 m. q*ui* c. 997 ne m.] nen*con*trez

Il court aussi vite qu'il peut.
Mais écoutez à présent ce que fait Governal:
L'épée au côté, il a quitté
La ville à cheval;
Il sait bien que, s'il était rattrapé,
Le roi le brûlerait à la place de son seigneur:
Il prend la fuite, poussé par la crainte.
Le maître avait beaucoup d'affection pour Tristran,
Puisqu'il ne voulut pas abandonner son épée,
Mais qu'il alla la prendre où elle se trouvait
Et l'emportait avec la sienne.
Tristran aperçut son maître,
Et le héla: il l'avait bien reconnu.
Tout heureux, celui-ci l'a rejoint.
A sa vue, Tristran manifeste sa joie.
"Maître, Dieu vient d'avoir pitié de moi,
Je me suis échappé et me voici.
Hélas, malheureux que je suis, que l'importe?
Puisque je n'ai pas Iseut, il ne me sert à rien,
Malheureux que je suis, le saut que je viens de faire!
Pourquoi ne me suis-je pas tué?
Je pourrais bien le regretter!
Je me suis échappé et toi, Iseut, on te brûle!
Vraiment, c'est en vain que je me suis évadé:
On la brûle pour moi, je mourrai pour elle."
Governal lui répondit: "Pour Dieu, mon seigneur,
Prenez courage, ne vous désolez pas.
Voici un hallier touffu
Entouré de fossés de tous côtés.
Seigneur, postons-nous à l'intérieur;
Beaucoup de monde passe par ici
Et tu apprendras bien des nouvelles d'Iseut.
Si on la brûle, vous ne monterez plus
En selle, si ce n'est pour
La venger ensuite sans délai!
Vous serez bien secondé en cela.
Par Jésus, le fils de Marie,

ne g*er*rai mais dedenz maiso*n*
tresq*ue* li troi felo*n* larro*n*
p*ar* q*uo*i (e)st dest*ru*ite Yseut ta drue,
en avro*n*t la mort receüe.
S'or estïez, beau sire, ocis,
q*ue* ve*n*geme*n*t n'e*n* fust ainz p*r*is,
jamais nul jor n'avroie joie."
Trista*n* respo*n*t: "Trop v*os* anoie:
beau mestre, n'ai poi*n*t de m'espee."
—"Si as, q*ue* je l'ai aportee."
Dist T*r*istra*n*: "Maistre, do*n*c est b*ie*n;
or ne c*ri*em, fors Deu, imais rie*n*.
—"Encor ai je soz ma gonele
tel rie*n* q*ui* vos ert bone *et* bele:
un haube*r*jo*n* fort *et* legier,
q*ui* vos porra avoir mest*ier*."
—"De*us*!" dist T*r*istra*n*, "balliez le moi.
P*ar* icel Deu en q*ui* je croi,
me*us* vuel estre tot depeciez —
se je a tens i vie*n*, au rez, *8b*
ainz q*ue* getee i soit m'amie —
ceus q*ui* la tiene*n*t n*en* ocie(nt)."
Gov*er*nal dist: "Ne te haster!
Tel chose te puet De*us* don*er*
q*ue* te porras m*o*lt me*us* ve*n*ger;
n'i avras pas tel destorbier
con tu porroies or avoir.
N'i voi or poi*n*t de to*n* pooir,
q*ar* ve*r*s toi est iriez li rois;
avoé so*n*t tuit li borjois
et trestuit cil de la cité;
sor lor eulz a toz *con*mandé
q*ue* cil q*ui* ainz te porra p*re*ndre,
s'il ne te pre*n*t, fera le pe*n*dre.
Chascu*n* aime me*us* soi q*ue* toi:
se l'en levout sor toi le hui,
te*us* te voudroit b*ie*n delivr*er*,

1030 avoc s.

Je ne coucherai plus sous un toit
Jusqu'à ce que les trois coquins perfides
Qui ont causé la perte d'Iseut, ton amie,
1004 Aient trouvé la mort.
Si vous étiez tué maintenant, mon seigneur,
Avant que vengeance n'ait été prise,
Je ne connaîtrais plus jamais le bonheur."
1008 *Tristran répond:* "Ceci va vous contrarier beaucoup,
Cher maître, je n'ai pas mon épée.
— Si fait, car je l'ai apportée.
— Alors, maître," *fit Tristran*, "tout va bien;
1012 A présent, fors Dieu, je ne crains plus rien.
— J'ai aussi sous ma tunique
Une chose qui vous sera utile et agréable:
Un haubergeon solide et léger
1016 Qui pourra vous rendre service.
— Dieu," *fit Tristran*, "donnez-le-moi.
Par le Dieu en qui je crois,
1020 Si j'arrive à temps au bûcher,
Avant qu'on n'y jette mon amie,
Je préfère être entièrement mis en pièces
Que de ne pas tuer ceux qui la tiennent.
— Pas de précipitation," *lui répliqua Governal*,
1024 "Dieu peut te procurer un moyen
Qui te permettra de bien mieux te venger;
Tu n'auras pas alors les difficultés
Que tu pourrais rencontrer maintenant.
1028 Pour le moment, je ne vois rien que tu puisses faire,
Car le roi est furieux contre toi.
Tous les bourgeois lui sont soumis
De même que tous les habitants de la cité;
1032 Il leur a juré au prix de leurs yeux que
Le premier qui aura la possibilité de te capturer
Et ne le fera pas, sera pendu.
Tout le monte préfère sa vie à la tienne:
1036 Si l'on criait sur toi le haro,
Tel qui voudrait bien te laisser échapper

ne l’oseret neis porpenser.”
Plore T*ri*stra*n*, m*o*lt fait g*ra*nt duel;
ja, por toz ceus de Ti*n*tajol,
s’en le deüst tot depecier,
q*u’i*l n’e*n* tenist piece a sa per,
ne laisast il q*u’i*l n’i alast,
se so*n* mestre ne li veiast.
  En la cha*n*brë *un* mes acort,
q*ui* dist Yseut q*u’e*le ne plort,
q*ue* ses amis est eschapez.
“De*us*,” fait elë, “en ait b*ie*n grez!
Or ne me chaut se il m’ocïent
ou il me lïent ou deslïent.”
Si l’avoit fait lïer li rois,
p*ar* le *con*ma*n*deme*n*t as trois,
q*u’i*l li out si les poinz estroiz
li sanc li est p*ar* toz les doiz.
“P*ar* Deu!” fait el, “se je m’escor *8c*
qant li felon losengeor
q*ui* garder dure*n*t mon ami,
l’ont dep*er*du, la Deu merci,
ne me devroit l’o*n* mes proisier.
Bie*n* sai q*ue* li nai*n*s losengier
et li felons, li plai*n* d’e*n*vie,
p*ar* q*ui* *con*sel j’ere perie,
en avront encor lor deserte;
torn*er* lor puise a male p*er*te!”
  Seignor, au roi vie*n*t la novele
q’eschapez est p*ar* la chapele
ses niés, q*ui* il devoit ardoir.
De mautalent en devi*n*t noir,
de duel ne set *con* se *con*tie*n*ge;
p*ar* ire rove q*u*(e) Yseut vie*n*ge.
Yseut est de la sale issue;
la noise live p*ar* la rue.
Qant la dame lïee vir*en*t —
a laidor ert — molt s’esfroï(e)re*n*t.

1039 m. sait g.   1055 ie mes ior

N'oserait même pas y songer."
Tristran pleure et se lamente;
1040 *Jamais, malgré tous ceux de Tintagel,*
Dût-on le mettre entièrement en pièces
Au point que pas un morceau ne tînt encore à l'autre,
Il n'aurait renoncé à y aller,
1044 *Si son maître ne s'y était opposé,*
Un messager accourt dans la chambre
Et dit à Iseut de ne plus pleurer,
Puisque son ami s'est échappé.
1048 "Dieu en soit loué!" *fait-elle,*
"Peu m'importe à présent s'ils me tuent,
Me lient ou me délient."
1052 *Sur le conseil des trois,*
Le roi l'avait fait ligoter
En lui serrant les poignets si fort
Que le sang lui coule le long des doigts.
"Par Dieu!" fait-elle, "si je me lamentais
1056 Alors que les odieux courtisans
Qui devaient garder mon ami,
L'ont laissé s'échapper — Dieu merci! —
On ne devrait plus avoir d'estime pour moi.
1060 Je suis certaine que le nain médisant
Et les traîtres, les envieux
Qui ont voulu ma mort,
Auront bientôt ce qu'ils méritent;
1064 Que cela puisse entraîner leur perte!"
Seigneurs, la nouvelle parvient au roi
Que son neveu, qu'il allait brûler,
S'est échappé par la chapelle.
1068 *Il en devient livide de colère*
Et ne se possède plus de dépit.
Furieux, il requiert qu'on fasse venir Iseut.
Iseut est sortie de la salle.
1072 *Dans la rue, la clameur augmente;*
En voyant la dame ligotée
— C'était une honte —, ils furent consternés.

Q*ui* ot le duel q*u'i*l font por li,
com il crïent a Deu m*er*ci!
"Ha roïne fra*n*che, honoree,
qel duel ont mis e*n* la *con*tree
p*ar* q*ui* ceste novele est sorse!
C*er*tes, en asez poi de borse
en porront metre le gaai*n*;
avoir e*n* puise*n*t mal mehai*n*!"
   Amenee fu la roïne
jusq*uë* au ré ardant d'espine.
Dinas, li sire de Dinan,
q*ui* a m*er*velle amoit T*ri*stra*n*,
se lait choier au pié le roi.
"Sire," fait il, "entent a moi.
Je t'ai servi m*o*lt longueme*n*t,
sanz vilanie, loiaume*n*t: *8d*
ja n'avras home e*n* tot cest reigne,
povre orfeli*n* ne vielle feme,
q*ui* por v*ost*re seneschaucie,
q*ue* j'ai eü tote ma vie,
me donast une beauveisine.
Sire, m*er*ci de la roïne!
Vos la volez sanz jugeme*n*t
ardoir en feu; ce n'est pas gent,
qar cest mesfait ne *con*noist pas;
duel ert, se tu le sue*n* cors ars.
   Sire, Tristra*n* est eschapez;
les plains, les bois, les pas, les guez
set forme*n*t bie*n*, *et* m*o*lt est fiers.
Vos estes oncle *et* il tes niés:
a vos ne mesferoit il mie:
mais vos barons, e*n* vos ballie
s'il les trovout, nes vilonast?
E*n*cor e*n* ert ta t*er*re en gast.
Sire, c*er*tes, ne q*i*er noier,
q*ui* avroit sol *un* escuier
por moi destruit ne a feu mis,

1083 Dmenee (*erreur du rubricateur*; a *en marge*)

Il faut les entendre se lamenter pour elle
Et implorer la miséricorde de Dieu!
"Ah, noble reine honorée,
Dans quelle douleur ont-ils plongé le pays
Ceux qui ont suscité ce scandale!
Assurément, elle ne sera pas grande,
La bourse où ils pourront recueillir leur profit.
Puissent-ils être frappés d'un grand mal!"
La reine fut amenée
Jusqu'au bûcher d'épines brûlantes.
Dinas, le seigneur de Dinan,
Qui avait pour Tristran une profonde affection,
Se jette aux pieds du roi.
"Sire," *fait-il*, "accorde-moi ton attention.
Je t'ai servi fort longtemps,
En tout honneur et en toute loyauté:
Tu ne trouveras jamais personne dans tout ce royaume,
Pauvre orphelin ou vieille femme,
Qui en raison de votre sénéchaussée,
Que j'ai occupée toute ma vie,
M'aurait donné une seule maille beauvaisine.
Sire, pitié pour la reine!
Vous voulez la jeter aux flammes
Sans jugement; ce n'est pas bien,
Puisqu'elle ne reconnaît pas le forfait.
Si tu la brûles, ce sera un malheur.
Sire, Tristran s'est échappé;
Plaines et bois, passages et gués,
Il les connaît fort bien, et il est redoutable.
Vous êtes son oncle, il est ton neveu:
Il ne s'attaquerait pas à vous;
Mais ne malmènerait-il pas vos barons,
S'il les trouvait dans votre royaume?
Ta terre en sera aussitôt dévastée.
Sire, vraiment, je ne cherche pas à le nier:
Quiconque m'aurait tué ou brûlé
Un seul écuyer,

se iere roi de *set* païs,
ses me metroit il en bale*n*ce
ainz q*ue* n'e*n* fust p*ri*se ve*n*ja*n*ce.
Pensez q*ue* de si fra*n*che feme,
q*u'i*l amena de lointain reigne,
q*ue* lui ne poist s'ele est dest*ru*ite?
Ainz en avra ancor g*ra*nt luite.
Rois, rent la moi, p*ar* la merite
q*ue* servi t'ai tote ma vite."
Li troi p*ar* q*ui* cest' ovre sort
sont devenu taisant *et* sort,
qar bie*n* seve*n*t T*ri*stra*n* s'e*n* vet,
m*o*lt g*ra*nt dote ont q*u'i*l nes aget.
Li rois p*ri*st p*ar* la main Dinas, *9a*
p*ar* ire a juré saint Thomas
ne laira n'en face j*us*tice
et q*u'a*n(t) ce fu ne soit la mise.
Dinas l'entent, m*o*lt a g*ra*nt duel,
ce poise li; ja p*ar* so*n* vuel
nen iert destruite la roïne.
En piez se live o ch*ie*re encline:
"Rois, je m'e*n* vois jusq*u'a* Dina*n*.
P*ar* cel seignor q*ui* fist Adan,
je ne la v*er*roië ardoir
por tot l'or ne por tot l'avoir
*c'on*q*ue*s oure*n*t li plus riche home
q*ui* furent des le bruit de Rome."
Puis monte el dest*ri*er si s'en torne,
chiere encline, marriz *et* morne.
   Iseut fu au feu amenee;
de gent fu tote avironee,
q*ui* trestuit braient *et* tuit c*rï*ent,
les traïtors le roi maudïent.
L'eve li file aval le vis;
en un bliaut de paile bis
estoit la dame estroit vestue
et d'u*n* fil d'or menu cosue;

1128 s.] sont   1138 b.] fruit

1112 S'il était roi de sept pays,
Il me les proposerait tous en compensation
Plutôt que je ne renonce à la vengeance.
Pensez-vous qu'il ne lui sera pas cruel
Que soit mise à mort une dame aussi noble et
1116 Qu'il a amenée d'un royaume lointain?
Au contraire, il en résultera encore un violent conflit.
Roi, confie-la moi, pour me récompenser
1120 De t'avoir servi ma vie durant."
Les trois qui ont tout mis en oeuvre,
Sont devenus sourds et muets:
Ils savent que Tristran est en route
1124 *Et ont grand peut qu'il ne leur dresse une embuscade.*
Le roi prit Dinas par la main et,
Plein de colère, a juré par saint Thomas
Qu'il ne renoncera pas à la châtier
1128 *Et à la précipiter dans le feu que voilà.*
Dinas, en l'entendant, est désolé
Et affligé: jamais, s'il ne tient qu'à lui,
La reine ne sera mise à mort.
1132 *Il se lève, la tête baissée:*
"Roi, je m'en retourne à Dinan.
Par le Seigneur qui créa Adam,
Je ne pourrais la voir brûler
1136 Pour tout l'or et pour tous les biens
Qui ont jamais appartenu aux plus riches
Qui vécurent depuis les jours glorieux de Rome."
Puis, il enfourche son cheval et s'en retourne,
1140 *Le front courbé, triste et morne.*
   Iseut fut amenée au bûcher,
Entourée d'une foule
Qui crie, qui sanglote et
1144 *Qui maudit les mauvais conseillers du roi.*
Les larmes lui coulent le long du visage.
La dame porte un bliaut moulant
De brocart gris,
1148 *Que ferment de petits points en fil d'or.*

si chevel hurtent a ses piez,
d'un filet d'or les ot trechiez.
Q*ui* voit so*n* cors *et* sa facho*n*,
trop p*ar* avroit le cuer felo*n*
q*ui* n'e*n* avroit de lié pitié;
m*o*lt so*n*t li braz estroit lïé.
 Un malade out e*n* Lancïen,
p*ar* no*n* fu apelé Ivein;
a m*er*velle p*ar* fu desfait.
Acoru fu voier cel plait.
Bie*n* out o lui cent *con*paignons
o lor puioz, o lor bastons; *9b*
ainz ne veïstes ta*n*t si lait
ne si boçu ne si desfait.
Chascu*n* tenoit sa tartarie,
crïent au roi a voiz serie:
"Sire, tu veus faire j*us*tise,
ta feme ardoir en ceste gise.
Granz est; mes se je ainz rie*n* soi,
ceste j*us*tise durra poi:
m*o*lt l'avra tost cil g*ra*nt feu arse
et la poudre cist venz esp*ar*se;
cest feu charra, e*n* ceste brese
ceste j*us*tise ert tost remese.
Mais se vos croire me volez,
tel j*us*tise de li ferez
et q*u'i* voudroit me*us* mort avoir,
q*u'e*le vivroit, *et* sanz valoir,
et q*ue* nus n'e*n* orroit p*ar*ler
q*ui* pl*us* ne t'e*n* tenist por ber.
Rois, voudroies le faire issi?"
Li rois l'e*n*tent si respondi:
"Se tu m'e*n*seignes cest, sanz falle,
q*u'e*le vivë *et* q*ue* ne valle,
g[r]é t'e*n* savra[i], ce saches bie*n*;
et se tu veus, si p*re*n du mie*n*.
Onq*ue*s ne fu dit tel man*iere*,

1171 en c. p*r*ise 1173-4 *intervertis*

Ses cheveux lui tombent jusqu'aux pieds;
Elle les avait tressés d'un fil d'or.
(A voir son corps et son aspect
On aurait le coeur par trop mauvais,
Si l'on n'éprouvait de la pitié pour elle).
Elle a les bras étroitement liés.
Il y avait à Lantyan un lépreux
Qui s'appelait Ivain;
Il était extraordinairement difforme.
Il était accouru pour assister au jugement.
Avec lui il y avait une bonne centaine de compagnons
Munis de leurs béquilles et leurs bâtons;
Vous n'avez jamais vu tant de créatures si hideuses,
Si couvertes de tumeurs, si difformes.
Chacun d'eux avait sa crécelle.
Ils appellent le roi d'une voix rauque:
"Sire, tu veux faire justice
En brûlant ta femme.
Châtiment terrible, mais pour autant que je sache,
Il sera de courte durée:
Ce grand brasier aura tôt fait de la consumer
Et les cendres, le vent les aura dispersées;
Le feu mourra et, dans la braise,
S'éteindra bientôt le châtiment.
Mais si vous voulez me faire confiance,
Vous lui infligerez un tel châtiment
Qu'elle préférerait être morte,
Qu'elle vivrait, mais sans honneur,
Et que nul n'en entende parler
Sans t'en estimer devantage.
Roi, voudrais-tu qu'il en soit ainsi?"
Le roi l'écoute et répondit:
"Si tu m'indiques un moyen sûr
Pour qu'elle vive, et déshonorée,
Je t'en saurai gré, sache-le bien;
Et si tu veux, puise dans mes biens;
Jamais on n'a défini un procédé

tant dolerose ne tant fire,
q*ui* orendroit tote la pire
seüst, por Deu le roi, eslire,
q*ue* il n'eüst m'amor tot tens."
Iv(i)ains respo*n*t: "Si *con* je pens
je te dirai, asez b*ri*ment.
Veez, j'ai ci *con*paigno[n]s cent.
Yseut nos done, s'ert *con*mune,
paior fi*n* dame n'ot mais une.
Sire, en nos a si g*ra*nt ardor *9c*
soz ciel n'a dame q*ui un* jor
peüst soufrir n*ost*re *con*vers;
li drap nos sont au cors aers.
O toi soloit estre a honor,
o vair, o g*ri*s *et* o baudor;
les buens vin[s] i avoit ap*ri*s
et granz soliers de marbre bis.
Se la donez a nos mesea*us*,
qant el v*er*ra nos bas bordea*us*
et eslira l'escouellier
et l'estovra a nos couch*ier*,
sire, en leu de tes bea*us* meng*ier*s
avra de pieces, de q*a*rtiers
q*ue* l'e*n* nos envoi' a ces hus;
por cel seignor q*ui* mai*n*t lasus,
qant or verra la n*ost*re cort,
adonc v*er*rez si des*con*fort;
donc voudroit mie*us* mor*ir* q*ue* viv*re*,
donc savra bie*n* Yseut la givre
q*ue* malement avra ovré:
me*us* voudroit estre arse e*n un* ré."
Li rois l'entent, en piez estut,
ne de g*ra*nt pice ne se mut.
Bie*n* entendi q*ue* dit Ivain,
cort a Yseut, p*ri*st l'a la mai*n*.
Ele c*ri*e: "Sire, merci!
Ainz q*ue* m'i doignes, art moi ci."

1187 q. ensauroit   1198 c.] drap   1202 g. solaz   1209 c. hues

Si douloureux et si cruel
Sans qu'il n'eût mon affection pour toujours,
Celui qui saurait, pour Dieu le roi,
Trouver à l'instant le pire."
Ivain répond: "Je te dirai
Brièvement à quoi je pense.
Regardez, j'ai ici cent compagnons.
Livre-nous Iseut et elle appartiendra à nous tous;
Jamais dame n'a connu de pire fin.
Sire, nous brûlons d'une si grande ardeur
Qu'il n'y a pas de dame au monde
Qui pourrait souffrir notre commerce un seul jour;
Nos habits nous collent à la peau.
Avec toi, elle était accoutumée aux égards,
Avec du vair et du gris, dans l'allégresse;
Elle a connu les bons vins
Et les vastes salles de marbre gris.
Si vous la livrez à nos lépreux,
Quand elle apercevra nos bouges au toit bas,
Qu'elle verra notre vaissellier
Et qu'il lui faudra partager notre couche,
Qu'elle aura, sire, au lieu de tes mets choisis,
Sa portion des déchets et des morceaux
Qu'on nous laisse aux portes —
Par le Seigneur qui demeure là-haut,
Quand elle verra cette fois notre cour à nous,
Alors vous verrez ici du désespoir;
Alors elle préférera être morte que vive,
Alors Iseut, la vipère, saura
Qu'elle a mal agi;
Elle souhaitera avoir été brûlée sur un bûcher."
Le roi écoute; il demeurait debout,
Immobile un grand moment.
Il a bien compris ce qu'a dit Ivain.
Il se précipite vers Iseut et lui saisit la main.
Elle s'écrie: "Sire, par pitié,
Plutôt que de me livrer à lui, brûle-moi ici!"

Li rois li done, *et* cil la prent.
Des malades i ot bie*n* cent,
q*ui* s'aüne*n*t tot e*n*tor li.
Q*ui* ot le brait, q*ui* ot le cri,
a tote genz e*n* p*re*nt pitiez.
Q*ui* q'e*n* ait duel Yvai*n*s est liez.
Vait s'e*n* Yseut, Yvai*n*s l'e*n* meine
tot droit aval p*ar* sus l'araine. *9d*
Des autres meseau*s* li *con*plot —
n'i a celui n'ait so*n* puiot —
tot droit vont v*er*s l'e*n*buscheme*n*t
ou ert T*ri*stra*n*, q*ui* les atent.
A haute voiz Gov*er*nal c*ri*e:
"Filz, q*ue* feras? Ves ci t'amie."
—"De*us*," dist T*ri*stra*n*, "q*e*l ave*n*ture!
Ahi Yseut, bele fig*ur*e,
con deüstes por moi morir
et je redui por vos perir!
Tel gent vos tiene*n*t ent*re* mai*n*s,
de ce soient il toz c*er*tains,
se il n'os laise*n*t e*n* present,
tel i ara ferai dolent."
Fiert le dest*ri*er, du buiso*n* saut,
a qant q*u'i*l puet s'esc*ri*e e*n* haut:
"Ivai*n*, asez l'avez menee;
laisiez la tost, q*u'a* cest' espee
ne vos face le chief voler."
Ivai*n* s'aqeut a desfubler,
en haut s'esc*ri*e: "Or as puioz!
Or i p*ar*ra q*ui* ert des noz."
Q*ui* ces meseau*s* veïst soffler,
oster chapes *et* desfubler!
Chas*cun* li crolle sa pote*n*ce,
li uns menace *et* l'aut*re* te*n*ce.
Tristra*n* n'e*n* [v]ost rie*n* atoch*ier*
ne entest*er* ne laide*n*gier.
Gov*er*nal est venuz au c*ri*,

1228 *grande initiale réservée* 1241 amis *barré et remplacé par* mains

Le roi la lui livre, et il la prend.
Ils étaient bien cent lépreux
A s'agglutiner autour d'elle.
Il faut entendre les grognements et les clameurs!
La pitié s'empare de tous.
S'en afflige qui veut, Ivain lui, est ravi.
Iseut s'éloigne, conduite par Ivain
Directement sur la pente du rivage.
La presse des autres lépreux —
Pas un qui n'ait sa béquille —
Se dirige tout droit vers l'embuscade
Où Tristran les attend
Governal lui crie d'une voix forte:
"Fils, que vas-tu faire? Voici ton amie.
— Dieu," *dit Tristran*, "quel événement!
Ah Iseut, chère amie,
Comme vous alliez mourir pour moi,
J'ai failli à mon tour périr pour vous!
Ceux qui vous retiennent entre les mains
Peuvent être bien assurés que,
S'ils ne vous lâchent pas à l'instant,
Il y en a que je ferai souffrir."
Eperonnant son cheval, il jaillit du hallier
Et s'écrie de toutes ses forces:
"Ivain, vous l'avez menée assez loin;
Lâchez-la tout de suite, de peur que
Je ne vous fasse voler la tête de cette épée."
Ivain se met à ôter son manteau
Et s'écrie d'une voix forte: "A vos béquilles!
On va voir à présent qui sera des nôtres!"
Quel spectacle que ces lépreux haletants,
Jetant leurs capes et leurs manteaux!
Chacun brandit sa béquille en sa direction;
L'un le menace, l'autre l'insulte.
Tristran ne voulut les toucher d'aucune façon,
Ni les assommer, ni les malmener.
Governal arrive, accouru aux cris.

en sa main tint *un* vert jarri
et fiert Yvai*n*, q*ui* Yseut tient;
li sans li chiet, au pié li vie[n]t.
Bie*n* aïde a T*ri*stra*n* so*n* mestre,
Yseut saisist p*ar* la main destre.
Li *con*tor dïent q*ue* Yvai*n* *10a*
fire*n*t nïer, q*ui* so*n*t vilai*n*.
N'en sevent mie bie*n* l'estoire,
Ber*ous* l'a me*us* en se*n* memoire:
trop ert T*ri*stra*n* preuz *et* cortois
a ocirre gent de tes lois.
Tristra*n* s'e*n* voit a la roïne;
lasent le plai*n*, *et* la gaudine
s'en vet T*ri*stra[n] *et* Gov*er*nal;
Yseut s'esjot, or ne se*n*t mal.
En la forest de Morrois so*n*t,
la nuit jure*n*t desor *un* mo*n*t;
or est T*ri*stra*n* si a seür
con s'il fust e*n* chastel o mur.
En T*ri*stra*n* out m*o*lt bue*n* arch*ier*,
m*o*lt se sout bie*n* de l'arc aid*ier*.
Gov*er*nal en ot *un* toloit
a un forest*ier* q*u'i*l tenoit,
et deus seetes e*n*pene[e]s,
barbelees, ot l'e*n* menees.
Tristra*n* p*ri*st l'arc, p*ar* le bois vait,
vit *un* chevrel, a*n*coche *et* t*ra*it,
el costé destre font forme*n*t;
brait, saut e*n* haut *et* jus dece*n*t.
Tristra*n* l'a p*ri*s, atot s'e*n* vient.
Sa loge fait; au b[ra]nt q*u'i*l tient
les rains tre*n*che, fait la fullie;
Yseut l'a bie*n* espés jo*n*chie.
Tristra*n* s'asist o la roïne.
Gov*er*nal sot de la cuisine,
de seche busche fait bu*en* feu.
M*o*lt avoie*n*t a faire q*ue*u!

1287 f.] so*n*t

1260 *Il a dans la main une branche de chêne vert*
Et frappe Ivain qui tient Iseut;
Le sang jaillit et coule jusqu'à ses pieds.
Tristran est bien aidé par son maître,
1264 *Qui saisit Iseut par la main droite.*
Les conteurs, qui sont des vilains,
Disent qu'ils ont fait tuer Ivain.
Ils ne connaissent pas bien l'histoire.
1268 *Béroul l'a mieux en mémoire:*
Tristran était trop preux et trop courtois
Pour tuer des individus de cette espèce.
Tristran s'éloigne avec la reine;
1272 *Ils quittent la plaine et Tristran*
Gagne la forêt avec Governal.
Iseut est heureuse, elle ne souffre pas à présent.
Ils sont dans la forêt du Morrois.
1276 *Ils passèrent la nuit sur une hauteur;*
A présent, Tristran se sent en sûreté
Comme s'il était dans un château fort.
Tristran était une excellent archer:
1280 *Il savait très bien se servir de l'arc.*
Governal en a pris un
A un forestier qu'il avait à son service;
Il avait emporté aussi deux flèches
1284 *Empennées et barbelées.*
Tristran a pris l'arc et chemine dans le bois.
Il vit un chevreuil, encoche, tire
Et l'atteint de plein fouet au flanc droit.
1288 *La bête crie, bondit et retombe.*
Tristran l'a prise, il revient avec elle.
Il construit son abri; avec l'épée qu'il possède,
Il coupe des branches et bâtit la feuillée;
1292 *Iseut l'a tapissée d'une épaisse couche de feuilles.*
Tristran s'assit près de la reine.
Governal se connaissait en cuisine;
Il allume un bon feu de bois sec.
1296 *Ils avaient bien de quoi jouer au cuisinier!*

Il n'avoient ne lait ne sel
a cele foiz a lor ostel.
La roïne ert forme*n*t lassee
por la poor q*u'e*l ot passee; *10b*
somel li p*ri*st, dormir se vot,
sor so*n* ami dorm*ir* se vot.
Seignors, eisi font lo*n*gueme*n*t
en la forest p*ar*fondeme*n*t,
longueme*n*t so*n*t e*n* cel desert.
Oiez du nai*n* *com* au roi sert.
*Un con*sel sot li nai[n]s du roi,
ne sot q*ue* il; p*ar* g*ra*nt desroi
le descovri. Il fist q*ue* beste,
qar puis an p*ri*st li rois la teste.
Li na[i]*n* ert ivres, li baro*n*
un jor le mistre*n*t a raiso*n*
q*ue* ce devoit q*ue* tant p*ar*loient,
il *et* li rois, *et con*selloient.
"A cel*er* bie*n un* sue*n con*sel
m*o*lt m'a trové toz jors feel.
Bie*n* voi q*ue* le volez oïr,
et je ne vuel ma foi me*n*tir.
Mais je m*er*rai les t*ro*is de vos
devant le Gué Ave*n*turos;
et iluec a *une* aube espine,
une fosse a soz la racine:
mo*n* chief porai dedenz boter
et vos m'orrez defors p*ar*ler.
Ce q*ue* dirai, c'ert du segroi
dont je sui vers le roi p*ar* foi."
Li baro*n* viene*n*t a l'espine,
devant eus vient li nai*n*s Frocine.
Li nains fu cort, la teste ot grose:
delivreme*n*t out fait la fosse.
J*us*q'as espaules l'i ont mis.
"Or escoutez, seignor m*ar*chis!
Espine, a v*os*, no*n* a vasal:

1318 f.] soi   1325 de s.   1326 p. soi

Ils n'avaient alors en leur logis
Ni lait ni sel.
La reine était épuisée,
1300 *Après avoir eu si grand peur.*
Le sommeil la prit, elle voulut dormir,
Elle veut s'endormir contre son ami.
Seigneurs, ils vivent ainsi longtemps
1304 *Au coeur de la forêt;*
Ils demeurent longtemps en ce monde sauvage.
Mais écoutez comment le nain a servi le roi.
Le nain détenait du roi un secret
1308 *Qu'il était seul à connaître. Sur un coup de folie,*
Il le révéla, agissant ainsi stupidement
Car, par la suite, le roi eut sa tête.
Un jour où le nain était ivre,
1312 *Les barons lui demandèrent*
Ce que signifiait le fait que lui et le roi
Se parlaient si souvent et s'entretenaient en secret.
1316 "Il m'a toujours trouvé loyal
Pour ne pas dévoiler un de ses secrets.
Je vois bien que vous voulez l'entendre,
Mais de mon côté ne veux pas manquer à ma parole.
Je vous conduirai cependant tous les trois
1320 Devant le Gué Aventureux;
Il y pousse une aubépine et,
Sous ses racines, se trouve une fosse:
Je pourrai y mettre la tête
1324 Et vous m'entendrez de l'extérieur.
Ce que je dirai concernera le secret
Pour lequel je suis engagé par serment envers le roi."
Les barons se rendent près de l'épine,
1328 *Précédés du nain Frocin.*
Le nain était trapu et avait une grosse tête:
Il avait élargi la fosse.
Ils l'y ont enfoncé jusqu'au cou.
1332 "Ecoutez, seigneurs marquis!
Epine, je vous parle, non à quelque gentilhomme:

Marc a orelles de cheval."
Bie*n* ont oï le nai*n* parler. *10c*
S'avint un jor, ap*ré*s disn*er*,
p*ar*lout a ses barons roi Marc,
en sa mai*n* tint d'auborc *un* arc.
Atant i sont venu li troi
a q*ui* li nai*n*s dist le secroi.
Au roi dïent p*ri*veement:
"Rois, nos savo*n* to*n* celement."
Li rois s'en rist *et* dist: "Ce mal,
q*ue* j'ai orelles de cheval,
m'est avenu p*ar* cest devin;
certes, ja ert fait de lui fi*n*."
Traist l'espee, le chief en prent;
m*o*lt en fu bel a mai*n*te gent,
que haoient le nai*n* Frocine
por T*ri*stra*n* et por la roïne.
   Seignors, m*o*lt avez bie*n* oï
*con*me*n*t T*ri*stra*n* avoit salli
tot *con*treval, p*ar* le rochier,
et Gov*er*nal sor le destrier
s'en fu issuz, q*ar* il cremoit
q*u'i*l fust ars, se Marc le tenoit.
Or so*n*t ense*n*ble en la forest,
Tristra*n* de veneiso*n* les pest.
Lo*n*gueme*n*t so*n*t e*n* cel boschage.
La ou la nuit ont h*er*b*er*jage,
si s'en t[r]estorne*n*t au matin.
En l'*er*mitage frere Ogri*n*
vindre*n*t *un* jor, p*ar* ave*n*ture.
Aspre vie meine[n]t *et* dure;
tant s'entraime*n*t de bone amor,
l'un por l'autre ne sent dolor.
   Li h*er*mite T*ri*stra*n* *con*nut;
sor sa potence apoié fu;
aresne le, oiez *con*ment:
"Sire T*ri*stra*n*, gr*a*nt soirement *10d*

1336 S'en vint   1354 s. le d.] sot letertrier

Marc a des oreilles de cheval.”
Ils ont bien entendu les paroles du nain.
1336 *Il arriva qu'un jour, après le repas,*
Le roi Marc s'entretenait avec ses barons,
Tenant à la main un arc d'aubour.
Sur ce, voici venir les trois
1340 *A qui le nain avait révélé le secret.*
Ils disent au roi en particulier:
“Roi, nous connaissons ton secret.”
Le roi en rit et dit: “L'infortune
1344 D'avoir des oreilles de cheval,
C'est à ce devin que je la dois;
A coup sûr, cette fois ce sera sa perte.”
Il tira son épée, il lui fait sauter la tête;
1348 Cela fit plaisir à beaucoup de gens,
Parce qu'ils haïssaient le nain Frocin
Pour ce qu'il avait fait à Tristran et à la reine.
Seigneurs, vous avez bien entendu
1352 *Comment Tristran avait sauté*
Tout en bas du rocher
Et comment Governal s'était enfui
A cheval, craignant
1356 *D'être brûlé si Marc le capturait.*
A présent, ils sont ensemble dans la forêt,
Où Tristran les nourrit de gibier.
Ils demeurent longtemps dans ces bois.
1360 *La nuit passée à un endroit,*
Ils le quittent au matin.
Un jour, ils arrivèrent par hasard
A l'ermitage de frère Ogrin.
1364 *Ils mènent une vie âpre et dure,*
Mais ils s'aiment d'un si bel amour que,
Grâce à l'autre, aucun des deux ne sent sa souffrance.
L'ermite a reconnu Tristran;
1368 *Il était appuyé sur son bâton;*
Voici comment il lui parle:
“Seigneur Tristran, un serment solennel

a l'en juré p*ar* Cornoualle,
q*ui* v*os* rendroit au roi, sanz falle
cent mars avroit a g*er*redo*n*.
En ceste terre n'a baron,
au roi ne l'ait plevi e*n* mai*n*,
vos rendre a lui o mort ou sai*n*."
Ogrins li dit m*o*lt bonement:
"P*ar* foi! T*ri*stra*n*, q*ui* se repent
Deu du pechié li fait p*ar*don
p*ar* foi *et* p*ar* *con*fession."
Tristra*n* li dit: "Sire, par foi,
q*ue* ele m'aime en bone foi,
vos n'e*n*tendez pas la raiso*n*:
q'el m'aime, c'est p*ar* la poiso*n*.
Ge ne me p*us* de lié partir,
n'ele de moi, n'e*n* q*i*er me*n*tir."
Ogrins li dist: "*Et* qel *con*fort
puet on doner a home mort?
Assez est mort q*ui* lo*n*gueme*n*t
gist e*n* pechié, s'il ne repent;
doner ne puet nus penitance
a pecheor sanz repentance."
  L'ermite Ogrins m*o*lt les sarmone,
du repe*n*tir *con*sel lor done;
li h*er*mites sove*n*t lor dit
les p*ro*fecies de l'escrit,
et m*o*lt lor amentoit sovent
l'ermite lor delu[n]gement.
A T*ri*stra*n* dist p*ar* g*ra*nt desroi:
"Q*ue* feras tu? *Con*selle toi."
—"Sire, j'a*m* Yseut a m*er*velle,
si q*ue* n'e*n* dor ne ne somelle."
De tot avoit li *con*sel p*ri*s:
"Me*us* ai*m* o li estre me*n*dis
et vivre d'erbes *et* de glan *11a*
q'avoir le reigne au roi Otran.
De lié laisier p*ar*ler ne ruis,

1386 Bele d. m.   1392 s. r.] souz penita*n*ce

A été juré dans toute la Cornouailles:
Celui qui vous livrerait au roi,
Recevrait sans faute une récompense de cent marcs.
Il n'est pas de seigneur dans le pays
Qui n'ait juré, sa main dans celle du roi,
De vous livrer à lui, mort ou vif."
Ogrin ajoute avec bonté:
"Assurément, Tristran, à celui qui se repent
Dieu pardonne ses péchés
En vertu de sa foi et de sa confession."
Tristran lui répond: "Seigneur, en vérité,
Si elle m'aime en toute loyauté,
Vous n'en comprenez pas le motif;
Si elle m'aime, c'est sous l'effet du breuvage.
Je ne veux pas le cacher, je ne puis
Me séparer d'elle, ni elle de moi."
Ogrin lui réplique: "Quel réconfort
Peut-on apporter à un homme mort?
C'est comme s'il était mort, celui qui
Reste longtemps dans le péché sans se repentir;
Et nul ne peut absoudre
Le pécheur qui ne se repent pas."
L'ermite Ogrin leur fait un long sermon
Et les exhorte à la contrition;
A mainte reprise, l'ermite leur cite
Les prophéties de l'Ecriture;
Avec insistance, l'ermite
Les appelle à se séparer.
D'un ton ému, il dit à Tristran:
"Que vas-tu faire? Réfléchis!
— Seigneur, j'aime Iseut éperdument,
Au point que je n'en dors ni ne sommeille."
Sa décision était toute prise:
"J'aime mieux vivre avec elle, en mendiant,
Et me nourrir de plantes et de glands
Que de posséder le royaume du roi Otrant.
Je ne veux pas parler de la quitter,

certes, q*ar* faire ne le puis.”
Iseut au pié l’ermite plore,
mainte color mue en poi d’ore,
m*o*lt li c*ri*e merci sovent:
“Sire, por Deu om*n*ipotent,
il ne m’aime pas, ne je lui,
fors p*ar* *un* he*r*bé dont je bui
et il en but; ce fu pechiez.
Por ce nos a li rois chaciez.”
Li he*r*mites tost li respont:
“Diva, cil De*us* q*ui* fist le mont,
il v*os* donst voire repe*n*ta*n*ce!”
Et saciez de voir, sanz dota*n*ce,
cele nuit jurent chiés l’*er*mite;
por eus esforça m*o*lt sa vite.
Au matinet s’e*n* pa*r*t T*ri*stra*n*s;
au bois se tient, let les plains chans.
Li pai*n* lor faut, ce est g*ra*nt deus;
de cers, de biches, de chevreus
ocist asez p*ar* le boscage.
La ou prene*n*t lor he*r*bergage,
font lor cuisine *et* lor beau feu;
sol une nuit so*n*t en un leu.
Seignors, oiez *con* por T*ri*stra*n*
out fait li rois c*r*ïer so*n* ban —
en Cornoualle n’a pa*r*roise
ou la novele n’e*n* a*n*goise —
q*ue*, q*ui* porroit T*ri*stra*n* trover,
q*u’i*l en feïst le c*ri* lever.
Qui veut oïr une aventure,
con grant chose a a[n] noreture,
si m’escoute *un* sol petitet!
P*ar*ler m’orez d’u*n* bue*n* brachet, *11b*
qens ne rois n’out tel b*er*seret;
il ert isnea*us* *et* toz tens prez,
q*ar* il ert bea*us*, isnea*us*, no*n* le[n]z,
et si avoit a no*n* Husdanz.

1424 let] lez 1444 husganz

1408 Car vraiment, j'en suis incapable."
Iseut pleure aux pieds de l'ermite;
En peu de temps, elle change plusieurs fois de couleur
Et à mainte reprise, elle implore sa pitié:
1412 "Seigneur, au nom de Dieu tout-puissant,
Il ne m'aime et je ne l'aime
Qu'à cause d'un breuvage que je bus
Et qu'il but de même; ce fut un malheur.
1416 C'est pour cela que le roi nous a pourchassés."
Aussitôt l'ermite lui rétorque:
"Va, que Dieu, qui créa le monde,
Vous accorde un repentir sincère!"
1420 *Et sachez-le bien, avec certitude:*
Cette nuit-là, ils couchèrent chez l'ermite;
En leur faveur, il fit violence à sa règle de vie.
Au petit jour, Tristran prend congé.
1424 *Il ne quitte pas le bois, évitant la rase campagne.*
Le pain leur manque, c'est fort pénible;
Il tue dans les fourrés quantité
De cerfs, de biches et de chevreuils.
1428 *Là où ils installent leur campement,*
Ils cuisinent et font un bon feu.
Ils ne demeurent qu'une nuit au même endroit.
  Seigneurs, apprenez que contre Tristran
1432 *Le roi avait fait proclamer le ban —*
Il n'y a pas de paroisse en Cornouailles
Où la nouvelle ne cause la consternation:
Quiconque découvrirait Tristran
1436 *Devait donner l'alerte.*
  Qui veut entendre une histoire
Sur les bienfaits du dressage,
M'écoute seulement un instant.
1440 *Je vous parlerai d'un brave braque, un chien de chasse*
Comme ni comte ni roi n'en ont jamais possédé.
Il était agile et toujours alerte,
Il était beau, prompt et rapide.
1444 *Il s'appelait Husdent.*

Lïez estoit en un landon;
li chiens g*ar*doit p*ar* le do*n*jo*n*,
qar mis estoit a g*ra*nt freor,
qant il ne voiet so*n* seignor.
Ne vout me*ngier* ne pai*n* ne past
ne nule rie*n* q'e*n* li donast;
guignout *et* si feroit du pié,
des uiz lermant. De*us*! qel pitié
faisoit a mai*n*te ge*n*t li chiens!
Chas*cun* disoit: "S'il estoit miens,
gel metroie du la*n*do*n* fors,
q*a*r, s'il enrage, ce ert deus.
Ahi Husdent, ja te*us* brachetz
n'ert mais trové, q*ui* ta*n*t set prez
ne tel duel face por seignor;
beste ne fu de tel amor.
Salemo*n* dit q*ue* droituriers
q*ue* ses amis, c'ert ses levriers.
A vos le poo[n] nos prover:
vos ne volez de rie*n* goster,
p*us* q*ue* v*ost*re sire fu pris.
Rois, q*a*r soit fors du la*n*do*n* mis!"
Li rois a dit a so*n* corage —
por so*n* seignor croit q*u'i*l enrage:
"Certes, m*o*lt a li chiens g*ra*nt sens:
je ne quit mais q'e*n* n*ost*re tens,
en la t*er*re de Cornoualle,
ait ch*evalie*r q*ui* Tristra*n* valle."
De Cornoualle baro*n* troi
en ont araisoné li roi:
"Sire, q*a*r deslïez Husdant! *11c*
Si v*er*ro*n* bie*n* c*er*tainement
se il meine ceste dolor
por la pitié de son seignor;
q*a*r ja si tost n'ert deslïez
q'il ne morde, s'est e*n*ragiez,
ou autre rie*n* ou beste ou gent
s'avra la langue ov*er*te au vent."
Li rois apele *un* escuier

Il était attaché à un billot;
Le chien regardait à travers le donjon,
Car il était fort inquiet
1488 *De ne plus voir son maître.*
Il ne voulait manger ni pain ni pâtée,
Rien de ce qu'on pouvait lui donner;
Il geignait et trépignait,
1452 *Les larmes aux yeux. Dieu, comme ce chien*
Inspirait la pitié à beaucoup de gens!
Chacun disait: "S'il était à moi,
Je le détacherais du billot,
1456 Car s'il devient enragé, ce sera bien triste.
Ah Husdent, jamais plus on ne trouvera
Un braque pareil, qui soit si alerte
Et qui regrette son maître à ce point;
1460 Jamais animal ne fut aussi affectueux.
Salomon dit fort justement
Que son ami, c'était son lévrier.
Votre exemple nous le prouve:
1464 Vous ne voulez rien manger
Depuis que votre maître a été arrêté.
Roi, qu'on le détache donc du billot!"
Le roi a parlé spontanément,
1468 *Croyant qu'il devenait enragé à cause de son maître:*
"Assurément, ce chien est fort intelligent:
Je ne crois pas qu'il y ait, à notre époque,
En terre de Cornouailles,
1472 Un chevalier qui vaille Tristran".
Trois barons de Cornouailles
Entreprennent le roi à ce sujet:
"Sire, détachez donc Husdent!
1476 Nous verrons ainsi avec certitude
S'il souffre de la sorte
Par regret de son maître:
1480 Car s'il a la rage,
Il ne sera pas sitôt détaché
Qu'il mordra quelque chose, une bête ou un homme,
Et qu'il aura la langue pendante."
Le roi appelle un écuyer

por Husda*n* faire deslïer.
Sor bans, sor seles puie*n*t haut,
q*ar* li chie*n* c*ri*e[me]nt de p*ri*n saut.
Tuit disoient: "Husdent e*n*rage."
De tot ce n'avoit il corage.
Tantost *com* il fu deslïez,
p*ar* mié les renz cort, esvelliez,
q*ue* onq*ue*s n'i demora plus.
De la sale s'e*n* ist p*ar* l'us,
vint a l'ostel ou il soloit
trov*er* Tristra*n*; li rois le voit,
et li autre q*ui* ap*ré*s vont.
Li chiens esc*ri*e, sovent gront,
m*o*lt p*ar* demeine g*ra*nt dolor.
En*con*tré a de so*n* seignor:
onq*ue*s T*ri*stra*n* ne fist *un* pas,
qant il fu p*ri*s, q*u'i*l dut estre ars,
q*ue* li brachez ne*n* aut aprés;
et dit chascu*n* de venir mes.
Husdant an la cha*n*brë est mis
o Tristra*n* fu traït *et* (a)pris,
si part, fait saut *et* voiz clarele,
criant s'e*n* vet v*er*s la chapele;
li pueple vait ap*ré*s le chie*n*.
Ainz, puis q*u'i*l fu fors du lïen,
ne fina, si fu au mout*ier*
fondé en haut sor le roch*ier*. *11d*
Husdent li bauz, q*ui* ne voit lenz,
p*ar* l'us en la chapele entre enz,
saut sor l'autel, ne vit so*n* mest*re*,
fors s'e*n* issi p*ar* la fenestre.
Aval la roche est avalez,
en la ja*n*be s'est esgenez.
A t*er*re met le nes si crie.
A la silve du bois florie,
ou T*ri*stra*n* fist l'e*n*buscheme*n*t,
un petit s'arestut Husdent;

1503 an la] ama 1505-6 *intervertis* 1505 li p. 1511 b.] blans

Pour faire détacher Husdent.
Et tous de se percher sur des bancs et des escabeaux,
Car au premier abord le chien leur fait peur!
Tous de dire: "Husdent est enragé".
Ce n'était pas ce qu'il ressentait.
Sitôt détaché,
Il file vivement entre les rangs
Sans s'attarder davantage.
Il sort de la salle par la porte,
Et se rend au logis où il avait l'habitude
De trouver Tristran; le roi l'observe,
De même que les autres, qui le suivent.
Le chien aboie et grogne plusieurs fois,
Il montre un grand chagrin.
Il a découvert la trace de son maître:
Il n'est pas un pas que fit Tristran,
Quand il fut arrêté et faillit être brûlé,
Que le braque ne refasse après lui.
Tous l'incitent à continuer.
Et Husdent de pénétrer dans la chambre
Où Tristran fut trahi et arrêté;
Il repart d'un bond en jappant haut et clair;
En aboyant, il se dirige vers la chapelle
Et la foule suit le chien.
Depuis qu'il fut détaché,
Il ne s'arrêta pas avant d'être parvenu
A l'église bâtie au sommet du rocher.
Husdent le hardi, sans flâner,
Pénètre dans la chapelle par la porte,
Saute sur l'autel et, ne voyant pas son maître,
Ressortit par la fenêtre.
Il est tombé en bas du rocher
Et s'est blessé à la patte.
Il flaire le sol et aboie.
A l'orée fleurie du bois
Où Tristran avait fait son embûche,
Husdent s'attarda un moment,

fors s’e*n* issi, p*ar* le bois vet.
Nus ne le voit q*ui* pitié nait.
Au roi dïent li ch*evalie*r:
“Laiso*n* a seurre cest t*raa*ll*ier*:
en tel leu nos porroit mene*r*
d[o]nt g*ri*és seroit le retorner.”
Laise*n*t le chie*n*, torne*n*t arire.
Husdent aqeut une char*iere*,
de la rote m*o*lt s’esbaudist:
du c*ri* au chie*n* li bois te*n*ti[st].
Trista*n* estoit el bois aval
O la reïne *et* Gov*er*nal.
La noise oient, T*ri*stra*n* l’e*n*tent.
“P*ar* foi,” fait il, “je oi Husdent.”
Trop se c*rie*me*n*t, sont esfroï.
Trista*n* saut sus, so*n* arc te*n*di.
En un’ espoise aval s’e*n* traient:
crime ont du roi si s’e*n* esmaie[nt],
dïent q*u’i*l vient o le brachet.
Ne demora c’u*n* petitet
li brachet, q*ui* la rote sut.
Q*a*nt so*n* signor vit *et con*nut,
le chief, la q*ue*ue hoque et [c]role;
q*ui* voit *con* de joe(s) se molle
dire puet q*u*(*e*) ainz ne vit tel joie. *12a*
A Yseut a la c*ri*ne bloie
acort, *et* pus a Gov*er*nal;
toz fait joie, nis au cheval.
Du chie*n* out T*ri*stra*n* gr*a*nt pitié.
“Ha De*us*,” fait il, “p*ar* qel pechié
nos a cist b*er*seret seü?
Chie*n* qi en bois ne se tie*n*t mu
n’a mestier a home bani.
El bois somes, du roi haï.
P*ar* plai*n*, p*ar* bois, p*ar* tote terre,
dame, nos fait li rois Marc q*ue*re;
s’il nos trovout ne pooit pre*n*dre,

1535 s. *en* e.   1543 q. la *que* r.   1552 *et* c. q.   1553 h. hai

Puis ressortit; il s'enfonce dans la forêt.
Nul ne le voit sans en avoir pitié.
Les chevaliers disent au roi:
"Renonçons à suivre ce chien:
Il pourrait nous entraîner dans un endroit
D'où il serait malaisé de revenir."
Ils laissent le chien et retournent.
Husdent suit un chemin,
Il est tout heureux de cette piste:
La forêt retentit des aboiements du chien.
Tristran se trouvait au fond du bois
Avec la reine et Governal.
Ils entendent le bruit et Tristran comprend:
"Par ma foi," *fait-il*, 'j'entends Husdent."
Ils ont très peur, ils sont affolés.
Se dressant d'un bond, Tristran tendit son arc.
Ils se retirent au fond d'un fourré:
Ils craignent le roi et sont en grand émoi,
Se disant qu'il accompagne le braque.
Le braque, qui suivit la piste,
Ne tarda guère.
Quand il vit son maître et le reconnut,
Il secoue la tête et frétille de la queue;
Qui l'a vu alors mouiller de joie, peut bien dire
Qu'il n'a jamais contemplé un tel bonheur!
Il court vers Iseut à la blonde chevelure,
Puis vers Governal;
A tous il fait fête, même au cheval.
Tristran eut grand-pitié du chien.
"Ah Dieu," *fait-il*, "par quelle malchance
Ce chien nous a-t-il suivis?
Un chien qui ne se tient coi dans les bois
Ne rend pas service à un banni.
Nous sommes dans la forêt, haïs du roi.
Par les plaines, par les bois, par tout le pays,
Dame, le roi Marc nous fait rechercher;
S'il nous trouvait et pouvait nous prendre,

il nos feroit ardoir ou pe*n*dre.
Nos n'avo*n* nul mest*ier* de chie*n*.
Une chose sachiez vos bie*n*:
se Husdens avé nos remai*n*t,
poor nos fera *et* duel maint.
Asez est me*us* q*u'i*l soit ocis
q*ue* nos soio*n* p*ar* so*n* c*ri* pris.
Et poise m'e*n*, por sa fra*n*chise,
q*ue* il la mort a ici quise.
Grant nature li faisoit fere;
mais *con*ment m'e*n* p*us* je retraire?
Certes, ce poise moi m*o*lt fort
q*ue* je li doie don*er* mort.
Or m'en aidiez a *con*sellier;
de nos g*ar*der avo*n* mestier."
Yseut li dist: "Sire, merci!
Li chiens sa b[e]ste p[re]nt au c*ri*,
q*ue* p*ar* nature, q*ue* par us.
J'oï ja dire q*u*(*e*) un(s) seüs
avoit *un* forestier galois,
puis q*ue* Artus e*n* fu fait rois,
q*ue* il avoit si afaitié:
qant il avoit so*n* cerf sagnié *12b*
de la seete berserece,
puis ne fuïst p*ar* cele trace
q*ue* li chiens ne suïst le saut;
por c*rï*er n'e*n* tornast le faut
ne ja n'atai*n*sist tant sa beste
ja c*ri*ast ne feïst moleste.
Amis T*ri*stra*n*, g*ra*nt joie fust,
por metre peine q*ui* peüst
faire Hudent le c*ri* laisier,
sa beste atai*n*drë *et* chac*ier*."
Tristra[n] s'estut *et* escouta.
Pitié l'en p*ri*st; *un* poi pensa,
puis dist itant: "Se je pooie
Husdent p*ar* paine metre e*n* voie
q*ue* il laisast c*ri* por sile*n*ce,
m*o*lt l'avroie a g*ra*nt revere*n*ce.

Il nous ferait brûler ou pendre.
Nous n'avons que faire d'un chien.
Sachez bien ceci:
Si Husdent reste avec nous,
Il nous causera beaucoup de frayeurs et de soucis.
Il vaut beaucoup mieux le tuer
Que d'être pris à cause de ses aboiements.
A cause de sa noblesse, je suis désolé
Qu'il soit venu chercher la mort ici.
C'est sa noble nature qui l'y a poussé.
Mais comment m'en sortir?
Certes, il m'en coûte beaucoup
De devoir lui donner la mort.
Aidez-moi à prendre une décision;
Nous avons besoin de nous protéger."
Iseut lui répond: "Sire, pitié!
Le chien prend le gibier en aboyant,
Autant par nature que par habitude.
Un jour, j'ai entendu dire —
C'était après le couronnement d'Arthur —
Qu'un forestier gallois possédait
Un chien courant qu'il avait dressé ainsi:
Quand un cerf avait été blessé
Par une flèche de son arc,
Quelle que fût la direction qu'il prît,
Le chien le poursuivait à grands bonds;
Jamais il n'aurait perdu la trace par des aboiements
Et d'aussi près qu'il talonnât sa proie,
Il n'aurait aboyé ou causé des ennuis.
Ami Tristran, ce serait une grande joie
Si l'on pouvait, en y mettant quelque peine,
Amener Husdent à cesser d'aboyer
En forçant et en chassant son gibier."
Tristran écouta sans bouger.
Il fut pris de pitié, réfléchit un instant,
Puis dit ceci: "Si je pouvais,
Par mes efforts, amener Husdent
A préférer le silence à ses aboiements,
J'en ferais un très grand cas.

Et a ce metrai je ma paine
ainz q*ue* ja past ceste semaine.
Pesera moi se je l'oci,
et je c*r*i*em* m*o*lt du chie*n* le cri,
q*a*r je porroie en tel leu estre,
o vos ou Gov*er*nal mo*n* mestre,
Se il c*r*iout, feroit nos p*r*endre.
Or vuel peine metre *et* entendre
a beste p*r*endre sanz c*r*ïer."
Or voit T*r*istra*n* en bois b*er*ser.
Afaitiez fu, a *un* dai*n* trait:
li sans en chiet, li brachet brait,
li dains navrez s'e*n* fuit le saut;
Husdent li bauz e*n* c*r*ie e*n* haut.
Li bois du c*r*i au chie*n* resone;
Tristra*n* le fiert, g*ra*nt cop li done:
li chie*n* a so*n* seignor s'areste,
lait le crïer, g*er*pist la beste. *12c*
Haut l'esgarde, ne set q*u'i*l face,
n'ose c*r*ïer, gerpist la trace.
Tristran le chie*n* desoz lui bote,
o l'estortore bat la rote.
Et Husdent en revot c*r*ïer;
Tristran l'aqeut a dout*r*iner.
Ainz q*ue* li p*r*em*ier* mois pasast,
fu si le chie*n* dontez u gast
q*ue* sanz c*r*ïer suiet sa trace;
sor noif, sor h*er*be ne sor glace
n'ira sa beste ja laschant,
tant n'iert isnel(e) ne remua*n*t.
Or lor a g*ra*nt mest*ier* li chiens,
a m*er*velles lor fait g*ra*ns biens.
S'il p*r*ent el bois chevrel ne dai[n]s,
bie*n* l'enbusche, cuevre de rains;
et s'il enmi lande l'ataint,

1598 q. ie p. 1601 tel *ou* cel 1604 *mot effacé entre* vuel *et* peine 1606 bois entrer (*barré*) b. 1631 *répété après 1632, mais exponctué*

Je vais m'y employer
Avant la fin de la semaine.
Si je tue le chien, cela me fera de la peine,
Mais je redoute ses aboiements,
Car je pourrais me trouver avec vous
Ou Governal, mon maître, en un endroit
Où il nous ferait prendre en aboyant.
Je vais donc m'employer et m'appliquer
A lui faire prendre le gibier sans aboyer."
Sur ce, Tristran va chasser dans la forêt.
Il était à l'affût; il tire sur un daim:
Le sang coule, le braque aboie —
Le daim blessé s'enfuit à grands bonds.
Alors, le brave Husdent aboie haut et clair.
La forêt retentit du cri du chien;
Tristran le frappe, lui donne un grand coup.
Le chien s'arrête devant son maître,
Cesse d'aboyer et abandonne le gibier.
Il lève les yeux sur lui, ne sachant que faire;
Il n'ose aboyer et perd la trace.
Tristran repousse le chien à ses pieds
Et frappe la piste avec son bâton.
Husdent, alors, veut de nouveau aboyer;
Tristran se met à l'instruire.
Avant la fin du premier mois,
Le chien fut si bien dressé dans la lande
Qu'il suivit la piste sans un cri.
Sur la neige, sur l'herbe ou sur la glace,
Il ne lâchera plus sa proie,
Si rapide et si agile soit-elle.
A présent, le chien leur est très utile;
C'est merveille comme il leur rend service.
S'il prend dans la forêt un chevreuil — ou des daims —,
Il le cache bien en le couvrant de rameaux;
Et s'il le rejoint dans la lande,

com il s'avient en i p*re*nt mai*n*t,
de l'erbe gete asez desor,
arire torne a so*n* seignor,
la le maine ou sa beste a p*ri*se.
M*o*lt sont li chie*n* de g*ra*nt servise!
Seignors, molt fu el bois Tristra*n*s,
m*o*lt i out paines *et* ahans.
En *un* leu n'ose remanoir;
dont lieve au mai*n* ne gist au soir:
bie*n* set q*ue* li rois le fait q*ue*rre
et q*ue* li bans est en sa terre
por lui p[r]endre q*ui*l trov*er*oit.
M*o*lt so*n*t el bois del pai*n* destroit,
de char vivent, el ne me*ng*üe*n*t.
Que püent il, se color müent?
Lor dras ro*n*pent, rai*n*s les decire*n*t;
longueme*n*t p*ar* Morrois fuïre*n*t. *12d*
Chascu*n* d'eus soffre paine elgal,
qar l'un por l'autre ne se*n*t mal.
Grant poor a Yseut la ge*n*te
Tristra*n* por lié ne se repe*n*te
et a T*ri*stra*n* repoise fort
q*ue* Yseut a por lui descort,
qu'el repente de la folie.
Un de ces trois q*ue* De*us* maudie,
p*ar* q*ui* il fure*n*t descovert,
oiez *con*ment p*ar* *un* jor sert!
Riches hom ert *et* de g*ra*nt bruit,
li chiens amoit p*ar* so*n* deduit.
De Cornoualle du païs
de Morrois ere[n]t si eschis
q*u'i*l n'i osout *un* sol entrer.
Bie*n* lor faisoit a redouter;
qar, se Tristra*n* les peüst p*re*ndre,
il les feïst as arb*r*es pendre:
bien devoient donq*ue*s lais*ier*.
Un jor estoit o so*n* destr*ier*

1642 li bois   1655 q*u'i*l r.

1632 *Comme arrive souvent qu'on en prend,*
Il le recouvre de beaucoup d'herbe,
Retourne auprès de son maître,
Et le conduit là où il a pris l'animal.
1636 *Les chiens rendent de bien grands services!*
Seigneurs, Tristran vécut longtemps dans la forêt
Et il y connut bien des peines et des fatigues.
Il n'ose demeurer au même endroit.
1640 *Là où il se lève le matin, il ne couche pas le soir:*
Il sait bien que le roi le fait rechercher
Et qu'un ban a été proclamé sur ses terres
Afin que quiconque le trouverait le prenne.
1644 *Dans la forêt, le pain leur manque beaucoup,*
Ils vivent de venaison et ne mangent rien d'autre.
Qu'y peuvent-ils si leur teint s'altère?
Leurs habits tombent en lambeaux, déchirés par les branches;
1648 *Longtemps ils fuient à travers le Morrois.*
Tous deux endurent les mêmes privations;
Dès lors, grâce à l'autre, chacun oublie sa souffrance.
La noble Iseut redoute fort
1652 *Que Tristran n'éprouve des remords à son sujet*
Et Tristran, pour sa part, appréhende
Qu'étant brouillée à cause de lui,
Iseut n'en vienne à se repentir de son égarement.
Apprenez ce que fit un jour
1656 *L'un des trois — que Dieu les maudisse —*
Par qui ils furent surpris.
C'était un homme puissant et de grand renom,
1660 *Qui aimait se divertir avec les meutes.*
Les gens de Cornouailles
Se défiaient du Morrois au point
Qu'aucun n'osait y pénétrer.
1664 *C'est avec raison qu'ils avaient peur,*
Car, si Tristran avait pu les prendre,
Il les aurait pendus aux arbres:
Ils faisaient donc bien de s'en écarter.
1668 *Un jour, Governal se trouvait seul*

Gov*er*nal sol a *un* doitil
q*ui* decendoit d'un fontenil.
Au cheval out osté la sele;
de l'erbete paisoit novele.
Trista*n* gesoit en sa fullie,
estroitement ot e*n*brachie
la roïne, por q*u'i*l estoit
mis en tel paine, en tel destroit;
endormi ere*n*t amedoi.
Gov*er*nal ert en *un* esq*uo*i,
oï les chiens p*ar* aventure:
le cerf chace*n*t g*ra*nt aleüre.
C'ere[n]t li chie*n* a *un* des trois
por q*ui con*sel estoit li rois
meslez ense*n*ble la roïne. *13a*
Li chien chace*n*t, li cerf ravine.
Gov*er*nal vi[n]t une charire
en une lande; lui*n* arire
vit cel ven*ir* q*ue* il bie*n* set
q*ue* ses sires onq*ues* pl*us* het,
tot soleme*n*t sanz escuier.
Des esp*e*rons a so*n* dest*ri*er
a tant doné q*ue* il escache,
sovent el col fiert o sa mache;
li cheva*us* ceste sor *un* [m]arbre.
Gov*er*nal s'acoste a *un* arbre,
enbuschiez est, celui ate*n*t
q*ui* trop vient tost *et* fuira le*n*t.
Nus retorn*er* ne puet fortune;
ne se gaitoit de la rancune
q*ue* il avoit a T*ri*stra*n* fait.
Cil q*ui* desoz l'arbre s'estait
vit le venir, hardi l'atent;
dit me*us* veut estre mis au ve*n*t
q*ue* il de lui n'ait la ve*n*jance;
qar par lui *et* par sa faisance
dure*n*t il estre tuit destruit.

1691 estache   1693 soz   1698 de laue*n*ture

Avec son cheval près d'un ruisseau
Qui jaillissait d'une petite source.
Il avait dessellé son cheval,
1672 *Qui passait l'herbe fraîche.*
Tristran était couché dans sa feuillée
Et tenait étroitement enlacée
La reine pour qui il endurait
1676 *Une telle peine, une telle souffrance;*
Tous les deux s'étaient endormis.
Governal s'était embusqué:
Par hasard, il entendit les chiens
1680 *Qui forcent le cerf à toute allure.*
C'était la meute de l'un des trois
Dont les conseils avaient brouillé
Le roi avec la reine.
1684 *Les chiens chassent, le cerf court.*
Governal, par un chemin,
Déboucha dans une lande; loin derrière lui,
Il vit s'approcher, seul, sans écuyer,
Celui dont il sait bien que
1688 *Son maître le hait le plus au monde.*
[Le baron] éperonne son destrier
Avec une telle force qu'il le lance;
1692 *De son bâton, il lui donne des coups répétés à l'encolure.*
Le cheval bronche sur un caillou.
Governal s'accote à un arbre:
Il s'est tapi pour attendre celui
1696 *Qui arrive trop vite et sera trop lent à détaler.*
Nul ne peut inverser le destin;
Il n'avait pris garde à la rancune
Qu'il avait suscitée en Tristran.
1700 *Celui qui se tenait au pied de l'arbre*
Le vit s'approcher; il l'attend de pied ferme.
Il préfère, dit-il, qu'on le pende haut et court,
Plutôt que de ne pas se venger sur lui;
1704 *Car à cause de lui et de ses agissements,*
Ils ont tous failli périr.

Li chie*n* li cerf sive*n*t, q*ui* fuit;
li vasaus ap*ré*s les chie*n*s vait.
Gov*er*nal saut de se*n* agait;
du mal q*ue* cil ot fait li me*n*bre,
a s'espee tot le desme*n*bre,
li chief en p*re*nt, atot s'e*n* vet.
Li veneor, q*ui* l'ont p*ar*fait,
sivoient le cerf esmeü;
de lor seignor vire*n*t le bu,
sanz la teste, soz l'arb*re* jus.
Q*ui* pl*us* tost cort, cil s'e*n* fuit plus:
bie*n* q*ui*dent ce ait fait T*ri*stran
dont li rois fist faire le ban. *13b*
P*ar* Cornoualle ont a[n]tendu
l'un des trois a le chief p*er*du,
q*ui* meslot T*ri*stran o le roi.
Poor en ont tuit *et* esfroi,
puis ont en pes le bois laisié;
n'out p*us* el bois sove*n*t chacié.
Des cel' ore q*u'e*n bois entroit,
fu[st] por chacier, chas*cun*s dotoit
q*ue* Trist*ra*n li preuz l'en*con*trast;
crient fu u plai*n* *et* p[l]*us* u gast.
Trista*n* se jut a la fullie;
chau tens faisoit, si fu jo*n*chie.
Endormiz est, ne savoit mie
q*ue* cil eüst p*er*du la vie
p*ar* qui il dut mort recevoir;
liez ert, q*a*nt en savra le voir.
Gov*er*nal a la loge vient,
la teste au mort a sa mai*n* tient;
a la forche de la ramee
l'a cil p*ar* les cheveus nouee.
Tristra*n* s'esvelle, vit la teste,
saut esfreez, sor piez s'areste.
A haute voiz c*ri*e so*n* mestre:
"Ne vos movez, seürs puez estre,

1726 puis chacie 1728 g.] gaut 1737 sa r.

Les chiens pressent le cerf qui fuit
Et le gentilhomme suit les chiens.
Governal bondit de sa cachette,
Se souvenant du mal que l'autre a fait,
Il le taille en pièces avec son épée,
Lui coupe la tête et l'emporte.
Les veneurs, qui l'ont levé,
Pourchassaient le cerf lancé.
Ils découvrirent le buste décapité
De leur maître, au pied de l'arbre.
Ils s'enfuient à qui mieux mieux:
Ils ne doutent pas que ce soit le fait de Tristran,
Contre qui le roi fit crier le ban.
Toute la Cornouailles a su que l'un
Des trois, qui avait brouillé Tristran
Avec le roi, avait eu la tête tranchée.
Tous en sont saisis de peur et d'effroi,
Ils délaissent désormais la forêt;
Depuis lors, on n'y a plus guère chassé.
Chacun, dès le moment où il entrait
Dans le bois, fût-ce pour chasser,
Craignait que le vaillant Tristran ne le surprît;
Il fut redouté dans la plaine et plus encore dans la lande.

Tristran se reposait dans la hutte;
Il faisait chaud, aussi avait-elle été jonchée.
Il s'est endormi sans savoir que
Celui qui avait failli le faire périr
Avait perdu la vie;
Il sera content de l'apprendre.
Governal arrive à la loge,
La tête du mort à la main;
Il l'a attachée par les cheveux
A la fourche de la feuillée.
Tristran s'éveille; il vit la tête.
Effrayé, il se lève d'un bond et se fige.
D'une voix forte, son maître lui crie:
"Ne bougez pas, rassurez-vous:

a ceste espee l'ai ocis;
saciez, cist ert vostre anemis."
Liez est T*ri*stra*n* de ce q*u'i*l ot:
cil est ocis q*u'i*l pl*us* dotot.
Poor ont tuit p*ar* la *con*tree;
la forest est si esfree[e]
q*ue* nus n'i ose ester dedenz:
or ont le bois a lor talent.
La ou il ere[n]t en cel gaut,
trova T*ri*stra*n* l'arc Q*ui* ne faut.
En tel man*ier*e el bois le fist *13c*
riens ne trove q*u'i*l n'oceïst;
se p*ar* le bois vait cerf ne dai[n]s,
se il atouchë a ces rains
ou cil arc est mis *et* te*n*duz,
se haut hurte, haut est feruz,
et se il hurte a l'arc an bas,
bas est feruz e*n*eslepas.
T*ri*stra*n*, p*ar* droit et p*ar* raiso*n*,
qant ot fait l'arc, li mist cel no*n*;
m*o*lt a bue*n* no*n* l'arc q*ui* ne faut:
riens q*u'i*l ne fire, bas ne haut;
et m*o*lt lor out p*us* g*ra*nt mest*ier*,
de mai*n*t g*ra*nt cerf lor fist me*ngier*.
Mestier ert que la sauvagine
lor aïdast e*n* la gaudine,
qar falliz lor estoit li pains,
n'il n'osoie*n*t issir as plai*n*s.
Longueme*n*t fu e*n* tel dechaz,
m*er*velles fu de bue*n* porchaz:
de venoiso*n* ont g*ra*nt ple*n*té.
Seignor, ce fu *un* jor d'esté,
en icel tens q*ue* l'en aoste,
un poi ap*rés* la Pe*n*tecoste.
Par *un* mati*n*, a la rousee,
li oisel cha*n*te*n*t l'ainzjornee;
Tristra*n* de la loge ou il gist,

1764 q*ui* len f. 1767 M. e. q.] Maist*ier*res est de

Je l'ai tué avec cette épée.
1744 Sachez que c'était votre ennemi."
Tristran se réjouit de ce qu'il entend:
Le voilà mort, l'homme qu'il redoutait le plus.
Tout le monde a peur, dans le pays;
1748 *La forêt inspire tant de terreur*
Que nul n'ose y demeurer.
Maintenant, le bois leur appartient.
Pendant leur séjour dans la forêt,
1752 *Tristran inventa l'arc Qui-ne-faut.*
Il l'installe dans le bois de telle manière
Qu'il ne se trouve rien qu'il ne puisse tuer.
Si un cerf ou un daim passe par le bois
1756 *Et qu'il frôle les rameaux*
Où est posé l'arc bandé,
Il est frappé en haut, s'il touche le haut;
1760 *Il est aussitôt frappé en bas,*
S'il ébranle l'arc par le bas.
Tristran, à juste titre,
Quand il eut fabriqué cet arc, lui donna ce nom.
Il est bien nommé, l'arc qui ne manque rien:
1764 *Il n'y a rien qu'il n'atteigne, par le bas ou par le haut.*
Il leur fut dès lors très utile
Et leur permit de manger maint beau cerf.
Il fallait bien que le gibier
1768 *Les aidât à subsister dans le bois,*
Car le pain leur faisait défaut
Et ils n'osaient sortir dans la plaine.
Il demeura longtemps dans cet exil
1772 *Et fit merveille pour l'approvisionnement:*
Ils ont du gibier en abondance.
Seigneurs, cela se passa un jour d'été,
A l'époque de la moisson,
1776 *Un peu après la Pentecôte.*
Un matin, à la rosée,
Les oiseaux chantent de lever du jour:
1780 *Tristran, l'épée au côté, sort seul*

çaint s'espee, tot sol s'e*n* ist,
l'arc Q*ui* ne faut vet regard*er*,
p*ar*mi le bois ala berser.
Ainz q*u'i*l venist, fu e*n* tel paine,
fu ainz mais(s) gent ta*n*t eüst pai*n*e?
Mais l'u*n* p*or* l'autre ne le sent,
bie*n* ore*n*t lor aaisement.
Ainz, puis le tens q*ue* el bois fur*en*t,
deus genz itant de tel ne bure*n*t; *13d*
ne, si *con*me l'estoire dit,
l[a] ou Bero*us* le vit esc*ri*t,
nule gent tant ne s'e*ntra*mere*n*t
ne si g*ri*ment nu *con*perere*n*t.
   La roïne *con*tre lui live;
li chauz fu g*ra*nz, q*ui* m*o*lt les g[r]ive.
Trist*ra**n* l'acole *et* il dit ce:
"....................."
—"Amis, ou avez vos esté?"
—"Ap*rés* *un* cerf, q*ui* m'a lassé;
tant l'ai chacié q*ue* tot m'e*n* duel.
Somel m'est p*ris*, dormir me vel."
La loge fu de vers rai*n*s faite,
de leus en leus ot fuelle atraite,
et par te*r*re fu bie*n* jo*n*chie.
Yseut fu p*re*mire couchie;
Trista*n* se couche *et* t*ra*it s'espee,
entre les *deus* chars l'a posee.
Sa chemise out [Yseut] vestue —
se ele fust icel jor nue,
mervelles lor fust meschoiet —
et T*ri*stra*n* ses braies ravoit.
La roïne avoit e*n* so*n* doi
l'anel d'or des noces le roi,
o esmeraudes planteïz.
Mervelles fu li dois gresliz,
a poi q*ue* li anea*us* n'e*n* chiet.
Oez *com* il se so*n*t couchiez:

1785 ne se s. 1812 n.] co*n* 1814 li rois ge*n*tiz

De la hutte où il avait couché.
Il va examiner l'arc Qui-ne-faut
Et part chasser dans le bois.
— Avant d'y venir, connut-il une telle peine?
Y eut-il jamais auparavant des gens qui en connurent autant?
Mais grâce à l'autre, aucun des deux n'en souffre
Et ils ont bien leurs joies.
Jamais, depuis qu'ils étaient dans la forêt,
Deux êtres ne burent à ce point un tel calice;
Et jamais, comme l'histoire le dit,
Là où Béroul le vit écrit,
Il n'y eut des gens qui s'aimèrent tant
Ni ne le payèrent si chèrement.

La reine se rend à sa rencontre.
La chaleur était forte et les accable beaucoup.
Tristran la serre dans ses bras et lui dit:
"..................
— Ami, où êtes-vous allé?
— Chasser un cerf, qui m'a épuisé;
Je l'ai tant poursuivi que j'en suis rompu.
Le sommeil me prend, je veux dormir."
La loge fut faite de jeunes rameaux;
De part en part du feuillage y fut ajouté
Et le sol en fut tapissé.
Iseut se coucha la première;
Tristran s'étend et, tirant son épée,
L'a placée entre leurs deux corps.
Iseut portait sa chemise —
Si elle avait été nue ce jour-là,
Un malheur extraordinaire se serait abattu sur eux —
Et Tristran, lui, portait ses braies.
La reine avait au doigt
L'anneau d'or de son mariage avec le roi,
Richement serti d'émeraudes.
Le doigt était prodigieusement mince,
Pour un peu, l'anneau en tomberait.
Ecoutez comment ils se sont couchés:

desoz le col T*ri*stra*n* a mis
so*n* braz, *et* l'autre, ce m'est vis,
li out p*ar* dedesus geté;
estroiteme*n*t l'ot acolé
et il la rot de ses braz çai*n*te;
lor amistié ne fu pas fai*n*te.
Les bouches fure*n*t p*re*s asises,
et neporq*a*nt si ot devises, *14a*
q*ue* n'ase*n*bloient pas e*n*se*n*ble.
Vent ne cort ne fuelle ne t*re*nble;
uns rais decent desor la face
Yseut, q*ue* plus reluist q*ue* glace.
Eisi s'e*n*dorme*n*t li amant,
ne pe*n*se*n*t mal ne ta*n*t ne q*a*nt.
N'avoit q*u*(*e*) eus deus e*n* cel païs,
q*a*r Gove*r*nal, ce m'est avis,
s'en ert alez o le dest*ri*er
aval el bois au forest*ier*.
  Oez, seignors, q*e*l ave*n*ture:
tant lor dut estre pesme *et* dure!
P*ar* le bois vint *uns* forestiers,
q*ui* avoit trové lor fulliers
ou il ere*n*t el bois geü;
tant a p*ar* le fuell*ier* seü
q*u'i*l fu venuz a la ramee
ou T*ri*stra*n* out fait s'aünee.
Vit les dormanz, bie*n* les *con*nut;
li sans li fuit, esmarriz fut.
M*o*lt s'e*n* vet tost, q*a*r se doutoit;
bie*n* sot, se T*ri*stra*n* s'esvellot,
q*ue* ja n'i metroit autre ostage,
fors la teste lairoit e*n* gage.
Se il s'e*n* fuit, n'est pas m*er*velle;
du bois s'e*n* ist, cort a m*er*velle.
  Tristra*n* avoc s'amie dort;
p*ar* poi q*u'i*l ne reçure*n*t mort.

1827 .i. rai*n*   1834a *vers surnuméraire:* e*n* ot mene le bon dest*ri*er
1846 b. s. q*ue* (*exp.*)   1850 c. a] nest pa

Elle a glissé un bras sous la nuque de Tristran
Et l'autre, j'imagine,
Elle l'avait posé sur lui.
Elle le tenait étroitement enlacé
Et lui aussi l'entourait de ses bras;
Leur affection n'était pas simulée.
Leurs bouches étaient proches,
Et cependant il y avait un écart,
De sorte qu'elles ne se rejoignaient pas.
Pas un souffle de vent, pas un frisson dans le feuillage.
Un rayon de soleil tombe sur le visage d'Iseut,
Qu'il rend plus brillant que la glace.
Ainsi s'endorment les amants,
Il ne pensent à aucun mal.
Il n'y avait qu'eux deux en cet endroit,
Car Governal, me semble-t-il,
S'était rendu avec le destrier
Dans le bas du bois chez le forestier.
Ecoutez seigneurs, ce qui arriva:
Cela faillit être dangereux et pénible pour eux!
Par la forêt arriva un forestier
Qui avait découvert leurs traces,
Là où ils s'étaient couchés dans le bois;
Il a parcouru le fourré, si bien
Qu'il est arrivé à la loge
Que Tristran avait rejointe.
Il aperçut les dormeurs et les reconnut bien;
Il blêmit, et fut saisi.
Vite il s'éloigne, plein de frayeur.
Il savait bien que si Tristran s'éveillait,
On ne lui prendrait d'autre otage
Que sa tête, qu'il laisserait en gage;
Rien d'étonnant, s'il s'enfuit;
Il quitte le bois en courant à une vitesse surprenante.
Tristran dort avec son amie;
Ils ont échappé de peu à la mort.

D'iluec endroit ou il dormoient,
q*ui deus* bones liues estoient
la ou li rois tenet sa cort,
li forest*ier gra*nt erre acort,
qar bie*n* avoit oï le ba*n*
q*ue* l'e*n* avoit fait de T*r*istra*n*: *14b*
cil q*ui* au roi en diroit voir
asez aroit de so*n* avoir.
Li forest*ier* bie*n* le savoit,
por ce acort (il) a tel esploit.
Et li rois Marc e*n* so*n* palais
o ses barons tenoit ses plaiz.
Des barons ert plaine la sale;
li forest*ier* du mo*n*t avale
et s'e*n* est entré, m*o*lt vait tost.
Pensez q*ue* onc arest*er* s'ost
desi q*ue* il vi[n]t as degrez
de la sale? Sus est mo*n*tez.
Li rois le voit ven*ir gra*nt erre,
so*n* forest*ier* apele en erre:
"Soiz noveles, q*ui* si toz viens?
Ome se*n*bles q*ui* core a chiens,
q*ui* chast sa beste por ataindre.
Veus tu a cort de nullui plai*n*dre?
Tu se*n*bles hom(e) q*ui* ait besoi*n*,
q*ui* ça me soit t*ra*mis de loi*n*.
Se tu veus rie*n*, di to*n* mesage.
A toi nus ho*n* veé so*n* gage
ou chacié v*os* de ma forest?"
—"Escoute moi, roi, se toi plest,
et si m'escoute *un* sol petit:
p*ar* cest païs a l'o*n* banit,
q*ui* to*n* nevo porroit trov*er*,
q'ançois s'osast laisier c*re*ver
q*u'i*l nu p*re*ïst, ou venist dire.
Ge l'ai trové, s'e*n* c*ri*em v*ost*re ire:
se gel t'e*n*sei*n*, dorras moi mort?

1879-80 *intervertis*

De là où ils dormaient,
Eux qui se trouvaient à deux bonnes lieues
De l'endroit où le roi tenait sa cour,
Le forestier court à toute allure,
Car il avait bien entendu la proclamation
Qui avait été faite au sujet de Tristran:
Celui qui donnerait un bon renseignement au roi
Recevrait de lui une belle somme.
Le forestier le savait bien,
C'est pourquoi il court avec tant de hâte.
Dans son palais, le roi Marc
Tenait ses assises avec ses barons;
La salle était pleine de barons.
Le forestier dévale la colline
Et est entré d'un pas rapide.
Croyez-vous qu'il ose s'arrêter un instant
Avant d'arriver à l'escalier
De la salle? Il y est monté.
Le roi voit venir son forestier à toute allure
Et l'interpelle aussitôt:
"As-tu des nouvelles, pour arriver avec tant de hâte?
Tu as l'air d'un homme qui chasse avec des chiens
A la poursuite de sa proie.
Veux-tu porter plainte à la cour contre quelqu'un?
Tu me parais avoir quelque besoin
Et m'avoir été envoyé de loin.
Si tu désires quelque chose, fais ton message.
Quelqu'un t'a-t-il refusé ton dû,
Ou vous a-t-il chassé de ma forêt?
— Roi, écoute-moi, s'il te plaît,
Et prête-moi l'oreille un instant:
On a proclamé par ce pays que
Quiconque pourrait trouver ton neveu
Devrait plutôt risquer de sa faire tuer
Que de ne pas le capturer ou venir le dénoncer.
Je l'ai trouvé, mais je redoute votre colère:
Si je te renseigne, me tueras-tu?

Je te m*er*rai la ou il dort,
et la roïne ense*n*ble o lui.
Gel vi, poi a, ense*n*ble o lui;
fermeme*n*t ere*n*t endormi. *14c*
Grant poor oi, q*a*nt la les vi."
Li rois l'entent, boufe *et* sospire;
esfreez est, forme*n*t s'aïre.
Au forestier dist *et* *con*selle
p*ri*veeme*n*t, dedenz l'orelle:
"En qel endroit so*n*t il? Di moi!"
—"En une loge de Morroi
dorme*n*t estroit *et* e*n*brachiez.
Vie*n* tost, ja sero*n* d'eus ve*n*giez.
Rois, s'or n'e*n* prens aspre ve*n*ja*n*ce,
n'as droit e*n* terre, sanz douta*n*ce."
Li rois li dist: "Is t'e*n* la fors.
Si ch*ier* *con*me tu as ton cors,
ne dire a nul ce q*ue* tu sez,
tant soit estra*n*ge ne p*ri*vez.
A la Croiz Roge, au chemi*n* fors,
la on enfuet sovent les cors,
ne te movoir, iluec m'atent.
Tant te dorrai or *et* arge*n*t
con tu voudras, je l'afi toi."
Li forest*ier* se p*ar*t du roi,
a la Croiz vient, iluec s'asiet.
Male gote les eulz li c*ri*et,
q*ui* tant voloit T*ri*stra*n* dest*ru*ire!
Me*us* li venist so*n* cors *con*duire,
qar puis morut a si g*ra*nt ho*n*te
con vos orrez avant el *con*te;
Li rois est en la cha*n*bre entrez,
a soi manda toz ses p*ri*vez,
p*us* lor voia *et* defendi
q*u'i*l ne soient ja si hardi
q*u'i*l alle*n*t ap*ré*s lui plai*n* pas. *14d*
Chascu*n* li dist: "Rois, est ce gas,

1892 p. a] poie 1910-2 *répétés entre 1905 et 1906*

Je te conduirai là où il dort,
Ainsi que la reine, à ses côtés.
1892 Je l'ai vu il y a peu, à ses côtés;
Ils étaient profondément endormis.
Je fus saisi quand je les vis là."
Le roi l'écoute, il souffle et soupire:
1896 *Il est consterné et se met en colère.*
Il murmure discrètement
A l'oreille du forestier:
"Où sont-ils? Dis-moi!
1900 — Dans un abri du Morrois
Ils dorment étroitement enlacés.
Viens vite et nous serons bientôt vengés d'eux.
Roi, si à présent tu n'en tires une terrible vengeance,
1904 Tu n'as assurément aucun droit au royaume.
— Sors d'ici!" *lui dit le roi,*
"Aussi vrai que tu tiens à la vie,
Ne dis à personne ce que tu sais,
1908 Que ce soit un étranger ou un intime.
A la Croix Rouge, à la bifurcation,
Là où l'on enterre souvent les morts,
Ne bouge pas, attends-moi là.
1912 Je te donnerai de l'or et de l'argent
Tant que tu voudras, je te le promets".
Le forestier laisse le roi,
Se rend à la Croix et s'y assied.
1916 *Que la male goutte lui crève les yeux,*
Lui qui s'acharne tant à la perte de Tristran!
Il eût mieux fait de s'enfuir,
Car il connut plus tard une fin ignominieuse,
1920 *Comme vous l'apprendrez dans la suite du récit.*
Le roi est entré dans sa chambre
Et convoqua tous ses familiers;
Puis, il leur défendit formellement
1924 *D'avoir l'audace*
De faire un seul pas pour le suivre.
Chacun lui dit: "Sire, est-ce une plaisanterie,

a aler v*os* sous nule p*ar*t?
Ainz ne fu rois q*ui* n'ait regart.
Qel novele avez vos oïe?
Ne vos movez por dit d'espie."
Li rois respont: "Ne sai novele,
mais mandé m'a une pucele
q*ue* j'alle tost a lié parler:
bie*n* me ma*n*de n'i moigne per.
G'irai tot seus sor mo*n* dest*rier*,
ne merrai per ne escuier;
a ceste foiz irai sanz vos."
Il respone*nt*: "Ce poise nos.
Chatons *con*manda a so*n* filz
a eschiv*er* les leus soutiz."
Il respont: "Je le sai assez.
Laisiez moi faire auq*ue*s mes sez."
  Li rois a fait sa sele metre,
s'espee çai*n*t, sove*n*t regrete
a lui tot sol la cuvertise
q*ue* Tristra*n* fist, q*a*nt il l'ot p*ri*sse,
Yseut la bele o le cl*er* vis,
o qui s'en est alé fuitis.
S'il les trove, molt les menace,
ne laira pas ne lor mesface.
M*o*lt est li rois acoragiez
de destruire; c'es[t] granz pechiez.
De la cité s'en est issuz
et dist me*us* veut estre penduz
q*u'i*l ne pre*n*ge de ceus ve*n*ja*n*ce
q*ue* li ont fait tel avila*n*ce.
A la Croiz vi*n*t, ou cil l'atent;
dist li q*u'i*l aut isnelement
et q*u'i*l le meint la droite voie.
El bois entre*n*t, q*ui* m*o*lt onbroie. *15a*
Devant le roi se met l'espie;
li rois le sieut, q*ui* bie*n* s'i fie

1935 sor] sans   1939 Cha(s)tons *avec* s *exp.*
1945 c.] cortoifi(s)e *avec* s *exp.*

Que vous alliez seul quelque part?
Jamais roi ne fut sans escorte.
Quelle nouvelle avez-vous apprise?
Ne vous dérangez pas sur les dires d'un espion.
— Je n'ai aucune nouvelle," *dit le roi,*
"Mais une pucelle m'a invité
A venir la voir sans tarder;
Elle me recommande bien de ne pas amener de compagnon.
J'irai tout seul sur mon cheval et
N'emmènerai ni compagnon ni écuyer;
Cette fois, j'irai sans vous.
— Voilà qui nous inquiète," *répondent-ils:*
"Caton conseillait à son fils
D'éviter les lieux écartés.
— Je le sais fort bien," *rétorque le roi;*
"Laissez-moi agir un peu à ma guise."
Le roi a fait seller sa monture;
Il ceint son épée et ne cesse de déplorer
Dans son coeur la bassesse
Commise par Tristran, quand il ravit
Iseut, la belle au teint clair,
Avec qui il s'est enfui.
S'il les trouve, malheur à eux,
Il ne manquera pas de les faire souffrir.
Le roi est bien décidé
A tuer; c'est un grand malheur.
Il a quitté la ville,
Se disant qu'il préfère être pendu
Plutôt que de ne pas tirer vengeance de ceux
Qui l'ont déshonoré à ce point.
Il est arrivé à la Croix où l'autre l'attend;
Il lui dit de se dépêcher
Et de le conduire au plus court.
Ils pénètrent dans le bois bien ombragé.
L'espion précède le roi;
Le roi le suit, confiant

en l'espee q*ue* il a çainte,
dont a doné colee mai*n*te.
Si fait il trop q*ue* sorquidez;
q*a*r, se Tristra*n* fust esvelliez,
li niés o l'oncle se meslast,
li uns morust, ainz ne finast.
Au forest*ier* dist li roi Mars
q*u'i*l li dorroit d'argent *vint* mars,
sel menoit tost a so*n* forfet.
Li forest*ier*, q*ui* *ver*gonde ait,
dist q*ue* p*re*s sont de lor besoigne.
Du bue*n* cheval, né de Gas*co*i[n]gne,
fait l'espie le roi dece*n*dre,
de l'autre part cort l'est*ri*er p*re*ndre;
a la bra*n*che d'u*n* vert pom*ier*
la reigne lïent du dest*ri*er.
Poi vont avant, q*a*nt o*n*t veü
la loge por q*u'i*l sont meü.
   Li rois deslace so*n* mantel,
dont a fi*n* or sont li tasel;
desfublez fu, m*o*lt out gent cors.
Du fuerre trait l'espee fors,
iriez s'en torne, sovent dit
q'or veut morir s'il nes ocit.
L'espee nue, an la loge entre.
Le forest*ier* entre soventre,
grant erre ap*ré*s le roi acort;
li ros li çoine q*u'i*l retort.
Li rois en haut le cop leva;
ire le fait, si se tresva.
Ja decendist li cop sor eus
ses oceïst — ce fust g*ra*nt deus —,
qant vit q*u'e*le avoit sa chemise *15b*
et q'e*n*tre eus deus avoit devise,
la bouche o l'autre n'ert jostee,
et qant il vit la nue espee
q*ui* entre eus deus les desevrot,

1974 gas9igne   1999 deseuro(i)t *avec* i *exp.*

En l'épée qu'il a ceinte
Et dont il a donné de nombreux coups.
En quoi il se montre top présomptueux;
Car, si Tristran était réveillé
Et que le neveu en vînt aux prises avec l'oncle,
L'un d'eux serait mort avant la fin du combat.
Le roi Marc dit au forestier
Qu'il lui donnerait vingt marcs d'argent,
S'il le conduisait vite à son coupable.
Le forestier — honni soit-il —
Dit qu'ils sont près du but.
L'espion fait descendre le roi
Du bon cheval gascon
Et fait le tour pour tenir l'étrier;
Ils attachent les rênes du destrier
A la branche d'un pommier vert.
En approchant, ils ont découvert
La ramée pour laquelle ils sont venus.

Le roi dégrafe son manteau,
Dont les agrafes sont en or fin;
Ainsi dévêtu il eut belle prestance.
Il tire son épée du fourreau et
S'élance plein de colère, répétant que,
S'il ne les tue, il préfère mourir sur-le-champ.
L'épée nue, il pénètre dans l'abri
Et le forestier entre après lui;
Il se précipite derrière le roi;
Le roi lui fait signe de se retirer.
Le roi brandit son épée bien haut;
La colère le lui fait faire, mais elle se dissipe.
Le coup allait s'abattre sur eux
Et les tuer — c'eût été un grand malheur —,
Quand il vit qu'elle portait sa chemise,
Qu'entre eux il y avait un espace
Et que leurs bouches n'étaient pas unies;
Quand il vit l'épée nue qui,
Placée entre eux deux, les séparait

vit les braies q*ue* Tr*i*stra*n* out:
“De*us*!” dist li rois, “ce q*ue* puet estre?
Or ai veü tant de lor estre,
De*us*! je ne sai q*ue* doie faire,
ou le l’ocire ou du retraire.
Ci so[n]t el bois, b*ie*n a lonc tens;
bie*n* puis croire, se je ai sens,
se il s’amase*n*t folement,
ja n’i eüse*n*t vestement,
entrë eus deus n’eüst espee,
autreme*n*t fust cest’ ase*n*blee.
Corage avoie d’eus ocire,
nes tocherai, retrairai m’ire.
De fole amor corage n’ont;
n’en ferrai nul; endormi so*n*t:
se par moi eire*n*t atouchié,
trop p*ar* feroie g*ra*nt pechié;
et se g’esvel cest endormi
et il m’ocit ou j’oci lui,
ce sera laide rep*ar*lance.
Je lor ferai tel demostra*n*ce
ançois q*ue* il s’esvell[er]ont,
certaineme*n*t savoir porro*n*t
q*u’i*l furent endormi trové
et q’e*n* a eü d’eus pité,
q*ue* je nes vuel noient ocire,
ne moi ne gent de mo*n* enpire.
Ge voi el doi a la reïne
l’anel o pierre esmeraudine;
or li donnai, m*o*lt p*ar* est buens;
et g’en rai *un* q*ui* refu suens: *15c*
osterai li le mie*n* du doi.
Uns g(r)anz de voirre ai je o moi,
q*u’e*l aporta o soi d’Irlande:
le rai q*ui* sor la face brande —
q*ui*, li fait chaut — en vuel cov*ri*r.
Et q*a*nt ve*n*dra au dep*ar*tir,

2021 q*ue* a. 2034 le r.] li rois; b.] branche *corrigé en* blanche

Et qu'il aperçut les braies de Tristran.
"Dieu!" *s'exclama le roi,* "que signifie cela?
Maintenant j'ai vu comment ils se comportent;
Dieu! je ne sais ce que je dois faire,
Les tuer ou me retirer.
Ils sont ici dans le bois depuis bien longtemps;
Je puis bien supposer, si j'ai quelque bon sens,
Que s'ils s'étaient aimés d'un amour coupable,
Ils n'auraient certes pas été habillés,
Entre eux deux, il n'y aurait pas d'épée,
Et ils seraient bien autrement rapprochés.
J'avais l'intention de les tuer:
Je ne les toucherai pas, je réprimerai ma colère.
Ils ne songent pas à s'aimer de manière coupable.
Je ne frapperai aucun des deux; ils dorment:
Si je les touchais,
Je commettrais une faute vraiment grave;
Et si j'éveille ce dormeur
Et qu'il me tue ou que je le tue,
Il circulera des bruits fâcheux.
Avant leur éveil
Je leur laisserai des signes tels
Qu'ils pourront savoir avec certitude
Qu'on les a trouvés endormis,
Qu'on a eu pitié d'eux,
Et que je ne veux nullement les tuer,
Ni moi ni personne dans mon empire.
Je vois au doigt de la reine
La bague sertie d'une émeraude
Que je lui ai donnée — elle est magnifique;
Moi, j'en porte une qui fut la sienne:
Je lui retirerai la mienne du doigt.
J'ai sur moi des gants de vair
Qu'elle apporta d'Irlande;
J'en vais cacher le rayon qui lui brûle le visage —
Et qui lui donne chaud, je pense —
Et au moment de partir,

prendrai l'espee d'entre eus deus
dont au Morhot fu le chief blos."
Li rois a deslïé les ganz,
vit ense*n*ble les *deus* dormanz,
le rai q*ui* sor Yseut decent
covre des ganz m*o*lt bonement.
L'anel du doi defors parut;
souef le traist, q*u'i*l ne se mut.
P*ri*mes i entra il enviz;
or avoit tant les doiz gresliz
q*u'i*l s'e*n* issi sanz force fere;
m*o*lt l'en sot bie*n* li rois fors t*ra*ire.
L'espee qui entre eus *deus* est
souef oste, la soue i met.
De la loge s'e*n* issi fors,
vint au dest*ri*er, saut sor le dos;
au forest*ier* dist q*u'i*l s'en fuie,
son cors trestort si s'e*n* *con*duie.
Vet s'en li rois, dorma*n*t les let;
a cele foiz n'i a pl*us* fait.
Rep*er*iez est a sa cité;
de plusorz parz out dema*n*dé
ou a esté *et* ou tant fut:
li rois lor m*en*t, pas n'i *con*nut
ou il ala ne q*ue* il q*ui*st
ne de faisance q*ue* il fist.
Mais or oiez des endormiz,
q*ue* li rois out el bois gerpiz.
Avis estoit a la roïne *15d*
q*u'e*le ert e une g*ra*nt gaudine,
dedenz *un* riche pavello*n*;
a li venoient *dui* lion,
q*ui* la voloient devorer;
el lor voloit m*er*ci crïer,
mais li lio*n*, destroiz de fai*n*,
chas*cun* la prenoit p*ar* la mai*n*.
De l'esfroi q*ue* Iseut en a

2038 bbos

J'ôterai d'entre eux deux l'épée
Qui prit la tête au Morholt."
Le roi a enlevé ses gants
En contemplant les deux dormeurs côte à côte.
Des gants il masque délicatement
Le rayon qui tombe sur Iseut.
L'anneau à son doigt est découvert
Et il le tire doucement sans que [le doigt] ne bouge.
Au début, il y entra difficilement;
Maintenant, elle avait les doigts si minces
Qu'il en glissa sans effort;
Le roi réussit parfaitement à le lui enlever.
Il ôte doucement l'épée qui les sépare
Et met la sienne à la place.
Il sortit de la loge,
Rejoignit son cheval et l'enfourche.
Il dit au forestier de s'en aller:
Qu'il fasse demi-tour et qu'il disparaisse.
Le roi s'éloigne en les laissant dormir.
Il n'a fait rien d'autre cette fois-ci.
Il a regagné sa cité;
De plusieurs côtés on lui demande
Où il est allé et où il est resté si longtemps.
Le roi leur ment et ne révéla pas
Où il est allé ni ce qu'il a cherché,
Ni ce qu'il a fait.
Mais parlons des dormeurs,
Que le roi a laissés dans le bois.
Il semblait à la reine
Qu'elle se trouvait dans une grande forêt,
A l'intérieur d'une tente somptueuse;
Deux lions s'avançaient vers elle,
Cherchant à la dévorer;
Elle allait leur crier grâce,
Mais les lions, pressés par la faim,
La saisissaient chacun par une main.
Sous l'effet de la frayeur,

geta *un* cri si s'esvella:
li gant paré du bla*n*c h*er*mine
li sont choiet sor la poit*ri*ne.
Trista*n*, du cri q*u'i*l ot, s'esvelle,
tote la face avoit v*er*melle.
Esfreez s'est, saut sus ses piez,
l'espee p*re*nt *com* home iriez,
regarde, el bra*n*t l'osche ne voit;
vit le pont d'or q*ui* sus estoit,
*con*nut q*ue* c'est l'espee au roi.
La roïne vit en so*n* doi
l'anel q*ue* li avoit doné,
le sue*n* revit du dei osté.
Ele cria: "Sire, merci!
Li rois nos a trovez ici."
Il li respont: "Dame, c'est voirs,
or nos covie*n*t g*er*pir Morrois,
qar m*o*lt li p*ar* somes mesfait.
M'espee a, la soue me lait;
bie*n* nos peüst avoir ocis."
—"Sire, voire, ce m'est avis."
—"Bele, or n'i a fors du fuïr:
il nos laissa por nos t*ra*ïr;
seus ert si est alé por gent,
prendre nos q*ui*de, voireme*n*t.
Dame, fuio*n* nos en v*er*s Gales;
li sanc me fuit." Tot devient pales. *16a*
Atant es v*os* lor escuier,
q*ui* s'en venoit o le dest*ri*er;
vit son seignor pales estoit,
demande li q*ue* il avoit.
"P*ar* foi, mestre, Marc li ge*n*tis
nos a trovez ci endormis.
S'espee lait, la moie e*n* porte;
felonie crie*m* q*u'i*l anorte.
Du doi Yseut l'anel, le bue*n*,
en a porté si lait le sue*n*;

2075 le g.

Iseut poussa un cri et s'éveilla:
Les gants garnis d'hermine blanche
Lui sont tombés sur la poitrine.
A ce cri, Tristran s'éveille,
Le visage tout empourpré.
Il est alarmé et se lève d'un bond;
Furieux, il saisit l'épée,
Regarde, ne retrouve pas la brèche de la lame;
Il aperçut le pommeau d'or qui la surmontait
Et comprit que c'était l'épée du roi.
La reine découvrir à son doigt
La bague qu'elle lui avait donnée,
Constatant que la sienne lui avait été retirée.
Elle s'écria: "Seigneur, hélas,
Le roi nous a découverts ici."
Il lui répond: "Dame, c'est vrai.
Maintenant il nous faut quitter le Morrois,
Car à ses yeux nous sommes très coupables.
Il me prend mon épée et me laisse la sienne;
Il aurait bien pu nous tuer.
— Seigneur, en vérité, c'est bien mon avis.
— Belle, à présent il ne reste que la fuite.
Il nous a quittés pour nous trahir;
Il était seul, il est allé chercher du monde
Et compte nous capturer, c'est certain.
Dame, fuyons vers le pays de Galles.
Mon sang se retire." *Il blêmit.*
A cet instant voilà leur écuyer
Qui arrivait avec le cheval;
Il vit que son seigneur était blême
Et lui demande ce qu'il avait.
"Par ma foi, maître, le noble Marc
Nous a trouvés endormis ici.
Il nous laisse son épée et emporte la mienne;
Je crains qu'il ne trame quelque perfidie.
Du doigt d'Iseut il a ôté son bel anneau
Et il laisse le sien;

p*ar* cest cha*n*ge poo*n* p*ar*çoivre,
mestre, q*ue* il nos veut deçoivre,
q*a*r il ert seus si nos trova,
poor li p*ri*st si s'e*n* torna.
P*o*r gent s'en est alé arrire,
dont il a trop *et* baude *et* fire;
ses am*er*ra, destruire veut
et moi *et* la roïne Yseut;
voiant le pueple, nos veut p*re*ndre,
faire ardoir *et* ve*nter* la cendre.
Fuio*n*, n'avo*n* q*ue* demorer."
N'aveent eus q*ue* demorer.
S'il ont poor, n'e*n* püe*n*t mais:
li rois seve*n*t fel *et* engrés.
Torné s'e*n* so*n*t bone aleüre:
li roi doute*n*t por l'ave*n*ture.
Morrois trespase*n*t si s'e*n* vo*n*t,
grans jornees p*ar* poor font.
Droit v*er*s Gales s'en sont alé.
M*o*lt les avra amors pené:
trois anz plainiers sofrire*n*t peine,
lor char pali *et* devi*n*t vaine.
  Seignors, du vi*n* de qoi il bure*n*t
avez oï, por qoi il fure*n*t
en si g*ra*nt paine lonc tens mis; *16b*
mais ne savez, ce m'est avis,
a *con*bien fu det*er*minez
li lovend*ri*[n]s, li vi*n* h*er*bez.
La m*er*e Yseut, q*ui* le bolli,
a *trois* anz d'amistié le fist.
Por Marc le fist *et* por sa fille;
autre en pruva, q*ui* s'e*n* essille.
Tant *con* durere*n*t li troi a*n*,
out li vins si soup*ri*s T*ri*stra*n*
et la roïne ense*n*ble o lui
q*ue* chas*cun* disoit: "Las n'en sui."

2117 d. uoist   2122 a.] auet en   2138 loucuend*ri*s
2142 en p*ri*ma   2146 los me*n* fui

Cet échange nous permet de comprendre,
Maître, qu'il veut nous tromper,
Car il était seul quand il nous découvrit;
Pris de peur, il a rebroussé chemin.
Il est reparti chercher ses hommes,
Dont beaucoup sont hardis et redoutables;
Il les amènera, car il veut nous tuer,
Moi et la reine Iseut;
Devant tout le monde, il veut nous faire saisir,
Nous brûler et disperser notre cendre au vent.
Fuyons, il ne faut par tarder."
Ils n'avaient pas à tarder;
Ils ne peuvent s'empêcher d'avoir peur,
Car ils savent que le roi est cruel et acharné.
Ils sont partis à toute allure:
Ils redoutent le roi après cet incident.
Ils traversent le Morrois et s'éloignent
Par longues étapes que leur commande la peur.
Ils s'en vont en droite ligne vers le pays de Galles.
L'amour les aura bien fait souffrir;
Durant trois années entières, ils connurent la misère,
Leurs corps devinrent pâles et affaiblis.
Seigneurs, vous savez le vin dont ils burent,
Et par lequel il furent plongés
Pour si longtemps dans une si grande douleur;
Mais vous ignorez, je pense,
Combien de temps devait durer l'action
Du love-drink, *du vin herbé.*
La mère d'Iseut, qui le prépara,
Le dosa pour trois ans d'amour.
C'est à Marc et à sa fille qu'elle le destina;
Un autre le goûta et il en souffre.
Tant que durèrent les trois années,
Le vin eut tellement d'emprise sur Tristran
Et sur la reine également,
Que l'un et l'autre disaient: "Cela ne me pèse pas".

L'endemai*n* de la sai*n*t Jehan
a*con*pli fure*n*t li troi an
q*ue* cil vi*n* fu det*er*minez.
Tristra*n* fu de so*n* lit levez,
Iseut remest en sa fullie.
Tristra*n*, sachiez, une doitie
a un cerf traist, q*u'i*l out visé,
p*ar* les flans l'a outreb*er*sé.
Fuit s'en li cerf, T*ri*stra*n* l'aqeut;
q*ue* soirs fu plains ta*n*t le porseut.
La ou il cort ap*ré*s la beste,
l'ore revient, *et* il s'areste,
q*u'i*l ot beü le love*n*drant;
a lui seus senpres se repent:
"Ha De*us*," fait il, "tant ai travail!
Trois anz a hui, q*ue* riens n'i fal,
onq*ue*s ne me falli p*us* paine
ne a foirié n'e*n* sorsemaine.
Oubl̈ïé ai chevalerie,
a seure cort *et* baronie;
ge sui essilié du païs,
tot m'est falli *et* vair *et* gris,
ne sui a cort a ch*evalie*rs.
De*us*! tant m'amast mes oncle(r)s ch*ier*s, *16c*
se tant ne fuse a lui mesfez!
Ha De*us*, tant foibleme*n*t me vet!
Or deüse estre a cort a roi,
et cent danzea*us* avoq*ue*s moi,
q*ui* servise*n*t por armes p*re*ndre
et a moi lor servise rendre.
Aler deüse en autre(s) terre(s)
soudoier *et* soudees querre(s).
Et poise moi de la roïne,
q*ui* je doins loge por cortine;
en bois est, *et* si peüst estre
e*n* beles chanbres, o so*n* estre,
portendues de dras de soie;

2173 Or] Cr (*erreur du rubricateur*)

Le lendemain de la Saint-Jean
Furent révolus les trois ans
Auxquels ce philtre fut limité.
Tristran se leva de sa couche,
Iseut restait dans son abri.
Sachez que Tristran décocha
Une flèche à un cerf qu'il venait de viser;
Il lui a transpercé les flancs.
Le cerf s'enfuit; Tristran le traque,
Tant et si bien qu'il le poursuit encore quand la nuit tombait.
Comme il court après la bête,
Revient l'heure — il s'arrête —,
Où il a bu le love-drink;
Aussitôt il se repent en lui-même:
"Ah Dieu, j'ai tant de tourments!
Voilà trois ans aujourd'hui exactement,
Que le malheur ne m'a jamais quitté,
Ni jour de fête, ni jour de semaine.
J'ai renoncé à la chevalerie,
A fréquenter la cour et les barons;
Je suis banni du royaume,
J'ai tout perdu, et vair et gris,
Je ne suis pas à la cour avec les chevaliers.
Dieu! Comme mon cher oncle m'aurait aimé
Si je ne m'étais si mal conduit avec lui!
Ah Dieu, comme cela va mal pour moi!
En ce moment je devrais être à une cour royale
Entouré de cent damoiseaux
Qui serviraient afin de recevoir leurs armes
Et de m'offrir leur service.
Je devrais aller en terre étrangère
M'engager et chercher à toucher une solde.
De même il me peine d'offrir à la reine
Une cabane en guise de chambre;
Elle vit dans les bois, quand elle pourrait être,
Avec sa suite, dans de beaux appartements
Tendus de draps de soie.

por moi a p*ri*se male voie.
A Deu, q*ui* est sire du mont,
cri ge m*er*ci, q*ue* il me donst
itel corage q*ue* je lais
a mo*n* oncle sa feme en pais.
A Deu vo je q*ue* jel feroie
m*o*lt volentiers, se je pooie,
si q*ue* Yseut fust acordee
o le roi Marc, q*ui*'st esposee,
las! si qel vire*n*t mai*n*t riche ome,
au fuer q'e*n* dit la loi de Rome."
Tristra*n* s'apuie sor so*n* arc,
sovent regrete le roi Marc,
son oncle, q*ui* a fait tel tort,
sa feme mise a tel descort.
Tristra*n* au soir se deme*n*tot;
oiez d'Iseut *con* li estoit!
Sovent disoit: "Lasse, dolente,
por qoi eüstes vos jovente?
En bois estes *com* autre serve,
petit trovez q*ui* ci v*os* serve.
Je sui roïne, mais le no*n* *16d*
en ai p*er*du p*ar* ma poison
q*ue* nos beümes en la mer.
Ce fist Bre*n*gai*n*, q*u'i* dut garder.
Lasse, si male garde en fist!
El n'en pout mais, q*a*r trop mesprist.
Les damoiseles des anors,
les filles as frans vavasors,
deüse ense*n*ble o moi tenir
en mes cha*n*bres, por moi serv*ir*,
et les deüse marïer
et as seignors por bie*n* doner.
Amis T*ri*stra*n*, en g*ra*nt error
nos mist q*ui* le boivre d'amor
nos aporta ense*n*ble a boivre;

2191 acorder 2192 q*ue*st esposer 2196 s. sa (*exp.*) 2210 q. iai t. p*ris*
2217 g. enor (*exp.*) e.

A cause de moi, elle a pris un mauvais chemin.
A Dieu, le maître du monde,
Je demande pardon; qu'Il me donne
La force de laisser
Sa femme en paix avec mon oncle.
Je le jure devant Dieu: je le ferais
Très volontiers, si je le pouvais,
De sorte qu'Iseut soit réconciliée
Avec le roi Marc, à qui elle a été mariée,
Hélas, en présence de nombre de dignitaires,
Selon le rite que l'on appelle la loi de Rome."
Tristran s'appuie sur son arc;
Il a mainte parole de regret au sujet du roi Marc,
Son oncle, auquel il a causé un tel tort,
En le brouillant à ce point avec sa femme.
   Ce soir-là Tristran se lamentait;
Apprenez ce qu'il en était d'Iseut!
Elle répétait: "Hélas, malheureuse,
A quoi bon votre jeunesse?
Vous vivez dans un bois comme n'importe quelle serve,
Sans grand monde pour vous servir ici.
Je suis reine, mais ce titre,
Je l'ai perdu à cause de mon breuvage
Que nous avons bu en mer.
C'est la faute de Brangain, qui aurait dû y veiller.
La malheureuse! Elle l'a gardé bien mal.
Elle n'y put rien, car elle fut trop négligente.
Les demoiselles des seigneuries,
Les filles des nobles vavasseurs,
Je devrais les avoir auprès de moi,
Dans mes appartements, pour me servir;
Et je devrais les marier et les donner
A des seigneurs, pour les récompenser.
Ami Tristran, c'est une grave erreur
Que nous fit commettre
Celle qui nous donna à boire ensemble le breuvage d'amour;

me*us* ne nos pout il pas deçoivre."
Tristra*n* li dist: "Roïne gente,
en mal uso*n* n*ost*re jovente.
Bele amie, se je peüse,
p*ar con*sel q*ue* je en eüse,
faire au roi Marc acordeme[n]t,
q*u'i*l p*ar*donnast so*n* mautalent
et q*u'i*l p*re*ïst n*ost*re esc*on*dit
*c'on*ques nul jor, n'e*n* fait n'e*n* dit,
n'oi o vos p*oin*t de drüerie
q*ui* li tornast a vilanie,
n'a ch*evalie*r en so*n* roiaume,
ne de Lida*n* tresq*ue* en Dureaume,
s'il voloit dire q*ue* amor
eüse o vos por deshonor,
ne m'e*n* trovast e*n* chanp, armé.
Et s'il avoit en volenté,
q*a*nt vos avrïez deresnie,
q*u'i*l me soufrist de sa mesnie,
gel serviroie a g*ra*nt honor
co*n*me mon oncle *et* mo*n* seignor; *17a*
n'avroit soudoier en sa t*er*re
q*ui* mie*us* le soufrist de sa g*er*re.
Et s'il estoit a so*n* plesir
vos a p*re*ndre *et* moi deg*er*pir,
q*u'i*l n'eüst soi*n* de mo*n* servise,
ge m'en iroie au roi de Frise
ou m'en passeroie en Bretaigne
o Gov*er*nal, sanz pl*us con*paigne.
Roïne franche, ou q*ue* je soie,
v*ost*re toz jorz me clameroie.
Ne vosise la departie
s'estre peüst la *con*paignie,
ne fust, bele, la g*ra*nt soufraite
q*ue* vos soufrez *et* avez faite
toz dis, por moi, p*ar* desertine.
Por moi p*er*dez no*n* de roïne:

2249 Toine (*erreur du rubricateur*) 2253 g. soufra*n*ce

Elle ne pouvait nous tromper davantage."
Tristran lui répondit: "Noble reine,
Nous vivons notre jeunesse dans le mal.
Belle amie, si je pouvais,
Grâce à un conseil qu'on me donnerait,
Me réconcilier avec le roi Marc,
De sorte qu'il renonce à son ressentiment
Et qu'il accepte notre assurance
Que jamais, ni en actes ni en paroles,
Je n'ai eu avec vous de relations
Qui puissent être pour lui une source de honte;
Il n'y a pas de chevalier en son royaume,
De Lidan jusqu'à Durham, qui,
S'il prétendait que j'ai eu pour vous
Un amour déshonorant,
Ne me retrouverait en champ clos, sous les armes.
Et s'il voulait bien me permettre,
Une fois que vous aussi, vous seriez disculpée,
De faire partie de sa maison,
Je le servirais dans l'honneur
Comme mon oncle et mon seigneur;
Il n'y aurait pas de soldat sur ses terres
Qui le soutiendrait mieux dans ses guerres.
Mais si c'était son bon plaisir
De vous reprendre et de m'abandonner,
En dédaignant mes services,
Je m'en irais chez le roi de Frise
Ou je passerais en Bretagne
Avec Governal pour toute compagnie.
Noble reine, où que je me trouve,
Je me déclarerais toujours vôtre.
Je ne voudrais pas d'une séparation
Si nous pouvions demeurer ensemble,
Chère amie, sans les grandes privations
Que vous endurez et avez endurées
Constamment, à cause de moi, dans ce lieu sauvage.
A cause de moi vous perdez le titre de reine;

estre peüses a anor
en tes cha*n*bres o to*n* seignor,
ne fust, dame, li vins h*er*bez
q*ui* a la m*er* nos fu donnez.
Yseut, franche, ge*n*te faço*n*,
*con*selle moi que nos fero*n*."
—"Sire, J*es*u soit gracïez,
qant deg*er*pir volez pechiez!
Amis, me*n*bre vos de l'ermite
Og*ri*n, q*ui* de la loi escrite
nos preecha *et* ta*n*t nos dist,
q*a*nt tornastes a so*n* abit,
q*ui* est el chief de cel boschage!
Bea*us* amis douz, se ja corage
vos ert venuz de repentir,
or ne peüst me*us* avenir.
Sire, corons a lui ariere;
de ce sui tote fianciere:
consel nos doroit honorable, *17b*
p*ar* qoi a joie p*ar*durable
porro*n* ancore bie*n* venir."
Tristra*n* l'entent, fist *un* sospir
et dist: "Roïne de parage,
torno*n* arire a l'*er*mitage;
encor enuit ou le mati*n*,
o le *con*sel de maistre Ogri*n*,
manderon a n*ost*re talent
p*ar* b*ri*és, sanz autre ma*n*deme*n*t."
—"Amis T*ri*stra*n*, m*o*lt dites bie*n*.
Au riche roi celestïe*n*
puiso*n* andui c*r*ïer merci,
q*u*'*i*l ait de nos, T*ri*stra*n*, ami!"
Arrire torne*n*t el boschage,
tant ont erré q*u*'*a* l'*er*mitage
vindre*n*t ense*n*ble li amant;
l'ermite Og*ri*n trove*n*t lisant.
Qant il les vit, bel les apele,

2269 c.] so*n*   2276 a] la

Tu pourrais vivre honorée,
En tes appartements avec ton époux,
Dame, sans ce vin herbé
Qu'on nous offrit en mer,
Noble Iseut, beau visage,
Conseille-moi sur ce que nous devons faire.
— Seigneur, grâces soient rendues à Jésus,
Puisque vous voulez renoncer au péché!
Ami, qu'il vous souvienne de l'ermite Ogrin
Qui nous prêcha les commandements de l'Ecriture
Et qui nous enseigna tant de choses,
Quand vous êtes allé en sa demeure
Qui est au bout de ce bois.
Cher et tendre ami, si jamais le désir
Du repentir vous était venu,
Il ne pourrait mieux apparaître qu'à présent.
Seigneur, retournons vite chez lui;
J'ai là pleine confiance:
Il nous donnerait un bon conseil,
Qui nous permettrait encore
De parvenir à la félicité éternelle."
Tristran l'écoute, poussa un soupir
Et dit: "Reine bien née,
Retournons à l'ermitage;
Cette nuit même ou demain matin,
Avec l'aide de maître Ogrin,
Nous ferons connaître nos voeux
Par lettre, sans autre message,
— Ami Tristran, vous dites bien.
Puissions-nous implorer tous deux
Le puissant Roi du ciel
Qu'Il prenne pitié de nous, Tristran, mon ami!"
Les amants retournent dans le bois
Et ont tant cheminé
Qu'ils sont parvenus ensemble à l'ermitage;
Ils trouvent l'ermite Ogrin en train de lire.
En les voyant, il les appelle aimablement.

assis se so*n*t en la chapele:
"Gent dechacie, a co*n* g*ra*nt paine
amors p*ar* force vos demeine!
Co*n*bie*n* dur[r]a v*ost*re folie?
Trop avez mené ceste vie.
Et, q*ue*les, q*a*r vos repentez!"
Tristra*n* li dist: "Or escoutez:
si lo*n*gueme*n*t l'avo*n* menee,
itel fu n*ost*re destinee.
Trois anz a bie*n*, si q*ue* n'i falle,
onq*ue*s ne nos falli travalle.
S'or poïons *con*sel trover
de la roïne racorder,
je ne q*ue*rrai ja pl*us* nul jor
estre o le roi Marc a seignor,
ainz m'e*n* irai ançois *un* mois
En Bretaigne ou e*n* Loenois. *17c*
Et se mes oncles veut soufrir
moi a sa cort por lui serv*ir*,
gel servirai si co*n* je doi;
Sire, mo*n* oncle est riche roi
. . . .
Le mellor *con*sel nos donnez,
por Deu, sire, de ce q*u'o*ez,
et nos fero*n* vos volentez."
Seignors, oiez de la roïne:
as piez l'ermite chiet e*n*cline;
de lui proier poi*n*t ne se faint
q*u'i*l les acort au roi, si plai*n*t:
"Qar ja corage de folie
nen avrai ja jor de ma vie.
Ge ne di pas, a v*ost*re entente,
q*ue* de T*ri*stra*n* jor me repe*n*te,
q*ue* je ne l'ai*m* de bone amor
et com amis, sanz desanor:
de la comune de mo*n* cors
et je du sue*n* somes tuit fors."

2310 l.] orlenois 2321 se sai*n*t 2322 se p.

Ils se sont assis dans la chapelle:
"Pauvres exilés, quelle grande douleur
L'amour vous impose-t-il de force!
Combien de temps votre égarement durera-t-il?
Vous n'avez que trop mené cette vie.
Alors, je vous en conjure, repentez-vous donc!"
Tristran lui répond: "Ecoutez-moi:
Aussi longtemps que nous l'avons menée,
C'était notre destinée.
Voilà bien trois ans, sans erreur aucune,
Que les tourments ne nous ont jamais quittés.
Si nous pouvions maintenant trouver le moyen
De réconcilier la reine,
Je ne chercherai plus jamais
A servir le roi Marc comme mon seigneur,
Mais je m'en irai avant un mois,
En Bretagne ou en Lothian.
Si pourtant mon oncle veut m'admettre
A sa cour pour le servir,
Je le servirai comme je le dois.
Seigneur, mon oncle est un roi puissant
. . . .
Pour l'amour de Dieu, seigneur, conseillez-nous
Au mieux sur ce que vous venez d'entendre,
Et nous ferons comme vous l'entendez."
Seigneurs, parlons de la reine,
Prosternée aux pieds de l'ermite;
Elle n'hésite pas à le prier
De les réconcilier avec le roi, en se lamentant:
"Plus jamais de la vie
Je n'éprouverai un sentiment coupable.
Je ne dis pas, comprenez-moi,
Que je me repente jamais au sujet de Tristran
Et que je n'ai pas pour lui un sincère attachement,
Une amitié sans déshonneur:
Nous sommes, l'un comme l'autre,
Totalement délivrés de l'union de nos corps."

L'ermites l'ot p*ar*ler si plore,
de ce qu'il ot Deu e*n* aoure:
"Ha De*us*, beaus rois o*mn*ipotent,
graces, p*ar* mo*n* bue*n* cuer, v*os* rent
q*ui* vivre tant m'avez laisiez
q*ue* ces *deus* genz de lor pechiez
a moi en vi*n*dre*n*t *con*sel pre*n*dre;
granz grez vos e*n* puise je re*n*dre!
Ge jur ma creance *et* ma loi,
bue*n* *con*sel averez de moi.
Tristra*n*, entent moi *un* petit —
ci es venuz a mo*n* habit —
et vos, roïne, a ma p*a*role
entendez, ne soiez pas fole.
Qant home *et* feme fo*n*t pechié,
s'anz se so*n*t p*ri*s et so*n*t q*ui*tié *17d*
et s'aus viene*n*t a penita*n*ce
et aient bone repe*n*ta*n*ce,
De*us* lor p*ar*done lor mesfait,
ta*n*t ne seroit orible *et* lait.
Tristra*n*, roïne, or escoutez
un petitet si m'e*n*te*n*dez:
por honte oster *et* mal covrir
doit on *un* poi par bel mentir.
Qant vos *con*sel m'avez req*ui*s,
gel vos dorrai sanz t*er*me mis.
En p*ar*chemi*n* p*re*ndrai u*n* b*ri*ef;
saluz avra el p*remier* chief;
a Lancïe*n* le t*ra*metez,
le roi p*ar* bi*e*n salu ma*n*dez
e*n* bois estes o la roïne,
mais, s'il voloit de lui saisine
et p*ar*donast so*n* mautalent,
vos ferïez por lui itant:
v*os* en irïez a sa cort;
n'i avroit fort, sage ne lort,
s'il veut dire q*u'e*[n] vilanie

2332 q*ue* li ot

A ces paroles, l'ermite se met à pleurer
Et loue Dieu de ce qu'il entend:
"Ah Dieu, bon Roi tout-puissant,
Je vous rends grâces de tout mon coeur
De m'avoir laissé vivre jusqu'au jour
Où ces deux jeunes gens sont venus
Solliciter mes conseils au sujet de leur faute;
Puissé-je vous en témoigner ma reconnaissance!
Je jure sur ma foi et sur ma religion
Que vous obtiendrez un bon conseil.
Tristran, écoute-moi un peu —
Tu es venu ici dans ma demeure —
Et vous reine, prêtez attention
A ce que je vous dis, soyez raisonnables.
Quand un homme et une femme ont péché,
Si après qu'ils se sont appartenu et se sont quittés,
Ils en viennent à faire pénitence
Et éprouvent un repentir sincère,
Dieu leur pardonne leur faute,
Aussi horrible et laide soit-elle.
Tristran, reine, écoutez-moi
Un moment et suivez-moi:
Pour effacer la honte et dissimuler le mal,
On doit mentir un peu à bon escient.
Puisque vous m'avez demandé conseil,
Je vous le donnerai sans délai.
Dans du parchemin, je couperai une lettre,
Qui commencera par des salutations;
Vous l'envoyez à Lantyan et
Vous faites savoir au roi, avec vos compliments,
Que vous êtes dans la forêt avec la reine,
Mais que s'il voulait qu'elle rentre en sa possession
Et renonçait à sa rancune,
Vous feriez ceci pour lui:
Vous vous rendriez à sa cour;
S'il s'y trouvait un homme fort, sage ou stupide,
Pour dire que vous avez conçu

eüsiez p*ri*se drüerie,
si vos face li rois Marc pe*n*dre,
se vos ne vos poez defe*n*dre.
Tristra*n*, por ce t'os bie*n* loer,
q*ue* ja n'i troveras to*n* per
q*ui* gage doinst e*ncon*tre toi;
icest *con*sel te doi*n* p*ar* foi.
Ce ne puet il metre e*n* descort:
qant il vos vout liv[r]*er* a mort
et en feu ardoir, p*ar* le nai*n* —
cortois le vire*nt* *et* vilai*n* —
il ne voloit escouter plait.
Qant De*us* vos an ot m*er*ci fait
q*ue* d'iluec fustes eschapez, *18a*
si *com* il est oï assez;
q*ue*, se ne fust la Deu vigor,
destruit fusiez a deshonor.
Tel saut feïstes q*u'i*l n'a home
de Costenti*n* entresq*u'a* Rome,
se il le voit, n'e*n* ait hisdor;
iluec fuïstes p*ar* poor.
Vos rescosistes la roïne
s'avez esté p*us* en gaudine.
De sa t*er*re vos l'amenastes,
p*ar* mariage li donastes —
tot ce fu fait, il le set bie*n* —;
nocie fu a Le*n*cïen.
Mal vos estoit lié a fallir;
o lié vosistes me*us* fuïr.
S'il veut p*re*ndre v*ost*re es*con*dit,
si qel v*er*ront g*ra*nt et petit,
vos li offrez a sa cort faire;
et se lui venoit a viaire,
qant vos serez de lui loiaus,
au loeme*nt* de ses vasaus
p*re*ïst sa feme la cortoise.
Et, se savez *que* lui n'e*n* poise,

2380 an ot] auoit 2391 v.] p*us* 2402 s.] uos

Un amour coupable,
Alors que le roi Marc vous fasse pendre
Si vous ne pouvez vous en défendre.
Tristran, j'ose te conseiller ainsi
Parce que tu ne trouveras pas là d'égal
Pour te jeter le gant;
Je te donne ce conseil en toute loyauté.
Il ne peut contester ceci:
Quand il voulut vous mettre à mort
Et vous brûler du fait du nain —
Les nobles, tout comme le peuple le virent —,
Il ne voulut pas entendre parler de procès.
Dieu vous a accordé sa grâce
De sorte que vous en avez réchappé,
Comme on l'a souvent dit;
Car, n'eût été la puissance divine,
Vous auriez péri dans le déshonneur.
Vous avez fait un saut que personne,
Depuis Constantine jusqu'à Rome,
Ne pourrait voir sans frissonner;
Alors vous avez pris la fuite par peur.
Vous avez secouru la reine
Et depuis lors vous avez vécu dans les bois.
Vous l'aviez amenée de son pays
Et la lui aviez donnée en mariage —
Tout cela a été fait, il le sait bien —;
Elle fut mariée à Lantyan.
Il vous seyait mal de lui faire défaut;
Vous avez préféré fuir avec elle.
S'il veut accepter votre justification,
En présence des grands et des petits,
Vous lui proposez de la présenter à la cour;
Et s'il le jugeait bon,
Une fois établie votre loyauté,
Qu'il reprenne sa noble épouse
Avec l'accord de ses vassaux.
Et, si vous apprenez que cela ne lui déplaît pas,

o lui serez ses soudoiers,
servirez le m*o*lt vole*n*tiers;
et s'il ne veut v*ost*re se*r*vise,
vos passerez la m*er* de Frise,
iroiz servir *un* autre roi.
Te*us* ert li brief." — "*Et* je l'otroi.
Tant ait pl*us* [mis, beau] sire Ogrin,
v*ost*re m*er*ci, el parchemi*n*,
q*ue* je ne m'os e*n* lui fier;
de moi a fait *un* ba*n* crïer.
Mais je li p*r*ié, *com* a seignor
q*ue* je m*o*lt aim p*ar* bone amor, *18b*
un autre b*r*ief reface faire
s'i face esc*ri*re tot so*n* plaire;
a la Croiz Roge, a[n]mi la lande,
pende le b*r*ief, si le *con*ma*n*de.
Ne li os ma*n*der ou je sui,
ge c*r*iem q*u'i*l ne me face e*n*nui.
Ge c*re*rai bie*n*, qant je l'avrai,
le brief; q*a*nt q*u'i*l voudra ferai.
Maistre, mo*n* b*r*ief set seelé;
e*n* la q*ue*ue esc*ri*roiz: VALE!
A ceste foiz je n'i sai plus."
Ogrins l'ermite lieve sus,
pene *et* e*n*q*ue* *et* p*ar*chemi*n* p*r*ist,
totes ces p*ar*oles i mist.
Qant il out fait, p*r*ist *un* anel,
la pierre passot el seel.
Seelé est, T*r*istra*n* le tent;
il le reçut m*o*lt boneme*n*t.
"Q*ui*l portera?" dist li h*er*mites.
"Gel porterai." — "Tristra*n*, nu dites."
—"Certes, sire, si ferai bie*n*:
bie*n* sai l'estre de Lancïe*n*.
Beau sire Og*r*in, v*ost*re m*er*ci,
la roïne remai*ndra* ci;

2408 de pise 2413 l.] moi 2419 a. late*n*de 2423 q.] q*ue*
2433 T. li t.

Vous serez à sa solde
Et vous le servirez bien volontiers;
Mais s'il refuse vos services,
Vous traverserez la mer de Frise
Pour aller servir un autre roi.
Tel sera le texte de la lettre. — Je suis d'accord.
Mais que ceci soit ajouté sur le parchemin,
Si vous le permettez, seigneur Ogrin,
Car je n'ose me fier à lui:
Il a fait proclamer un ban contre moi.
Je le prie, comme un seigneur
A qui je voue un sincère attachement,
De faire rédiger une autre lettre
Et d'y faire mettre tout ce qui lui agrée;
Qu'il ordonne de suspendre la lettre
A la Croix Rouge au milieu de la lande.
Je n'ose lui faire savoir où je suis,
Car je crains qu'il ne cherche à me nuire.
Je m'en remettrai à la lettre quand je l'aurai;
Je ferai tout ce qu'il voudra.
Maître, que la lettre soit scellée;
Sur la queue vous écrirez: *Vale!*
Pour le moment, je ne vois rien de plus."
L'ermite Ogrin se lève,
Il prit plume, encre et parchemin
Et écrivit tout ce discours.
Cela fait, il prit un anneau
Et pressa le chaton dans la cire.
Le parchemin scellé, il le tend à Tristran,
Qui le reçut courtoisement.
"Qui le portera?" *demande l'ermite.*
"Je le porterai moi-même. — Ne dites pas cela, Tristran.
— Vraiment, seigneur, je le ferai très bien:
Je connais bien les lieux, à Lantyan.
Cher sire Ogrin, avec votre permission,
La reine restera ici:

et anevois, en tens oscur,
qant li rois dormira seür,
ge mo*n*terai sor mo*n* dest*ri*er,
o moi m*er*rai mo*n* escuier.
Defors la vile a *un* pendant,
la dece*n*drai s'irai ava*n*t;
mon cheval gardera mo*n* mestre,
mellor ne vit ne lais ne p*re*stre."
   Anuit, ap*ré*s solel couch*ier*,
qant li tens p*ri*st a espoisier,
Tristra*n* s'en torne avoc so*n* mest*re*; *18c*
bie*n* sot tot le païs *et* l'estre.
A Lancïe*n*, a la cité,
en so*n*t venu, ta*n*t o*n*t erré.
Il decent j*us*, entre e*n* la vile;
les gaites corne*n*t a merville.
P*ar* le fossé dedenz avale
et vi*n*t erra*n*t tresq*ue* en la sale.
M*o*lt p*ar* est mis T*ri*stra*n* en fort;
a la fenestre ou li rois dort
e*n* est venu, souef l'apele,
n'avoit so*n* de crïer harele.
Li rois s'esvelle *et* dit ap*ré*s:
"Q*ui* es, q*ui* a tel eure ves?
As tu besoi*n*? Di moi to*n* no*n*."
—"Sire, T*ri*stra*n* m'apele l'o*n*.
Un b*ri*ef aport sil met ci jus
el fenest*ri*er de cest enclus;
lo*n*gueme*n*t n'os a vos p*ar*ler,
le b*ri*ef vos lais, n'os pl*us* ester."
Tristra*n* s'e*n* torne, li rois saut,
par trois foiz l'apela e*n* haut:
"Por Deu, bea*us* niés, to*n* oncle atent!"
Li rois le b*ri*ef a sa mai*n* p*re*nt.
Tristra*n* s'e*n* vet, pl*us* n'i remai*n*t,
de soi *con*duire ne se faint,
vient a so*n* mestre, q*ui* l'atent,

2449 A.] Qanuit   2456 m*er*uelle   2458 enz en   2468 senest*ri*er

Tout à l'heure, à la nuit tombante,
Quand le roi dormira paisiblement,
J'enfourcherai mon cheval
Et j'emmènerai mon écuyer.
A l'extérieur de la ville il y a une pente,
Là je descendrai et je continuerai à pied.
Mon maître gardera mon cheval,
Le meilleur qu'ait jamais vu laïc ou prêtre."
Ce soir-là, après le coucher du soleil,
Lorsque le ciel commença à s'assombrir,
Tristran se met en route avec son maître.
Il connaissait bien la contrée et les lieux.
A force de chevaucher
Ils sont arrivés devant la cité de Lantyan.
Il met pied à terre et entre dans la ville;
Les guetteurs sonnent du cor à pleins poumons.
Il descend, entre par les douves
Et gagna aussitôt la grande salle.
Tristran est dans une grande anxiété.
Il arrive à la fenêtre de la chambre
Où dort le roi; il l'appelle doucement;
Il n'a nulle envie de crier l'alarme.
Le roi s'éveille et dit:
"Qui es-tu pour venir à cette heure?
Que désires-tu? Dis-moi ton nom!
— Sire, on m'appelle Tristran.
J'apporte une lettre et je la dépose ici
Sur la fenêtre de cet enclos.
Je n'ose vous parler longtemps;
Je vous laisse la lettre, je n'ose m'attarder".
Tristran s'en retourne; le roi bondit
Et par trois fois, l'appela à haute voix:
"Par Dieu, cher neveu, attends ton oncle!"
Le roi prend la lettre en main.
Tristran s'en va sans plus attendre;
Il n'hésite pas à se retirer,
Il rejoint son maître qui l'attend

el dest*ri*er saut leg*ier*ement.
Gov*er*nal dist: “Fol, q*a*r esploites!
Alo*n* nos e*n* les destoletes!”
Tant ont erré p*ar* le boschage
q’au jor vi*n*drent a l’*er*mitage;
enz so*n*t entré: Og*ri*[n]s p*ri*oit
au roi celestre q*a*nt q*u*(*e*) il po(oi)t,
Tristra*n* defe*n*de d’e*ncon*b*ri*er
et Gov*er*nal, son escuier. *18d*
Qant il le vit, es le vos lié;
son c*ri*ator a gracïé.
D’Iseut n’estuet pas demand*er*
s’ele out poor d’eus en*con*trer;
ainz, p*us* li soir q*u’i*l en issire*n*t
tresque l’ermite *et* el les vir*en*t,
n’out les eulz essuiez de l*er*mes;
m*o*lt p*ar* li se*n*bla lons cis t*er*mes.
Qant el le vit ven*ir*, lor p*ri*e . . . .
q*u*(*e*) il i fist, ne fu pas parole.
“Amis, di moi, se De*us* t’anort,
fus tu donc p*us* a la roi cort?”
Tristra*n* lor a tot reco*n*té,
*con*ment il fu a la cité
*et con*ment o le roi p*ar*la,
coment li rois le rapela,
et du b*ri*és q*ue* il a g*er*pi,
et con li rois trova l’escrit.
“De*us*!” dist Og*ri*ns, “graces te rent;
Tristra*n*, sachiez, asez b*ri*ment
orez noveles du ro Marc.”
Tristra*n* decent, met j*us* son arc.
Or sejorne*n*t a l’*er*mitage.
Li rois esvelle so*n* b*ar*nage.
P*ri*mes manda le chapelai*n*,
le b*ri*ef li tent qu’a e*n* la mai*n*.
Cil fraint la cire *et* lut le b*ri*ef:

2487 Q. e (*exp.*) 2492 Tresq*ua*; el] eus 2496 pas pole
2507 du romenz 2508 a.] ent 2512 q*ui* en

Et saute lestement sur son cheval.
Governal dit: “Insensé, dépêche-toi donc!
2480 Filons par les petits sentiers!”
Ils ont avancé si bien à travers bois
Qu'ils gagnèrent l'ermitage au lever du jour;
Ils y pénètrent. Ogrin priait
2484 *Le Roi des cieux de toutes ses forces,*
Pour qu'il préserve de tout malheur Tristran
Ainsi que Governal, son écuyer.
Quelle ne fut pas sa joie quand il le vit;
2488 *Il rend grâces à son Créateur.*
Quant à Iseut, il ne faut pas demander
Si elle était anxieuse de les revoir;
Pas un instant, depuis le soir de leur départ
2492 *Jusqu'à ce que l'ermite et elle les revirent,*
Elle ne cessa d'essuyer ses larmes;
L'attente lui parut bien longue.
Quand elle le vit venir, elle prie alors . . .
2496 *Pas un mot sur ce qu'il y accomplit.*
“Ami, dis-moi, aussi vrai que Dieu t'aime,
As-tu donc été alors à la cour du roi?”
Tristran leur a tout raconté;
2500 *Comment il est entré dans la cité,*
Comment il a parlé au roi,
Comment le roi l'a rappelé,
La lettre qu'il a laissée,
2504 *Comment le roi a trouvé le message.*
“Dieu,” *dit Ogrin*, “je Te rends grâces.
Tristran, soyez-en sûr, sous peu
Vous aurez des nouvelles du roi Marc.”
2508 *Tristran met pied à terre et dépose son arc.*
Ils demeurent désormais à l'ermitage.
   Le roi fait éveiller ses barons.
D'abord, il appela le chapelain;
2512 *Il lui tend la lettre qu'il tient en main.*
Ce dernier brisa la cire et lut la lettre:

li roi choisi el p*rem*i*er* chief,
a q*ui* T*ri*stra*n* ma*n*doit saluz.
Les moz a tost toz *con*neüz,
au roi a dit le ma*n*deme*n*t.
Li rois l'escoute boneme*n*t;
a g*ra*nt m*er*velle s'e*n* esjot,
qar sa feme forme*n*t amot.
Li rois esvelle ses barons, *19a*
les plus p*ro*isiez ma*n*de p*ar* no*n*s.
Et qant il fure*n*t tuit venu,
li rois p*ar*la, il sont teü.
"Seignors, *un* b*ri*ef m'est ci t*ra*mis.
Rois sui sor vos, vos mi m*ar*chis:
li b*ri*és soit liez *et* soit oïz;
et, qant liz sera li escriz,
*con*seilliez m'e*n*, jel vos req*ui*er;
vos m'e*n* devez bie*n* *con*sellier."
Dinas s'e*n* est levé p*re*mierz,
dist a ses p*er*s: "Seignors, oiez!
S'or oiez q*ue* ne die bie*n*,
ne m'e*n* creez de nule rie*n*.
Qui me*us* savra dire, si die,
face(*n*t) le bie*n*, lest la folie.
Li b*ri*ef nos est ici tramis
nos ne savo*n* de qel païs.
Soit liz li b*ri*és p*re*mi*er*eme*n*t
et p*us*, solonc le ma*n*deme*n*t,
q*ui* bue*n* *con*sel savra doner,
sel nos doinst bue*n*. Nel q*ie*r celer:
q*ui* son droit seignor mes*con*selle
ne puet faire greignor m*er*velle."
Au roi dïent Corneualois:
"Dinas a dit trop q*ue* cortois.
Da*n* chapelai*n*, lisiez le b*ri*ef,
oiant nos toz, de chief en chief."
Levez s'e*n* est li chapelains,
le b*ri*ef deslie o ses *deus* mains;

2528 furet liescr*it*

Tout en haut, il vit le nom du roi
A qui Tristran présentait ses salutations.
Vite il a déchiffré tous les mots
Et a informé le roi du message.
Le roi l'écoute volontiers
Et s'en réjouit grandement.
Car il aimait beaucoup sa femme.
Le roi éveille ses barons et
Convoque nommément ceux qu'il estime le plus.
Quand ils furent tous présents,
Le roi prit la parole, et tous de se taire.
"Seigneurs, une lettre m'a été envoyée ici.
Je suis votre roi, vous êtes mes marquis:
Que la lettre soit lue et entendue
Et, quand le texte aura été lu,
Je vous demande de me conseiller;
Vous me devez bon conseil à ce propos."
Dinas s'est levé le premier
Et a dit à ses pairs: "Seigneurs, écoutez!
Si mes propos ne vous paraissent pas sages,
Ne leur accordez nul crédit.
Que celui qui saura parler mieux, parle;
Qu'il le fasse bien et se garde de déraisonner.
La lettre nous a été envoyée ici
D'on ne sait quel pays.
Que la lettre soit d'abord lue
Et puis, d'après la teneur du message,
Que celui qui pourra donner un bon conseil,
Nous le donne loyalement. Je ne veux pas le cacher,
Celui qui conseille mal son seigneur légitime
Ne peut commettre plus grande énormité."
Les Cornouaillais disent au roi:
"Dinas a parlé en homme très courtois.
Seigneur chapelain, lisez la lettre,
Devant nous tous, de bout en bout."
Le chapelain s'est levé et
Dénoue le parchemin des deux mains;

en piez estut dev*an*t le roi:
“Or escoutez, ent*en*dez moi.
Tristra*n*, li niés n*ost*re seignor,
saluz ma*n*de p*ri*me *et* amor
au roi *et* a tot so*n* b*ar*nage:
“Rois, tu sez bie*n* le mariage *19b*
“de la fille le roi d’Irlande.
“Par m*er* en fui jusq*ue* en Horlande,
“p*ar* ma proece la *con*quis,
“le g*ra*nt serpent cresté ocis,
“p*ar* qoi ele me fu donee;
“amenai la en ta *con*tree.
“Rois, tu la p*re*ïs a moll*ier*,
“si q*ue* vire*n*t ti ch*evalie*r.
“N’eüs gaires o li esté,
“q*a*nt losengier en to*n* reigné
“te fire*n*t acroire me*n*ço*n*ge.
“Ge sui tot p*re*st que gage e*n* do*n*ge,
“q*ui* li voudroit blasme lever,
“lié aleg*ier con*tre mon per
“beau sire, a pié ou a cheval —
“chascuns ait armes *et* cheval —
“qu’onq*ue*s amor ne*n* out v*er*s moi,
“ne je vers lui, p*ar* nul desroi.
“Se je ne l’en puis alegier
“*et* en ta cort moi deraisnier,
“adonc me fai dev*an*t to*n* ost;
“n’i a baro*n* q*ue* je t’e*n* ost.
“N’i a baro*n*, por moi laisier,
“ne me face ardrë, ou jug*ier*.
“Vos savez bie*n*, beaus oncles, sire,
“nos vosistes ardoir e*n* ire;
“mais a Deu en p*ri*st g[ra]nt pitié
“s’e*n* aorames Damledé.
“La roïne p*ar* aventure
“en eschapa. Ce fu droiture,

2566 q. los entra en t. b*ar*ne (*exp.*) r.
2569 v. gage doner (*exp.*) b.   2573 qi o. a.   2582 n.] uos

Il s'est planté en face du roi:
2552 "Ecoutez maintenant, prêtez-moi attention.
Tristran, le neveu de notre seigneur,
Envoie d'abord son salut et son affection
Au roi et à tous ses barons:
2556 "Roi, tu connais les circonstances du mariage
"De la fille du roi d'Irlande.
"J'ai traversé la mer jusqu'en Irlande,
"Je l'ai conquise par ma prouesse:
2560 "J'ai tué le grand dragon crêté,
"Grâce à quoi elle me fut donnée;
"Je l'ai amenée dans ton pays.
"Roi, tu l'as prise pour femme
2564 "En présence de tes chevaliers.
"Tu n'avais guère vécu avec elle,
"Quand les médisants de ton royaume
"T'ont fait croire un mensonge.
"Si quelqu'un voulait jeter un blâme sur elle,
2568 "Je suis tout prêt à laisser des gages
"Pour la disculper contre mon pair,
"Cher seigneur, à pied ou à cheval —
2572 "Chacun ayant armes et cheval —
"Car jamais elle n'a éprouvé pour moi,
"Ni moi pour elle, un amour déshonnête.
"Si je ne puis la disculper
2576 "Ni me justifier moi-même devant ta cour,
"Alors laisse-moi le faire devant tes hommes;
"Il n'y a pas un seul baron que j'exclue.
"Il n'y a pas un seul baron qui, pour me perdre,
2580 "Ne me ferait brûler ou condamner.
"Vous savez bien, mon bon oncle, sire, que
"Dans votre courroux, vous avez voulu nous brûler;
"Mais Dieu fut pris de compassion
2584 "Et nous en rendîmes grâces au Seigneur.
"La reine, par bonheur,
"En réchappa. Ce fut justice,

“se De*us* me saut; q*ar* a g*ra*nt tort
“li volïez doner la mort.
“G’e*n*(n) eschapai si fis *un* saut
“*con*treval *un* roch*ier* m*o*lt haut. *19c*
“Lors fu donnee la roïne
“as malades en decepline;
“ge l’en portai si li toli,
“puis ai toz tens o li fuï:
“ne li devoie pas fallir,
“qant a tort dut por moi morir.
“Puis ai esté o lié p*ar* bos,
“q*ue* je n’estoie pas tant os
“q*ue* je m’osase a[n] plai*n* mostrer
. . . .
“a p*re*ndre n*os et* a vos re*n*dre.
“Feïsiez nos ardoir ou pe*n*dre:
“por ce nos estovoit fuïr.
“Mais, s’or estoit v*ost*re plesir
“a p*re*ndre Yseut o le cl*er* vis,
“n’avroit baro*n* e*n* cest païs
“pl*us* vos servist q*ue* je feroie.
“Se l’uen vos met en aut*re* voie,
“q*ue* ne vuelliez le mie*n* servise,
“ge m’e*n* irai au roi de Frise;
“jamais n’oras de moi p*ar*ler,
“passerai m’e*n* outre la m*er*.
“De ce q’oiez, roi, pre*n* *con*sel.
“Ne puis mes soufrir tel trepel:
“ou je m’acorderai a toi,
“ou g’e*n* merrai la fille au roi
“en Irlandë, ou je la pris;
“roïnë ert de son païs.”
Li chapelains a au roi dit:
“Sire, n’a pl*us* en cest escrit.”
Li baro*n* oient la dema*n*de,
qe(st) por la fille au roi d’Irla*n*de
offre T*ri*stra*n* v*er*s eus batalle.

2604 m. fort e   2608 Se bue*n* v.

"Dieu me garde; car c'est bien injustement
"Que vous vouliez la mettre à mort.
"J'échappai par un saut que je fis
"Jusqu'en bas d'un grand rocher.
"Alors la reine, en guise de châtiment,
"Fut livrée aux lépreux;
"Je l'enlevai et la leur ravis;
"Depuis lors, j'ai fui sans cesse avec elle:
"Je ne devais lui faire défaut,
"Puisque, injustement, elle faillit mourir à cause de moi.
"Depuis lors, j'ai vécu avec elle dans les bois,
"Car je n'étais pas assez téméraire
"Pour oser me montrer en terrain découvert.
"[Vous avez fait proclamer qu'il fallait]
"Nous capturer et nous livrer à vous.
"Vous nous auriez fait brûler ou pendre:
"C'est pourquoi il nous fallait fuir.
"Mais, si à présent c'était votre bon plaisir
"De reprendre Iseut au teint clair,
"Il n'y aurait pas un baron en ce pays
"Qui vous servirait mieux que moi.
"Si l'on vous engage dans une autre voie et
"Que vous ne vouliez pas accepter mes services,
"Je m'en irai chez le roi de Frise;
"Jamais plus tu n'entendras parler de moi,
"Je passerai outre-mer.
"Délibère, roi, sur ce que vous venez d'entendre.
"Je ne puis endurer davantage un tel tourment:
"Ou je me réconcilierai avec toi,
"Ou je ramènerai la fille du roi
"En Irlande, là où je l'ai conquise;
"Elle sera reine de son pays."
Le chapelain dit au roi:
"Sire, il n'y a pas plus dans cet écrit."
Les barons entendent la requête:
Tristran leur offre de se battre
Pour la fille du roi d'Irlande.

N'i a baro*n* de Cornoualle
ne die: "Rois, ta feme pre*n*:
onq*ue*s cil n'ore*n*t nul jor se*n* *19d*
q*ui* ce distre*n*t de la roïne,
dont la parole est ci oïe.
Ne te sai pas *con*sel doner
Trista*n* remaigne deça m*er*;
au riche roi aut, e*n* Gavoie,
a q*ui* li roiz escoz gerroie.
Si se porra la contenir,
et tant porrez de lui oïr,
vos manderez por lui, q*u'i*l vie*n*ge;
ne savo*n* el qel voie tie*n*ge.
Mandez p*ar* b*r*ief que la roïne
vos amei*n*t ci a b*r*ief t*er*mine."
Li rois so*n* chapelai*n* apele:
"Soit fait cist b*r*ief o mai*n* isnele;
oï avez q*ue* i metroiz.
Hastez le b[r]ief, m*o*lt sui destroiz,
m*o*lt a ne vi Yseut la ge*n*te;
trop a mal trait en sa jove*n*te.
Et q*a*nt li b*r*ief ert seelez,
a la Croiz Roge le pe*n*dez;
ancor enuit i soit pe*n*duz.
Esc*r*ivez i p*ar* moi saluz."
Q*a*nt l'ot li chapelai*n* esc*r*it,
a la Croiz Roge le pe*n*dit.
Trista*n* ne dormi pas la nuit;
ainz q*ue* venist la mie nuit,
la Blanche Lande out t*r*av*er*see,
la chartre porte seelee;
bie*n* sout l'estre de Cornoalle.
Vient a Og*r*in, il la li balle.
Li h*er*mite la chartre a p*r*ise,
lut les letres, vit la fra*n*chise
du roi, qui p*ar*donne a Yseut
so*n* mautalent, *et* q*ue* il veut: *20a*

2632 cornoz   2637 q.] a   2655 s. lestrait

Il n'y a seigneur de Cornouailles
Qui ne dise: "Roi, reprends ta femme.
Ils n'ont jamais eu de bon sens,
Ceux qui ont tenu sur la reine
Les propos que l'on vient d'entendre ici.
Je ne puis pas te donner le conseil
De laisser Tristran de ce côté de la mer;
Qu'il se rende en Galloway, auprès du roi puissant
Qui guerroie avec le roi d'Ecosse.
Il pourra s'y conduire de telle façon
Et vous entendez tant parler de lui
Que vous l'enverrez chercher;
Nous ne savons en quel autre lieu il peut se rendre.
Ecrivez-lui de vous ramener
La reine ici, à bref délai."
Le roi s'adresse à son chapelain:
"Ecrivez cette lettre d'une main diligente;
Vous avez entendu ce que vous devez y noter.
Hâtez-vous d'écrire, je suis fort anxieux.
Il y a longtemps que je n'ai vu la noble Iseut;
Sa jeunesse a beaucoup souffert.
Et quand la lettre sera scellée,
Suspendez-la à la Croix Rouge.
Qu'elle s'y trouve ce soir même.
Ajoutez-y mes salutations."
Après que le chapelain eut écrit la lettre,
Il la suspendit à la Croix Rouge.
Tristran ne dormit pas cette nuit-là;
Avant que la moitié n'en fût écoulée,
Il avait traversé la Blanche Lande
Et il emporte le document scellé;
Il connaissait bien le pays de Cornouailles.
Il arrive chez Ogrin et le lui donne.
L'ermite a pris la missive
Et déchiffra les caractères; il comprit la magnanimité
Du roi, qui renonce à sa rancune
Contre Iseut, et ce qu'il veut:

repenre la tant boneme*n*t;
vit le t*er*me d'acordement.
Ja p*ar*lera si co*m* il doit
et con li hon qui a Deu croit:
"Tristra*n*, q*e*l joie t'est *cre*üe!
La parole est tost ente*n*due,
q*ue* li rois la roïne prent;
loé li ont tote sa gent.
Mais ne li ose*n*t pas loer
toi retenir a soudeier;
mais va servir en autre t*er*re

un roi a q*ui* on face gerre,
un an ou deus. Se li rois veut,
revie*n* a lui *et* a Yseut.
D'ui en tierz jor, sanz nul deçoiv*re*,
est li rois p*re*st de lié reçoivre.
Devant le Gué Ave*n*turos
est li plez mis de vos *et* d'eus;
la li rendroiz, iluec ert p*ri*se.
Cist b*ri*és noient pl*us* ne devise."
—"De*us*!" dist T*ri*stra*n*, "q*e*l departie!
M*o*lt est dolenz q*ui* pert s'amie!
Faire l'estuet por la soufrete
q*ue* vos avez por moi fort t*re*te;
n'avez mest*ier* de pl*us* soufrir.
Qant ce vendra au dep*ar*tir,
ge vos dorrai ma d*rü*erie,
vos moi la v*ost*re, bele amie.
Ja ne serai en cele t*er*re
q*ue* ja me tie*n*ge pais ne g*er*re
q*ue* mesage ne vos envoi.
Bele amie, rema*n*dez moi
de tot en tot v*ost*re plesir."
Iseut p*ar*la o g*ra*nt sospir:
"Tristra*n*, ente*n*t *un* petitet: *20b*
Husdent me lesse, to*n* brachet.

2661 repenra 2664 h.] rois 2683 p. la s.] poi lai souferte 2684 fors

La reprendre volontiers;
Et il vit la date de la réconciliation.
Maintenant, il va parler comme il le doit
Et en homme qui croit en Dieu.
"Tristran, quelle joie t'est échue!
Ta proposition est déjà entendue,
Car le roi reprend la reine;
Tous ses gens le lui ont conseillé;
Mais ils n'osent lui recommander
De te garder à sa solde;
Va-t-en plutôt servir en une autre terre,
Pendant un an ou deux,
Un roi qui soutient une guerre.
Si le roi le désire,
Reviens auprès de lui et d'Iseut.
D'ici trois jours, sans faute,
Le roi est prêt à la recevoir.
C'est devant le Gué Aventureux
Qu'aura lieu la conciliation entre vous et eux;
C'est là que vous la lui rendrez, c'est là qu'elle sera reprise.
Cette lettre ne dit rien de plus.
— Dieu!" *dit Tristran*, "quelle séparation!
Bien malheureux celui qui perd son amie!
Mais il le faut en raison des privations
Que vous avez endurées à cause de moi;
Vous ne devez pas souffrir davantage.
Quand viendra le moment de la séparation,
Je vous donnerai mon gage d'amour
Et vous me donnerez le vôtre, belle amie.
Jamais je ne serai en quelque terre
En temps de guerre ou en temps de paix,
Sans vous envoyer un message.
Belle amie, de votre côté, faites-moi savoir
Absolument tout ce qui vous plaira."
Iseut répond dans un profond soupir:
"Tristran, écoute-moi un moment:
Laisse-moi Husdent, ton braque.

Ainz b*er*seret a veneor
n'ert gardé e a tel honor
con cist sera, bea*us* douz amis.
Qant gel v*er*rai, ce m'est avis,
me*n*b*er*ra moi de vos sovent;
ja n'avrai si le cuer dolent,
se je le voi, ne soie lie.
Ainz, puis q*ue* la loi fu jugie,
ne fu beste si h*er*b*er*gie
ne en si riche lit couchie.
Amis T*ri*stra*n*, j'ai *un* anel,
un jaspe v*er*t a u seel;
beau sire, por l'amor de moi,
portez l'anel en v*ost*re doi.
Et s'il vos vient, sire, a corage
q*ue* me mandez rie*n* p*ar* mesage,
tant v*os* dirai, ce saciez bien,
certes, je n'e*n* croiroie rie*n*,
se cest anel, sire, ne voi.
Mais, por defense de nul roi,
se voi l'anel, ne lairai mie,
ou soit savoir ou soit folie,
ne face co*n* q*ue* il dira,
q*ui* cest anel m'aportera,
por ce q*u'i*l soit a n*ost*re anor;
je vos p*ra*met p*ar* fine amor.
Amis, dorrez me vos tel do*n*,
Husdant le baut, p*ar* le landon?"
Et il respont: "La moie amie,
Husdent vos doins p*ar* drüerie."
—"Sire, c'est la vostre m*er*ci;
qant du b*ra*chet m'avez seisi,
tenez l'anel, de g*er*redon."
De son doi l'oste, met u son. *20c*
Tristra*n* en bese la roïne,
et ele lui, p*ar* la saisine.
 Li h*er*mites en vet au Mo*n*t,

2700 cemert 2708 a u] *et* .i.

Jamais chien de chasseur
Ne sera traité avec autant d'égards
Que celui-ci, cher et tendre ami.
Je pense qu'en le voyant,
Je me souviendrai souvent de vous;
Jamais je n'aurai le coeur si lourd
Que sa vue ne me rende heureuse.
Jamais, depuis la proclamation de la loi divine,
Un animal n'aura connu aussi bon gîte
Et une couche aussi somptueuse.
Ami Tristran, j'ai une bague
Au chaton de jaspe vert;
Cher seigneur, pour l'amour de moi,
Portez cet anneau à votre doigt.
Et si le désir vous prend, seigneur,
De me faire savoir quelque chose par messager,
Je vous affirme, sachez-le bien,
Que, assurément, je n'en croirai rien
Si je ne vois cet anneau, seigneur.
Mais si je vois l'anneau,
Aucune interdiction royale ne m'empêchera,
Que ce soit sagesse ou folie,
D'accomplir ce que dira
Celui qui m'apportera cet anneau,
Pourvu que ce soit conforme à notre honneur;
Je vous le promets au nom du parfait amour.
Ami, me donnerez-vous de votre part,
En le tendant par la laisse, le vif Husdent?"
Et il répond: "Mon amie,
Je vous donne Husdent en gage d'amour.
— Seigneur, je vous en remercie;
Puisque vous m'avez mise en possession du braque,
Prenez la bague en retour."
Elle la retire de son doigt et la passe au sien.
Tristran échange un baiser avec la reine
Pour confirmer la mise en possession.
L'ermite s'en va au Mont

por les richeces q*ui* la so*n*t.
Aprés achate ver *et* gris,
dras de soie *et* [de] porpre bis,
escarlates *et* blanc chainsil,
asez plus blanc q*ue* flor de lil,
et palefroi souef anblant,
bie*n* atornez d'or fla*n*boiant.
Ogrins l'*er*mite ta*n*t achate
et tant acroit *et* ta*n*t barate
pailes, vairs *et* gris *et* h*er*mine
q*ue* richeme*n*t vest la roïne.
P*ar* Cornoualle fait huch*ier*
li rois s'acorde a sa moll*ier*:
"Devant le Gué Ave*n*turos
iert p*ri*s acordeme*n*t de nos."
Oï an ont p*ar* tot la fame;
n'i remest ch*evalie*r ne dame
qui ne vie*n*ge a cel' ase*n*blee.
La roïne ont m*o*lt desirree:
amee estoit de tote gent,
fors des felons q*ue* De*us* cravent!
Tuit quatre [en orent] tel[s] soudees:
li dui en furent mort d'espees,
li tierz d'une seete ocis;
a duel morure*n*t el païs.
Li forest*ier* q*ui*(e)s encusa
mort crüele n'e*n* refusa,
q*ar* P*er*inis, li franc, li blois,
l'ocist puis d'u*n* gibet el bois.
De*us* les ve*n*ga de toz ces *quatre*,
q*ui* vout le fier orguel abatre.
    Seignors, au jor du p*ar*lement *20d*
fu li rois Marc o m*o*lt g*ra*nt ge*n*t.
La out tendu mai*n*t pavello*n*
et mai*n*te tente de baron;
loi*n* ont porp*ri*s la praerie.
Tristra*n* chevauchë o s'amie,

2737 blans chailil   2749 an o.] auez

Pour les riches marchandises qu'on y trouve.
Puis, il y achète vair et gris,
Vêtements de soie et pourpre foncée,
Etoffes écarlates, batiste
Plus blanche que fleur de lys,
Et un palefroi qui va doucement l'amble,
Tout harnaché d'or flamboyant.
L'ermite Ogrin achète tant au comptant
Et à crédit et marchande tellement
Brocarts, vairs, gris et hermines
Qu'il peut vêtir la reine somptueusement.
   Par toute la Cornouailles, le roi fait proclamer
Qu'il se réconcilie avec sa femme:
"Devant le Gué Aventureux
Aura lieu notre réconciliation."
Le bruit s'en est répandu partout.
Il n'y a chevalier ni dame
Qui ne vienne à cette assemblée.
La reine était fort désirée;
Elle était aimée de tout le monde,
Sauf des félons, que Dieu anéantisse!
Voici ce que tous les quatre ont gagné:
Deux ont été tués à coups d'épée,
Le troisième, d'une flèche;
Ils moururent tragiquement dans leur pays.
Le forestier qui les dénonça
Ne put éviter une mort cruelle,
Car le noble et blond Périnis
Le tua par la suite d'une fronde dans la forêt.
Dieu qui voulait abattre un orgueil insolent,
Les vengea de tous les quatre.
   Seigneurs, le jour de la rencontre,
Le roi Marc s'entoura d'une très grande escorte.
On avait dressé là maints pavillons
Et maintes tentes de seigneurs,
Qui s'étendent loin dans la prairie.
Tristran chevauche avec son amie,

Tristra*n* chevauche *et* voit le merc.
Souz so*n* bliaut ot so*n* haub*er*c,
q*ar* grant poor avoit de soi,
por ce q*u'i*l out mesfait au roi.
Choisi les tentes p*ar* la pree,
conut li roi *et* l'ase*n*blee.
Iseut apeleboneme*nt*:
"Dame, vos retenez Hudent.
P*ri* vos, por Deu, q*ue* le gardez;
s'onq*ue*s m'amastes, donc l'amez.
Vez la le roi, v*ost*re seignor,
o lui li home de s'onor.
N*os* ne porron mais longueme*nt*
aler nos deus a p*ar*lement;
je voi ven*ir* ces ch*evalie*rs
et le roi *et* ses soudoiers,
dame, q*ui* viene*n*t *con*tre nos.
Por Deu, le riche glorios,
se je vos mant aucune chose,
hastiveme*n*t ou a g*ra*nt pose,
dame, faites mes vole*n*tez."
—"Amis T*ri*stra*n*, or m'escoutez:
p*ar* cele foi q*ue* je vos doi,
se cel anel de v*ost*re doi
ne m'e*n*voiez, si q*ue* jel voie,
rie*n* q*u'i*l deïst ge ne croiroie.
Mais des q*ue* (je) reve*r*rai l'anel,
ne tor ne mur ne fort chastel
ne me tendra ne face errant
le mandeme*n*t de mo*n* ama*n*t, *21a*
solonc m'enor *et* loiauté
et je sace soit v*ost*re gré."
—"Dame," fait il, "De*us* gré te sace!"
V*er*s soi l'atrait, des braz l'e*n*brace.
Yseut p*ar*la, q*ui* n'ert pas fole:
"Amis, entent a ma p*ar*ole."
—"Or me fai donc bie*n* a e*n*te*ndre*."

2772 ot s.] *et* soz 2780 m'] l 2783 porroit 2799 e.] tost

Tristran chevauche et voit la borne.
Sous sa tunique, il avait son haubert,
Car il craignait fort pour sa vie
A cause des torts qu'il a envers le roi.
Il aperçut les tentes dans la prairie
Et reconnut le roi et son entourage.
Il s'adresse gentiment à Iseut:
"Dame, gardez Husdent.
Pour Dieu, je vous prie de veiller sur lui;
Si vous m'avez jamais aimé, aimez-le.
Voilà le roi, votre époux,
Et avec lui les hommes de son royaume.
Nous ne pourrons plus longtemps
Nous ménager de tête-à-tête.
Voici venir les chevaliers;
Et le roi et ses hommes d'armes
Viennent à notre rencontre, dame.
Par le Dieu puissant et glorieux,
Si je vous mande quelque chose,
Que ce soit en hâte ou à loisir,
Dame, faites ce que je veux.
— Ami Tristran, écoutez-moi donc:
Au nom de la fidélité que je vous dois,
Si vous ne m'envoyez l'anneau qui est à votre doigt,
Afin que je le voie,
Je ne croirai rien de ce que (le messager) pourra dire.
Mais dès que je reverrai l'anneau,
Ni tour ni rempart ni château fort
Ne n'empêcheront de faire sur le champ
Ce que m'aura mandé mon bien-aimé,
En tout honneur et toute loyauté,
Pourvu que je sache que tel est votre désir.
— Dame," *répond-il*, "Dieu t'en sache gré!"
Il l'attire à lui et la serre dans ses bras.
Iseut, qui ne manquait pas de bon sens, dit alors:
"Ami, écoute mes paroles.
— Fais-toi bien comprendre.

—“Tu me *con*duiz, si me veuz re*n*dre
au roi, p*ar* le *con*sel Ogrin,
l’ermite, q*ui* ait bone fin.
Por Deu vos p*ri*, beaus douz amis,
q*ue* ne p*ar*tez de cest païs
tant qos saciez *con*ment li rois
sera v*er*s moi, iriez ou lois.
Gel p*rié*, q*ui* sui ta ch*ier*e drue,
qant li rois m’avra retenue,
q*ue* chiés Orri le forestier
t’alles la nuit la h*er*b*er*gier.
Por moi sejorn*er* ne t’e*n*nuit:
n*os* i geümes mai*n*te nuit,
en n*ost*re lit q*ue* nos fist faire . . .
Li trois q*ui* er[en]t de moleste
mal trovero*n*t e*n* la p*ar*fin,
li cors giront el bois, sovi*n*.
Beau ch*ier*s amis, *et* g’en ai dote;
enfer ovre, q*ui* les tra*n*glote!
Ges dot, q*a*r il so*n*t m*o*lt felo*n*.
El bue*n* celier, soz le boro*n*,
seras entrez, li mie*n*s amis.
Ma*n*derai toi p*ar* P*er*inis
les noveles de la roi cort.
Li miens amis—q*ue* De*us* t’enort—
ne t’e*n*nuit pas la h*er*b*er*gier!
Sovent v*er*rez mo*n* mesag*ier*;
manderai toi de ci mo*n* estre *21b*
p*ar* mo*n* vaslet *et* a to*n* mestre . . .
—“Non fera il, ma ch*ier*e amie.
Q*ui* vos reprov*er*a folie
gart soi de moi con d’anemi!”
—“Sire”, dist Yseut, “g*ra*nt m*er*ci!
Or sui je m*o*lt boneüree:
a g*ra*nt fi*n* m’avez asenee.”
Tant sont alé *et* cil venu
qu’*i*l s’entredïent lor salu.

2824 gise*n*t 2839 *et* d’anemi (*avec* p *corrigé en* m)

— Tu m'escortes pour me rendre
Au roi, sur le conseil d'Ogrin
L'ermite — que sa fin soit douce!
Par Dieu, je vous prie, cher et tendre ami,
De ne pas quitter ce pays
Sans savoir quelle attitude le roi
Adoptera envers moi, irritée ou complaisante.
Je demande, moi qui suis ta bien-aimée,
Quand le roi m'aura reprise,
Que tu ailles loger la nuit
Chez Orri, le forestier.
Que séjourner là pour moi ne te coûte pas:
Nous y avons couché bien des nuits
Dans le lit qu'il fit faire pour nous . . .
Les trois qui nous voulaient du mal
Finiront par trouver leur malheur;
Ils seront étendus sur le dos dans le bois.
Bel et cher ami, je les redoute;
Que l'enfer s'ouvre pour les engloutir!
Je les redoute, car ils sont très perfides.
Tu entreras dans le bon cellier
Sous la cabane, mon ami.
Je te ferai parvenir par Périnis
Les nouvelles de la cour du roi.
Mon ami, que Dieu te garde!
Que loger là ne te déplaise pas.
Vous verrez souvent mon messager;
Je te ferai connaître ma situation
Par mon page ainsi qu'à ton maître . . .
— Il n'en fera rien, chère amie.
Que celui qui vous accusera d'inconduite
Se garde de moi comme du diable!
— Seigneur," *reprend Iseut*, "merci infiniment!
Me voici très heureuse;
Vous m'avez guidée vers un bon dénouement."
Ils ont tant cheminé de part et d'autre,
Qu'ils peuvent échanger leurs saluts.

Li rois venoit m*o*lt fiereme*n*t
le trait d'u*n* arc deva*n*t sa gent;
o lui Dinas, q*ui*, de Dinan.
P*ar* la reigne tenoit T*ri*stra*n*
la roïne, qu'i co*n*duioit.
La, salua si *com* il doit:
"Rois, ge te rent Yseut, la ge*n*te:
ho*n* ne fist mais p[lu]s riche re*n*te.
Ci voi les homes de la t*er*re
et, oiant eus, te vuel req*ue*rre
q*ue* me sueffres a esligi*er*
et en ta cort moi deraisn*ier*
*c'on*q*ue*s o lié n'oi drüerie,
ne ele o moi, jor de ma vie.
Acroire t'a l'e*n* fait me*n*ço*n*ge;
mais, se De*us* joie *et* bie*n* me do*n*ge,
onq*ue*s ne fire*n*t jugeme*n*t,
*con*batre a pié ou aut*re*ment.
Dedenz ta cort, se ge t'e*n* sueffre,
se sui da*n*nez, si m'art e*n* soffre.
Et, se je m'e*n* p*us* faire saus,
q*u'i*l n'i ait chevelu ne chaus . . .
Si me retie*n* ovocq*ue*s toi,
o m'e*n* irai en Loenoi."
Li rois a so*n* nevo parole.
Andrez, qui fu nez de Nicole, *21c*
li a dit: "Rois, q*a*r le retiens,
plus en seras doutez *et* cr*i*ens."
M*o*lt en faut poi q*ue* ne l'otroie,
le cuer forme*n*t l'e*n* asouploie.
A une part li rois le trait,
la roïne ovoc Dinas let,
q*ui* molt p*ar* ert voirs *et* loiaus
et d'anor faire *con*muna*us*.
O la roïne geue *et* gabe,
du col li a osté la chape,
q*ui* ert d'escarlate m*o*lt riche.

2877 uairs; ioiaus

Le roi s'avançait très fièrement
A une portée d'arc de sa suite.
Avec lui, je crois, Dinas de Dinan.
Tristran tenait par la bride le cheval
De la reine, qu'il conduisait vers lui.
Arrivé là, il salua comme il sied:
"Roi, je te rends la noble Iseut;
Jamais on ne restitua bien plus précieux.
Je vois ici tes vassaux;
Devant eux, je veux te demander
La permission de me disculper
Et de prouver devant ta cour
Que jamais je n'eus avec elle de commerce amoureux,
Ni elle avec moi, aucun jour de ma vie.
On t'a fait accroire un mensonge;
Mais, que Dieu m'accorde joie et bienfaits,
Jamais il n'y eut d'épreuve judiciaire,
Par un combat à pied ou d'une autre manière.
Si je me soumets à ta volonté, qu'on me brûle dans le soufre
Devant ta cour si je suis reconnu coupable.
Mais, si je puis en sortir sain et sauf,
Qu'il n'y ait tête chevelue ni chauve . . .
Alors retiens-moi à ton service,
Ou je m'en irai en Loenois."
Le roi s'entretient avec son neveu
Andret, natif de Lincoln;
Celui-ci lui dit: "Roi, engage-le donc;
Tu n'en seras que plus craint et redouté."
Il est bien près d'y consentir:
Son coeur s'est fortement attendri.
Le roi l'a pris à part
Et laisse la reine avec Dinas,
Qui était très franc et loyal,
Et un homme d'honneur.
Il s'amuse et plaisante avec la reine
Et lui a ôté des épaules sa cape,
Qui était de somptueuse écarlate.

Ele out vestu une tuniq*ue*
desus *un* g*ra*nt bliaut de soie.
De so*n* mantel q*ue* vos diroie?
Ainz l'ermite, qui l'achata,
le riche fuer ne regreta.
Riche ert la robe *et* gent le cors:
les eulz out vers, les cheveus so*r*s.
Li seneschaus o lié s'e*n*voise:
as trois barons forme*n*t e*n* poise;
mal aient il, trop sont e*n*grés!
Ja se trairont du roi pl*us* pres.
"Sire," font il, "a nos entent:
*con*sel te doro*n* bonement.
La roïne a esté blasmee
et foï hors de ta *con*tree.
Se a ta cort reso*n*t e*n*se*n*ble,
ja dira l'e*n*, si *con* nos se*n*ble,
q*ue* en *con*sent lor felonie;
poi i avra q*ui* ce ne die.
Lai de ta cort p*ar*tir T*ri*stra*n*;
et, q*a*nt ve*ndra* jusq*u'a un* an,
q*ue* tu seras aseürez
q*u*(*e*) Yseut te tie*n*ge loiautez,
mande T*ri*stra*n* q*u'i*l vie*n*ge a toi; *21d*
ce te loons p*ar* bone foi."
Li rois respont: "Q*ue* q*ue* nus die,
de vos *con*sel n'istrai je mie."
Ariere en viene*n*t li baro*n*,
por le roi *con*te*n*t sa raison.
Q*a*nt T*ri*stra*n* oit n'i a porloigne,
q*ue* li rois veut q*u'i*l s'e*n* esloigne,
de la roïne *con*gié prent.
L'un l'autre esgarde boneme*n*t.
La roïne fu coloree,
ve*r*goigne avoit por l'ase*n*blee.
Tristra*n* s'e*n* pa*r*t. Ce m'est avis,
De*us*! tant cuer fist le jor pe*n*sis!

2888 so*r*s: r *suscrit*

Elle portait une tunique
Sur une ample robe de soie.
Que vous dirais-je de son manteau?
Jamais l'ermite qui l'avait acheté
N'en regretta le prix élevé.
Sa robe était somptueuse, son corps gracieux,
Elle avait les yeux clairs et les cheveux dorés.
Le sénéchal badine avec elle
Au grand déplaisir des trois barons;
Malheur à eux, ils sont trop mauvais!
Ils vont s'approcher du roi.
"Sire", *disent-ils*, "écoute-nous;
Nous te donnerons un conseil bienveillant.
La reine a fait l'objet d'une accusation
Et s'est enfuie de ton pays.
S'ils sont de nouveau réunis à ta cour,
Les gens, nous semble-t-il, diront assurément
Que l'on tolère leur félonie;
Rares seront ceux qui ne le diront pas.
Laisse Tristran quitter ta cour;
Et, au bout d'un an,
Quand tu seras certain
Qu'Iseut te reste fidèle,
Mande à Tristran de te rejoindre;
Voilà le conseil loyal que nous te donnons."
Le roi répond: "Quoi qu'on dise,
Je ne m'écarterai pas de votre conseil."
Les barons reviennent
Et au nom du roi annoncent sa décision.
Quand Tristran entend qu'il n'y a pas de sursis
Et que le roi veut qu'il s'en aille,
Il prend congé de la reine.
Ils se regardent tendrement.
La reine rougit;
Elle avait honte à cause de la foule.
Tristran s'en va. Je crois,
Mon Dieu, qu'il assombrit bien des coeurs ce jour-là!

Li rois dema*n*de ou torn*er*a;
qant q*u'i*l voudra, tot li dorra;
m*o*lt p*ar* li a a bando*n* mis
or *et* argent *et* vair *et* g*ri*s.
Tristra*n* dist: "Rois de Cornoualle,
ja n'e*n* pre*n*drai mie maalle;
a qant q*ue* puis vois a g*ra*nt joie
au roi riche q*ue* l'e*n* ge*r*roie."
Molt out T*ri*stra*n* riche *con*voi
des barons *et* de Marc le roi.
Vers la m*er* vet T*ri*stra*n* sa voie.
Yseut o les euz le *con*voie.
Tant *con* de lui ot la veüe,
de la place ne se remue.
Tristra*n* s'e*n* vet, retorné so*n*t
cil q*ui* pose *con*voié l'ont.
Dinas encor le *con*voiout,
sovent le besse *et* li proiot
seüreme*n*t revie*n*ge a lui;
entrafié se sont il dui.
"Dinas, entent *un* poi a moi:
de ci m'e*n* pa*r*t, bie*n* sez por qoi; *22a*
se je te mant p*ar* Gove*r*nal
aucune chose besoignal,
avance la, si *con* tu doiz."
Baisié se so*n*t pl*us* de *set* foiz.
Dinas li p*ri*e ja nel dot,
die so*n* bue*n*: il fera tot.
Dit m*o*lt a bele desevree . . .
mais, sor sa foi aseüree,
la retendra ense*n*ble o soi;
non feroit, c*er*tes, por le roi.
Iluec T*ri*stra*n* de lui s'en torne;
au dep*ar*tir andui so*n*t morne.
Dinas s'en vient ap*ré*s le roi,
q*ui* l'atendoit a *un* chaumoi.
Ore chevauche*n*t li baro*n*

2948 sa] uos

Le roi demande où il se rendra;
Tout ce qu'il voudra, il le lui donnera;
Il a mis à sa disposition, en quantité,
Or et argent, vair et gris.
Tristran dit: "Roi de Cornouailles,
Je n'en prendrai pas une maille;
Avec grand plaisir, je rejoins aussi vite que possible
Le puissant roi à qui l'on fait la guerre."

Tristran eut une brillante escorte
Des barons et du roi Marc.
Tristran se dirige vers la mer.
Iseut le suit des yeux.
Tant qu'elle put le distinguer,
Elle reste sur place.
Tristran s'éloigne et ceux qui l'ont escorté quelque temps
Sont revenus sur leurs pas.
Dinas l'accompagnait encore,
Il l'embrasse souvent et le prie
De lui revenir à coup sûr.
Ils se sont tous deux juré fidélité.
"Dinas, écoute-moi un instant:
Je pars d'ici, tu sais bien pourquoi;
Si je te mande par Governal,
Une chose urgente,
Presse-la, comme tu le dois."
Ils se sont embrassés plus de sept fois.
Dinas le conjure de ne pas s'inquiéter;
Qu'il fasse connaître son désir, il s'occupera de tout.
Il dit que ce sont de nobles adieux . . .
Mais, sur la foi qu'il a donnée,
Il la gardera auprès de lui;
Il ne le ferait certainement pas pour le roi.
Sur ce, Tristran le quitte;
Tous deux sont tristes en se séparant.

Dinas rejoint le roi,
Qui l'attendait dans une lande.
Alors les barons chevauchent

v*er*s la cité tot a ba*n*don.
Tote la gent ist de la vile;
et fure*n*t plus de *quatre* mile,
q*u'o*mes q*ue* femes q*ue* enfanz,
q*ue* por Yseut, q*ue* por T*ri*stranz,
mervellose joie menoient;
li saint p*ar* la cité sonoient.
Qant il oient T*ri*stra*n* s'e*n* vet,
n'i a *un* sol g*ra*nt duel ne fet.
D'Iseut g*ra*nt joie demenoient,
de lui servir m*o*lt se penoient,
q*a*r, ce saciez, ainz n'i ot rue
ne fust de paile porte*n*due;
cil q*ui* n'out paile mist cortine.
P*ar* la ou aloit la roïne
est la rue m*o*lt bie*n* jo*n*chie.
Tot *con*tremont, p*ar* la chaucie,
si vo*n*t au most*ier* Saint Canso*n*;
la roïne *et* tuit li baron
en so*n*t trestuit e*n*se*n*ble alé. *22b*
Evesq*ue*, clerc, moine *et* abé
en*con*tre lié so*n*t tuit issu,
d'aubes, de chapes revestu.
Et la roïne est decendue;
d'une porpre inde fu vestue.
L'evesq*ue* l'a p*ar* la mai*n* prise
si l'a dedenz le most*ier* mise.
Tot droit la meine*n*t a l'auter.
Dinas li preuz, q*ui* m*o*lt fu ber,
li aporta *un* garnement
q*ui* bie*n* valoit *cent* mars d'argent,
un riche paile fait d'orfrois;
onq*ues* n'out tel ne qens ne rois.
Et la roïne Yseut l'a pris
et, p*ar* buen cuer, sor l'autel mis.
Une chasublë en fu faite,
q*ui* ja du tresor n'i*er*t hors traite

2968 perte*n*due 2974 t. si 2983 lautel 2992 la *corr.* en ia

A bride abattue vers la cité.
Tous les habitants sortent de la ville;
Ils furent plus de quatre mille,
Hommes, femmes et enfants,
A manifester tant pour Iseut que pour Tristran,
Une joie débordante.
Les cloches sonnaient par la cité.
Quand ils apprennent que Tristran s'en va,
Il n'en est pas un qui ne montre son chagrin.
Ils se réjouissaient beaucoup de voir Iseut
Et se mettaient en frais pour lui plaire.
C'est pourquoi, sachez-le, il n'y eut pas de rue
Qui ne fût tendue de brocarts;
Qui n'en avait pas, mit une tenture,
Sur le passage de la reine
La route est splendidement jonchée.
Ils montent ainsi par la chaussée
Vers l'église Saint-Samson;
La reine et tous les barons
Ont avancé tous ensemble.
Evêque, clercs, moines et abbés
Sont sortis à sa rencontre,
Vêtus d'aubes et de chapes.
Et la reine a mis pied à terre;
Elle porte une pourpre bleu foncé.
L'évêque l'a prise par la main
Et l'a conduite à l'intérieur de l'église.
On la mène tout droit à l'autel.
Dinas, le preux, qui fut plein de noblesse,
Lui apporta une parure
Qui valait bien cent marcs d'argent,
Un riche drap de soie tissé d'or
Tel que n'en eut jamais ni comte ni roi.
Et la reine Iseut l'a pris
Et l'a déposé généreusement sur l'autel.
On en fit une chasuble,
Qui n'était jamais retirée du trésor

se as grans festes anvés non;
encore est ele a Saint Sanson:
ce dïent cil q*ui* l'ont veüe.
Atant est du most*ier* issue.
Li rois, li p*ri*nce et li contor
l'en meine*nt* el palais hauçor.
Grant joie i ont le jor menee;
onq*ue*s porte n'i fu vee[e]:
q*ui* vout entrer si pout me*ngier*,
onc a nul n'i fist on dang*ier*.
M*o*lt l'ont le jor tuit honoree;
ainz le jor q*ue* fu esposee
ne li fist hom si g*ra*nt honor
con l'o*n* li a fait icel jor.
Le jor franchi li rois *cent* sers
et donna armes *et* haubers
a *vint* danzea*us* qu'il adouba.
Or oiez que T*ris*tran f*er*a. *22c*
Tristra*n* s'en part, fait a sa rente,
let le chemi*n*, prent *une* sente;
tant a erré voie *et* sentier
q*u'a* la h*er*ber*g*e au forestier
en est venu celeement.
P*ar* l'entree p*re*mierement
le mist Orri el bel celier;
tot li trove q*a*nt q'ot mest*ier*.
Orris estoit m*er*velles frans;
senglers, lehes p*re*net o pans,
e*n* ses hai[e]s grans cers *et* biches,
dains *et* chevreus; il n'ert pas chiches,
m*o*lt e*n* donet a ses s*er*janz.
O T*ri*stra*n* ert la sejornanz
p*ri*veemen*t* *en* souterrin.
P*ar* P*er*inis, li franc meschi*n*,
soit T*ri*stra*n* noves de s'amie.
Oiez des *trois*, q*ue* De*us* maudie,

3003 le j.] li roi 3005 ne li] nen 3009 *et* .xx. 3011 ce*n*te
3012 lez le c. lez u. s. 3025 so*n* terri*n*

Si ce n'est aux grandes fêtes de l'année;
Elle se trouve encore à Saint-Samson,
D'après ceux qui l'ont vue.
2996 *Là-dessus elle est sortie de l'église.*
Le roi, les princes et les comtes
L'emmènent dans l'imposant palais.
Il y a ce jour-là de grandes réjouissances;
3000 *On n'interdit pas la porte:*
Qui voulut entrer, trouva à manger,
On ne refusa personne.
Tous, ce jour-là, lui rendent hommage;
3004 *Même le jour de son mariage,*
On ne lui témoigna pas autant de déférence
Qu'en cette journée.
Ce même jour, le roi affranchit cent serfs
3008 *Et donna armes et hauberts*
A vingt damoiseaux qu'il fit chevaliers.
  Apprenez maintenant ce que Tristran va faire.
Tristran s'en va, restitution faite.
3012 *Il quitte la route et emprunte une piste;*
A force de parcourir chemins et sentiers,
Il a gagné discrètement
La demeure du forestier.
3016 *Par l'entrée, tout d'abord,*
Orri l'introduisit dans le bon cellier;
Il lui trouve tout ce dont il eut besoin.
Orri était extrêmement généreux.
3020 *Il attrapait des sangliers et des laies au filet,*
Et dans ses haies, de grands cerfs et des biches,
Des daims et des chevreuils; il n'était pas chiche,
Et en donne beaucoup à ses serviteurs.
3024 *Il demeurait là avec Tristran,*
Caché dans le souterrain.
Tristran reçoit des nouvelles de son amie
Par Périnis, le noble jeune homme.
3028   *Parlons des trois félons — que Dieu les maudisse! —*

p*ar* q*ui* T*ri*stra*n* an est alez;
p*ar* eus fu m*o*lt li rois malez.
Ne tarja pas *un* mois e*n*tier
q*ue* li rois Marc ala chacier,
et avoc lui li t*ra*ïtor;
or escoutez q*ue* font cel jor.
En une lande, a une part,
oure*n*t ars li vilai*n* essart;
li rois s'estut el bruelleïz,
de ses buens chiens oï les c*ri*s.
La so*n*t venu li troi baro*n*,
q*ui* le roi mistre*n*t a raiso*n*:
"Rois, or entent n*ost*re p*ar*ole:
se la roïne a esté fole,
el n'e*n* fist onq*ues* es*con*dit,
s'a vilanie v*os* est dit.
Et li baron de ton païs 22d
t'en ont p*ar* mai*n*te foiz req*ui*s,
q*u'i*l vuele*n*t bie*n* s'en escondie
q*u*(*e*) on T*ri*stra*n* n'ot sa drüerie.
Es*con*dire se doit c'on ment.
Si l'en fai faire jugement
et enevoies l'en req*ui*er,
p*ri*veeme*nt*, a ton couchier;
s'ele ne s'en veut escondire,
lai l'en aler de ton enpire."
Li rois rogi, q*ui* escouta:
"Par Deu! seignors Cor(t)not, m*o*lt a
ne finastes de lié reter;
de tel chose l'oi ci reter
q*ui* bie*n* peüst remai*ndre* atant.
Dites se vos alez q*ue*rant
q*ue* la roïne aut e*n* Irlande:
chas*cun* de vos q*ue* li demande?
N'offri Trist*ra*n li a defendre?

3029 q. o T. avoit a. 3047 b. so*n* es*con*dire
3051-2 *déplacés devant 3045*; p. *ajouté à la première ligne*
3057 r.] blasmer

Responsables du départ de Tristran;
Par eux, le roi fut fort tourmenté.
Un mois entier ne s'était pas écoulé
Lorsque le roi Marc alla chasser,
Et les traîtres avec lui;
Ecoutez ce qu'ils font ce jour-là,
En une lande, à l'écart,
Les paysans avaient brûlé un essart;
Le roi s'arrêta dans le brûlis
Il écouta les aboiements de ses braves chiens.
Les trois barons se sont approchés
Et s'adressèrent au roi:
"Roi, écoute à présent ce que nous avons à dire:
Si la reine a été coupable d'inconduite,
Elle ne s'en est jamais disculpée.
On vous le reproche comme une lâcheté.
Les seigneurs de ton pays
T'ont maintes fois sollicité à ce sujet,
Car ils tiennent à ce qu'elle fasse la preuve
Que jamais Tristran n'eut son amour.
Elle doit se disculper en prouvant que l'on ment.
Aussi, incitez-la à subir une épreuve judiciaire
Et sollicitez-la à ce propos tout à l'heure
En privé, en vous couchant;
Si elle refuse de se justifier sur ce point,
Fais-lui quitter ton empire."
En les écoutant, le roi devint tout rouge:
"Par Dieu, seigneurs Cornouaillais, voici longtemps déjà
Que vous n'avez cessé de la dénoncer.
Je l'entends accuser ici d'une chose
Qui aurait bien pu en rester là.
Dites si vous tenez
A ce que la reine retourne en Irlande?
Que lui demande chacun de vous?
Tristran n'a-t-il pas proposé de la défendre?

Ainz n'e*n* osastes armes p*re*ndre.
P*ar* vos est il hors du païs:
or m'avez vos du tot sorp*ri*s.
Lui ai chacié; or chaz ma feme?
Cent dehez ait p*ar* mié la cane
q*ui* me rova de lui partir!
P*ar* saint Estiene le martir,
vos me sorq*ue*rez, ce me poise;
q*e*l m*er*velle q*ue* l'en si toise!
S'il se mesfist, il est en fort.
N'avez cure de mo*n* deport;
o vos ne puis pl*us* avoir pes.
Par sai*n*t Tresmor de Caharés,
ge vos ferai *un* geu p*ar*ti:
ainz ne v*er*roiz passé marsdi —
hui est lundi — si le verrez."
Li rois les a si esfreez *23a*
qu'il n'i a el fors pre*n*ge*n*t fuie.
Li rois Marc dist: "De*us* v*os* destruie,
q*ui* si alez q*ue*rant ma honte!
Por noient, c*er*tes, ne vos mo*n*te:
ge ferai le bar(b)on venir
q*ue* vos avïez fait fuïr."
Qant il voient le roi marri,
en la lande, sor *un* larri,
sont decendu tuit troi a pié;
li rois lessent el chanp, irié.
Entre eus dïent: "Q*ue* porr*on* faire?
Li rois Marc est trop deputaire.
Bie*n* tost ma*n*dera so*n* neveu,
ja n'i tendra ne fei ne veu.
S'il ça revient, de nos est fin(s):
ja en forest ne en chemi*n*
ne trov*er*a nul de nos trois,
le sanc n'e*n* traie du cors, frois.
Diso*n* le roi or avra pes,
n'en p*ar*lero*n* a lui jamés."

3072 taise   3073 *et* il est f.   3074 a.] auet   3088 soz   3097 nus de

3064 Mais vous n'avez pas osé prendre les armes.
A cause de vous il a quitté le pays:
Vous m'avez complètement berné.
Je l'ai chassé, lui; à présent, que je chasse ma femme?
3068 Cent fois maudite soit la bouche
De celui qui me demanda de me séparer de lui!
Par saint Etienne le martyr,
Vous exigez trop de moi, j'en suis excédé.
3072 C'est étonnant que l'on s'acharne ainsi!
S'il a mal agi, il en pâtit.
Vous n'avez cure de ce qui me fait plaisir;
Avec vous je ne puis plus connaître de paix.
3076 Par saint Trechmor de Carhaix,
Je vous soumettrai un choix;
Avant que mardi ne soit passé —
C'est aujourd'hui lundi — vous le verrez."
3080 *Le roi les a tellement alarmés*
Qu'il ne leur reste qu'à prendre la fuite.
Le roi Marc ajouta: "Que Dieu vous confonde,
Vous qui cherchez ainsi ma honte!
3084 Assurément, cela ne vous profitera pas:
Je ferai revenir le seigneur
Que vous avez fait partir."
Voyant le roi mécontent,
Ils ont tous trois mis pied à terre
3088 *Sur un tertre dans la lande;*
Ils laissent le roi, courroucé, dans le champ.
Ils se disent entre eux: "Que faire,
3092 Le roi Marc est bien méprisable.
Peut-être mandera-t-il son neveu,
Il ne respectera ni promesse ni voeu.
S'il revient ici, c'en est fait de nous:
Il ne rencontrera aucun de nous trois,
3096 En forêt ou sur le chemin,
Sans le vider de son sang.
Disons au roi qu'il aura la paix maintenant
3100 Et que nous ne lui en parlerons plus jamais."

Enmié l'essart li rois s'estot;
la sont venu; tost les destot,
de lor p*ar*ole n'a mes cure;
la loi q*u'i*l tient de Deu en jure
tot souavet entre ses denz:
mar fu jostez cist p*ar*lemenz.
S'il eüst or la force o soi,
la fusent p*ri*s, ce dit, tuit troi.
"Sire," font il, "ente*n*dez nos:
marriz estes *et* coroços
por ce q*ue* nos diso*n* t'anor.
L'en devroit p*ar* droit so*n* seignor
consellier; tu nos sez mal gré.
Mal ait q*a*nt q*u'a* soz so*n* baudré 23b
cil q*ui* te het. Cil s'e*n* ira;
ja mar o toi s'en marrira.
Mais nos, q*ui* somes ti feel,
te donions loial *con*sel.
Q*a*nt ne nos croiz, fai to*n* plaisir;
assez nos en orras taisir.
[I]cest maltalent nos p*ar*donne."
Li rois escoute, mot ne sone.
Sor son arço*n* s'est acoutez,
ne s'est v*ers* eus noient tornez:
"Seignors, m*o*lt a encor petit
q*ue* vos oïstes l'escondit
q*ue* mes niés fist de ma mollier;
ne vosistes escu ball*ier*.
Q*ue*rant alez a t*er*re pié:
la meslee des or vos vié.
Or g*er*pisiez tote ma t*er*re.
P*ar* saint André, q*ue* l'e*n* vet q*ue*rre
outre la mer, jusq*ue* en Escoce,
mis m'e*n* avez el cuer la boce,
q*ui* n'e*n* istra *jus*q*u'a un* an:
g'e*n* ai por vos chacié T*ri*stra*n*."

3102 la s. v.] vit so*n* neuo 3106 jostez (*avec* r *corr. en* s)
3113 c.] consentir 3115-6 *intervertis*

Le roi restait debout au milieu de l'essart;
Ils sont revenus, il les a renvoyés aussitôt:
Il ne se soucie plus de leurs discours;
Par la loi qu'il tient de Dieu, il jure
Tout doucement, entre ses dents:
C'est pour leur malheur que cet entretien fut engagé.
S'il avait en ce moment la force avec lui,
Ils seraient arrêtés à l'instant, se dit-il.
"Sire," *font-ils*, "écoutez-nous:
Vous êtes contrarié et courroucé
Parce que nous parlons de ton honneur.
On devrait légitimement conseiller
Son seigneur — et tu nous en sais mauvais gré.
Qu'il soit maudit dans tout ce qu'il a sous le baudrier,
Celui qui te hait. Il s'en ira;
Il ne doit pas éprouver du ressentiment quand il est avec toi.
Mais nous qui sommes tes vassaux fidèles,
Nous te donnions un conseil loyal.
Puisque tu ne nous fais pas confiance, fais à ta guise;
Tu verras que nous saurons bien nous taire.
Pardonne-nous de t'avoir déplu."

Le roi écoute sans dire mot.
Il s'est accoudé sur son arçon
Sans se tourner vers eux:
"Seigneurs, il y a très peu de temps
Vous avez entendu la justification
Faite par mon neveu à propos de ma femme;
Vous n'avez pas voulu saisir vos boucliers,
Et vous cherchez à mettre pied à terre:
Je vous interdis désormais tout combat.
Maintenant déguerpissez de mes terres.
Par saint André que l'on va prier
Par delà la mer, jusqu'en Ecosse,
Vous m'avez fait au coeur une plaie
Qui n'en partira pas avant un an:
C'est à cause de vous que j'ai banni Tristran."

Devant lui viene*n*t li felon,
Godoïnë *et* Guenelo*n*
et Da*n*alai*n* q*ue* fu m*o*lt feus;
li troi [l']ont aresnié e*n*tr'eus,
mais n'i pore*n*t plai en*con*trer:
vet s'en li rois sanz pl*us* ester.
Cil s'en p*ar*te*n*t du roi p*ar* mal;
forz chastea*us* ont, bie*n* clos de pal,
soiant sor roche, sor haut pui;
a lor seignor feront ennui,
se la chose n'est ame*n*dee.
Li rois n'a pas fait lo*n*ge estee, *23c*
n'atendi chie*n* ne veneor;
a Tintajol, deva*n*t sa tor,
est decendu, dedenz s'e*n* ent*re*.
N*us* ne set ne se voit so*n* estre.
Es chanbres entre, çai*n*t' espee;
Yseut s'est *con*tre lui levee,
en*con*tre vient, s'espee a p*ri*se,
p*us* est as piez le roi asise.
P*ri*st l'a la mai*n* si l'en leva;
la roïne li enclina,
amont le regarde, a la ch*iere*;
m*o*lt la vit *et* cruel *et* fiere.
Ap*er*çut soi q*u'i*l ert marriz;
venuz s'en est aeschariz.
"Lasse," fait ele, "mes amis
est trovez, mes sires l'a p*ri*s!"
Souef le dit entre ses denz.
Li sanz de li ne fu si lenz
q*u'i*l ne li set monté el vis,
li cuer el ventre li froidis[t];
devant le roi choï e*n*v*er*se —
pasme soi, sa color a p*er*se —,
q'e*n*tre ses braz l'e*n* a levee,
besie l'a *et* acolee;
pensa q*ue* mal l'eüst ferue.

3165 S. li d. 3166 fu si loinz

Devant lui viennent les félons:
Godoïne, Ganelon
Et le perfide Denoalen;
A eux trois ils l'ont entrepris,
Mais ils ne purent arriver à un arrangement;
Le roi s'en va sans plus tarder.
Ils quittent le roi, pleins de rancune.
Ils ont des châteaux forts, bien entourés de palissades,
Sis sur le roc, sur des hauteurs.
Ils causeront des ennuis à leur suzerain,
Si l'affaire n'est pas arrangée.
Le roi ne s'est pas attardé,
Il n'attendit ni chiens, ni veneurs;
A Tintagel, devant sa tour,
Il a mis pied à terre et entre.
Nul ne connaît ni ne voit son humeur.
L'épée au côté, il entre dans ses appartements;
Iseut s'est levée au devant de lui,
Vient à sa rencontre et a pris son épée,
Puis s'est assise aux pieds du roi.
Il lui a pris la main et la releva;
La reine s'inclina devant lui,
Elle lève les yeux sur lui, sur son visage,
Et lui vit une expression dure et sévère.
Elle s'aperçut qu'il était contrarié
Et qu'il est venu sans escorte.
"Hélas," *fait-elle,* "mon ami
Est découvert, mon seigneur l'a arrêté!"
Elle le dit tout bas entre ses dents.
Le sang ne mit pas longtemps
A lui monter au visage,
Son coeur se glaça dans sa poitrine;
Elle tomba à la renverse devant le roi —
Elle se pâme, sans couleur —,
Qui l'a relevée dans ses bras,
Qui lui a donné un baiser et l'a enlacée;
Il crut que quelque mal l'eut frappée.

Q*a*nt de pasm*er* fu revenue:
"Ma ch*ier*e amie, q*ue* avez?"
—"Sire, poor."—"Ne v*os* tamez."
Qant ele l'ot qui l'aseüre,
sa color vie*n*t si aseüre;
adonc li rest asouagié.
M*o*lt bel a le roi aresnié:
"Sire, ge voi a ta color,
fait t'ont marri ti veneor.
Ne te doiz ja marrir de chace." *23d*
Li rois l'entent, rist si l'e*n*brace.
E li a fait li rois: "Amie,
j'ai trois felons, d'a*n*cesorie,
q*ui* heent mo*n* ame*n*dement;
mais se encor nes en desment,
q*ue* nes enchaz fors de ma t*er*re,
li fel ne c*ri*ement mais ma g*er*re.
Il m'ont asez adesentu,
et je lor ai trop *con*sentu;
n'i a mais rie*n* del cov*er*tir.
P*ar* lor p*ar*ler, p*ar* lor mentir,
ai mo*n* nevo de moi chacié;
n'ai mais cure de lor marchié.
Prochaineme*n*t s'e*n* reve*n*dra,
des trois felons me ve*n*gera;
p*ar* lui seront encor pendu."
La roïne l'a entendu,
ja p*ar*last haut, mais ele n'ose;
el fu sage si se repose
et dist: "De*us* i a fait v*er*tuz,
qant messires s'est irascuz
v*er*s ceus p*ar* q*ui* blasme ert levé.
Deu p*ri* q*u'i*l soient v*er*go*n*dé."
Souef le dit, q*ue* nus ne l'ot.
La bele Yseut, q*ui* p*ar*ler sot,
tot si*n*pleme*n*t a dit au roi:
"Sire, q*e*l mal o*n*t dit de moi?

3177 qui] si   3193 d.] des

Quand elle fut revenue à elle:
“Ma chère amie, qu’avez-vous?
— Sire, j’ai peur. — Ne craignez rien!”
Quand elle l’entend la tranquilliser,
Ses couleurs reviennent et elle se calme;
La voilà rassérénée.
Aimablement, elle s’est adressée au roi:
“Sire, je vois à ta mine
Que tes chasseurs t’ont contrarié.
Tu ne dois pas te tourmenter pour une chasse.”
Le roi rit en l’entendant, la prend dans ses bras
Et lui dit: “Amie,
J’ai auprès de moi, depuis toujours, trois félons
A qui ma réussite déplaît.
Si je ne les désavoue un jour
Et que je ne les expulse de mon domaine,
Les félons ne craindront plus jamais mon inimitié.
Ils m’ont suffisamment mis à l’épreuve
Et moi je leur ai fait trop de concessions;
Il n’est plus question de changer d’avis.
A cause de leurs discours et de leurs calomnies,
J’ai éloigné de moi mon neveu;
Traiter avec eux ne m’intéresse plus.
Bientôt il reviendra,
Il me vengera des trois félons;
Par lui ils pourront encore être pendus.”
La reine l’a écouté:
Elle aurait bien parlé haut, mais elle n’ose.
Elle fut prudente, aussi se retient-elle
En disant: “Dieu a accompli là un miracle,
Puisque mon seigneur s’est emporté
Contre ceux par qui le scandale est né.
Je prie Dieu qu’ils soient couverts de honte.”
Elle le dit à voix basse si bien que nul ne l’entend.
La belle Iseut qui sut s’exprimer,
Dit au roi sans ambages:
“Sire, quel mal ont-ils dit de moi?

Chascu*n* puet dire ce q*u'i*l pe*n*se.
Fors v*os*, ge n'ai nule defe*n*se:
por ce vont il q*ue*rant mo*n* mal.
De Deu, le p*er*e esp*er*ital,
aient il male maudiço*n*!
Tantes foiz m'o*n*t mis' e*n* frichon!"
"Dame," fait li rois, "or m'e*n*tent:
p*ar*ti s'en sont p*ar* mautalent *24a*
trois de mes plus p*ro*isiez barons."
—"Sire, por qoi? P*ar* quel[s] raisons?"
—"Blasm*er* te font."—"Sire, por quoi?"
—"Gel te dirai," dit li li roi,
"N'as fait de T*ri*stra*n* esco*n*dit."
—"Se je l'en faz?"—"*Et* il m'ont dit . . .
q*u'i*l le m'ont dit." — "Ge p*re*st' en sui."
—"Qant le feras? Ancor ancui?"
—"B*ri*f t*er*me i met."—"Asez est loncs."
—"Sire, por Deu *et* por ses nons,
entent a moi si me *con*selle.
Q*ue* puet ce estre? Q*e*l m*er*velle
q*u'i*l ne me lese*n*t an pes eure!
Se Damledeu mo*n* cors seceure,
es*con*dit mais ne lor ferai,
fors *un* q*ue* je deviserai.
Se lor faisoie soirement,
sire, a ta cort, voiant ta gent,
j*us*q*u'a* tierz jor me rediroient
q'autre es*con*dit avoir voudroie*n*t.
Rois, n'ai en cest païs p*ar*ent
q*ui* por le mie*n* destraigneme*n*t
en feïst g*er*re ne revel;
mais de ce me seret m*o*lt bel.
De lor rebeche n'ai mes cure;
se il vuele*n*t avoir ma jure
ou s(e) il volent loi de juïse,
ja n'e*n* voudront si roide guise —

3231 l. ap*res* estre (*exp.*) e.   3245 de iude   3246 si loi de iuice

Chacun est libre de dire ce qu'il pense.
Hormis vous, je n'ai aucun recours.
C'est pour cela qu'ils cherchent à me nuire.
Puisse Dieu, le père spirituel,
Leur envoyer la pire des malédictions!
Ils m'ont tant de fois fait trembler!
— Dame," *fait le roi,* "écoute-moi à présent:
Trois de mes barons les plus estimés
Sont partis en colère.
— Sire, pourquoi? Pour quels motifs?
— Ils t'accusent. — Sire, de quoi?
— Je vais te le dire," *lui répond le roi,*
"Tu ne t'es pas justifiée en ce qui concerne Tristran.
— Et si je le fais? — Ils m'ont dit aussi . . .
Car ils me l'ont dit. — Je suis prête à le faire.
— Quand le feras-tu? Aujourd'hui même?
— Propose un bref délai. — Il est assez long.
— Sire, par Dieu et par ses saints noms,
Ecoute-moi et conseille-moi.
Que signifie ceci? Il est extraordinaire
Qu'ils ne me laissent en paix un seul instant!
Que Dieu me vienne en aide,
Jamais je ne leur présenterai d'autre justification
Que celle que je formulerai.
Si je prêtais serment pour eux,
A ta cour, sire, devant tes hommes,
Au bout de trois jours ils me diraient
Qu'ils voudraient une nouvelle justification.
Roi, je n'ai pas en ce pays de parent
Qui, en raison de ma détresse,
Provoquerait une guerre ou une révolte;
Pourtant, cela m'arrangerait fort bien.
Je ne me soucie plus de leurs radotages;
S'ils exigent un serment de ma part
Ou s'ils veulent une procédure judiciaire,
Ils n'en réclameront pas de si pénible —

metent le t*er*me — q*ue* ne face.
A t*er*me avrai e*n* mié la place
li roi Artus *et* sa mesnie;
se devant lui sui alegie,
q*ui* me voudroit ap*ré*s sordire,
cil me voudroient es*con*dire,
q*ui* avront veü ma deraisne, 24*b*
v*ers* *un* Cornot ou v*ers* *un* Saisne.
Por ce m'est bel q*ue* cil i soient
et mon deresne a lor eulz voient.
Se en place est Artus li rois,
Gauvains, ses niés, li pl*us* cortois,
Girflez *et* Qeu li seneschaus,
te*us* *cent* en a li rois vasa*us*
n'en me*n*tiront por rie*n* q*u'i*l oient;
por les seurdiz se *con*batroient.
Rois, por c(e) est biens deva*n*t eus set
faiz li deraisne de mo*n* droit.
Li Cornot sont reh*er*ceor,
de pl*us*eurs evre[s] t*ri*cheor.
Esgarde *un* t*er*me si lor ma*n*de
q*ue* tu veus a la Bla*n*che Lande
tuit i soient, *et* povre *et* riche;
q*ui* n'i sera, tres bie*n* t'afiche
q*ue* lor toudras lor h*er*ité:
si reseras d'eus aquité.
Et li mie*n* cors est toz seürs,
des q*ue* v*er*ra li rois Artus
mo*n* mesage, q*u'i*l ve*n*dra ça:
so*n* corage sai des piça."
Li rois respont: "Bie*n* avez dit."
Atant est li t*er*mes baniz
a *quinze* jorz p*ar* le païs.
Li rois le mande a[s] *trois* naïs
q*ue* p*ar* mal so*n*t p*ar*ti de cort;
m*o*lt en sont lié, a q*ue* q*u'i*l tort.
Or seve*n*t tuit p*ar* la *con*tree
le t*er*me asis de l'ase*n*blee,

Qu'ils en fixent la date — que je n'accepte.
Au jour dit, j'aurai sur les lieux
Le roi Arthur et sa suite;
Si je suis disculpée en sa présence
Et que, par la suite, quelqu'un veuille me calomnier,
Ceux qui auront assisté à mon épreuve
Seront disposés à me défendre,
Que ce soit contre un Cornouaillais ou contre un Saxon.
Voilà pourquoi il me plaît qu'ils soient présents
Et qu'ils voient ma défense de leurs propres yeux.
S'il y a sur place le roi Arthur,
Gauvain, son neveu, le plus courtois,
Girflet et le sénéchal Keu —
Le roi a bien cent vassaux
Qui ne mentiront pas, quoi qu'ils entendent;
Des calomnies leur feraient rendre les armes.
Roi, pour cette raison il convient
Que la preuve de mon bon droit soit faite devant eux.
Les Cornouaillais sont rebelles
Et tricheurs de plus d'une façon.
Fixe une date et fais-leur savoir
Que tu veux que tous, pauvres et riches,
Soient à la Blanche Lande;
Affirme solennellement que tu confisqueras
L'héritage de ceux qui n'y seront pas:
Ainsi tu seras débarrassé d'eux.
Et moi je suis intimement convaincue
Que dès que le roi Arthur aura
Mon message, il viendra jusqu'ici:
Je connais ses sentiments depuis longtemps."
Le roi répond: "Vous avez bien parlé."
Alors on a annoncé la date
Dans tout le pays, à quinze jours de là.
Le roi en informe les trois natifs (de Cornouailles),
Qui ont quitté la cour en de mauvaises dispositions;
Ils en sont fort heureux, quelle que soit l'issue.
A présent tous savent dans le pays
La date fixée pour la réunion

et que la ert li rois Artus,
et de ses chevaliers le plus
o lui vendront de sa mesnie.
Yseut ne s'ert mie atargie: 24c
p*ar* P*er*inis manda Tristra*n*
tote la paine *et* tot l'aha*n*
q*u'e*l a por lui ouan eüe.
Or l'en soit la bonté rendue!
Metre la puet, s'il veut, en pes:
"Di li q*u*(*e*) il set bie*n* [le] marchés
au chief des pla*n*ches, au Mal Pas;
j'i sollé ja *un* poi mes dras.
Sor la mote, el chief de la pla*n*che,
un poi deça la Lande Blanche,
soit, revestuz de dras de ladre;
un henap port o soi de madre —
une botele ait dedesoz —
o coroie atachié p*ar* noz;
a l'autre mai*n* tie*n*ge *un* puiot
si apre*n*ge de tel tripot:
au t*er*me ert sor la mote assis;
ja set assez bociez so*n* vis;
port le henap deva*n*t so*n* front,
a ceus q*ui* iluec passeront
demant l'aumosne si*n*pleme*n*t.
Il li dorro*n*t or *et* argent;
gart moi l'argent, ta*n*t q*ue* le voie
p*ri*veeme*n*t, en cha*n*bre coie."
Dist P*er*inis: "Dame, p*ar* foi,
bie*n* li dirai si le secroi."
P*er*inis part de la roïne;
el bois, p*ar* mié *une* gaudine,
entre, tot sos p*ar* le bois vet;
a l'avesprer vie*n*t au recet
ou T*ri*stra*n* ert, el bel celier;
levé estoient du me*n*gier.

3286 s. c.] sa mesnie 3296 je s. 3300 osai 3306 jl s.
3312 p. rai (*barré*) en 3313 f.] soi

Et que le roi Arthur y sera,
Et que la plupart des chevaliers
De sa suite l'accompagneront.
Iseut n'avait pas perdu de temps;
Par Périnis, elle fit connaître à Tristran
Toutes les peines et les souffrances
Qu'elle a endurées pour lui cette année;
Que ses bienfaits lui soient maintenant rendus!
Il peut lui rendre la paix, s'il veut:
"Dis-lui qu'il connaît bien le marécage
A l'entrée du pont de planches, au Mal Pas;
J'y ai un jour un peu souillé mes vêtements.
Sur la butte, à l'extrémité de la passerelle,
Un peu en deçà de la Lande Blanche,
Qu'il se trouve là, habillé en lépreux;
Qu'il emporte un gobelet de bois veiné —
Et au-dessous une gourde —
Attaché avec une courroie par des noeuds;
Que de l'autre main il tienne une béquille
Et qu'il apprenne le manège suivant:
A la date fixée, il sera assis sur la butte;
Que sa figure soit fortement tuméfiée;
Qu'il tende le gobelet à la hauteur du front
Et que, à ceux qui passeront par là,
Il demande l'aumône simplement.
Ils lui donneront de l'or et de l'argent;
Qu'il me garde cet argent jusqu'à ce que je le voie
En privé, dans une chambre tranquille."
Périnis dit: "Dame, je vous le promets,
Je lui transmettrai le message secret."
Périnis prend congé de la reine;
Il pénètre dans la forêt en passant par un taillis
Et chemine tout seul par le bois;
Vers le soir il arrive au refuge
Où se trouvait Tristran, dans le bon cellier;
Ils venaient de sortir de table.

Liez fu T*ri*stra*n* de sa venue:
bie*n* sout noveles de sa drue
li aporte li vaslet frans.
Il dui se tiene*n*t p*ar* les mains, *24d*
sor *un* sige haut so*n*t mo*n*té;
P*er*inis li a tot conté
le mesage de la roïne.
Tristra*n* v*er*s t*er*re *un* poi e*n*cline
et jure q*a*nt q*ue* puet atai*n*dre:
mar l'ont pensé, ne puet remai*n*dre,
il en p*er*dront encor les testes
et as forches pe*n*dront, as festes.
"Di la roïne mot a mot:
g'irai au t*er*me, pas n'e*n* dot;
face soi lie, saine *et* baude!
Ja n'avrai mais bai*n* d'eve chaude
tant q*u'a* m'espee aie ve*n*jance
de ceus q*ui* li ont fait pesance:
il sont t*ra*ïtre fel prové.
Di li q*ue* tot a(i) bie*n* trové
a sauv*er* soi du soirement;
je la v*er*rai assez b*ri*ment.
Va si li di q*ue* ne s'esmait,
ne dot pas q*ue* je n'alle au plet,
atapiné *con*me tafurs;
bie*n* me v*er*ra li rois Artus
soier au chief sor le Mal Pas,
mais il ne me *con*noistra pas;
s'aumosne avrai, se l'en p*us* t*ra*ire.
A la roïne puez retraire
ce q*ue* t'ai dit el sozt*er*ri*n*
q*ue* fist fere si bel, perri*n*.
De moi li porte pl*us* saluz
q*u'i*l n'a sor moi botons menuz."
—"Bie*n* li dirai," dist P*er*inis.
Lors s'est p*ar* les degrez fors mis:
"G'en vois au roi Art*us*, beau sire,

3349 aiurai (*avec* i *exp.*) 3354 b.] boces

Tristran se réjouit de sa venue:
Il sut bien que c'étaient des nouvelles de son aimée
Que lui apporte le noble jeune homme.
Tous deux se prennent par la main
Et se sont hissés sur un siège haut;
Périnis lui a récité en entier
Le message de la reine.
Tristran se penche légèrement vers le sol
Et jure par tout ce qui est en son pouvoir:
Ils l'ont ourdi ce projet pour leur malheur; cela ne peut tarder:
Un jour il leur en coûtera la tête
Et ils seront pendus au gibet, tout en haut.
"Dis à la reine, mot pour mot:
J'irai à la date fixée, qu'elle en soit assurée;
Qu'elle se réjouisse, se porte bien et prenne couragc.
Je ne prendrai plus de bain chaud
Avant que je n'aie tiré vengeance, par mon épée,
De ceux qui l'ont tourmentée;
Ce sont des traîtres et des félons avérés.
Dis-lui qu'elle a pris toutes les dispositions
Pour se garantir des effets du serment;
Je la verrai sous peu.
Va et dis-lui qu'elle soit sans crainte;
Qu'elle ne doute pas de ma venue au jugement,
Déguisé en vagabond.
Le roi Arthur m'apercevra parfaitement,
Assis à l'entrée du Mal Pas,
Mais il ne me reconnaît pas;
J'aurai son aumône, si je peux lui en soutirer une.
Vous pouvez rapporter à la reine
Ce que je t'ai dit dans le souterrain
Qu'elle a fait construire si bien dans la pierre.
Porte-lui de ma part plus de saluts
Qu'il n'y a de bourgeons sur un arbre de mai.
— Je le lui dirai bien", *répondit Périnis.*
Puis il est sorti par l'escalier:
"Je vais trouver le roi Arthur, cher seigneur,

ce mesage m'i estuet dire:
q*u'i*l vie*n*ge oïr le soirement,
ense*n*ble o lui ch*evalie*rs cent, 25*a*
q*ui* puis gara*n*t li porteroient,
se li felo*n* de rie*n* greignoient
a la dame de loiauté.
Donc n'est ce bie*n*?" — "Or va a Dé."
Toz les degrez e*n* puie a orne,
el chaceor monte *et* s'en torne;
n'avra mais pais a l'esperon,
si ert venu a Cuerlion.
M*o*lt out cil poines por servir,
m*o*lt l'en devroit me*us* avenir.
Tant a enq*ui*s du roi novele
q*ue* l'en li a dit bone *et* bele,
q*ue* li rois ert a Isneldone;
cele voie qui la s'adone
vet li vaslez Yseut la bele;
a un pastor q*ui* chalemele
a demandé: "Ou est li rois?"
— "Sire," fait il, "il sit au dois.
Ja v*er*roiz la Table Reonde,
q*ui* tornoie *con*me le monde;
sa mesnie sit enviro*n*."
Dist P*er*inis: "Ja en iron."
Li vaslet au p*er*ron decent,
mai*n*tena*n*t s'e*n* entra dedanz.
M*o*lt i avoit filz a contors
et filz a riches vavasors,
q*ui* servoient por armes tuit.
Uns d'eus s'en part, *con* s'il s'en fuit.
Il vint au roi, *et* il l'apele:
"Va, dont viens tu?"—"J'aport novele:
la defors a *un* chevauchant,
a g*ra*nt besoi*n* te va q*ue*rant."
Atant estes vos Pirinis:

3365 p.] plez   3365-6 *intervertis*   3375 vez li
3384 deuant *corrigé en* dedanz

Il faut que je lui fasse ce message:
Qu'il vienne entendre le serment,
Accompagné de cent chevaliers,
Qui ensuite se porteraient garants d'elle,
Si les félons grognaient en quoi que ce soit
Contre la dame de loyauté.
N'est-ce pas bien? — Maintenant, que Dieu t'accompagne."
Il gravit les marches l'une après l'autre,
Enfourche son coursier et s'éloigne;
Il ne cessera de donner de l'éperon
Jusqu'à son arrivée à Caerleon.
Il se mit fort en peine pour rendre service:
Il devrait en être mieux récompensé.
Il s'est informé tant et si bien au sujet du roi
Qu'on lui donne de bonnes et agréables nouvelles:
Car le roi se trouvait à Isneldone.
Le page d'Iseut la belle emprunte
Le chemin qui y conduit.
A un berger qui joue du chalumeau
Il demande: "Où est le roi?
— Seigneur," *fait-il,* "il est assis à la table d'honneur.
Vous verre la Table Ronde,
Qui tourne comme le monde;
Sa suite est assise tout autour."
Périnis dit: "Allons-y."
Le jeune homme descend de cheval au perron
Et immédiatement il entra.
Il y avait là de nombreux fils de comtes
Et fils de riches vavasseurs,
Qui tous servaient pour être adoubés.
L'un d'eux s'écarte comme pour s'enfuir.
Il s'approcha du roi qui l'interpelle:
"Eh bien, que viens-tu faire? — J'apporte des nouvelles:
Il y a là dehors un cavalier
Qui te demande instamment."
Sur ce, voici venir Périnis

esgardez fu de mai*n*t marchis;
devant le roi vi*n*t a l'estage 25*b*
ou s[e]oient tuit li b*ar*nage.
Li vaslet dit tot a seür:
"De*us* saut," fait il, "le roi Artur,
lui *et* tote sa *con*paignie,
de p*ar* la bele Yseut s'amie!"
Li rois se lieve sus des tables:
"*Et* De*us*, fait il, 'esp*er*itables
la saut *et* gart, *et* toi, amis!
De*us*," fait li rois, "tant ai je quis
de lié avoir *un* sol mesage!
Vaslet, voiant cest mie*n* b*ar*nage,
otroi a li qant q*ue* requiers.
Toi tiers seras fet ch*evalie*rs,
por le mesage a la plus bele
q*ui* soit de ci jusq'e*n* Tudele."
—"Sire," fait il, "v*os*tre merci!
Oiez por qoi sui venu ci;
et si entende*n*t cil baron,
et mes sires Gauvai*n* p*ar* non.
La roïne s'est acordee
o son seignor, n'i a celee;
sire, la ou il s'acordere*n*t,
tuit li baro*n* du reigne i ere*n*t.
Tristra*n* s'offri a esligier
et la roïne a deraisnier
devant le roi, de loiauté;
ainz nus de tele loiauté
ne vout armes saisir ne p*re*ndre.
Sire, or font le roi Marc ente*n*dre
que il pre*n*ge de lié deraisne.
Il n'a frans ho*n*, François ne Sesne,
a la roi cort, de so*n* linage.
Ge oi dire q*ue* souef nage
cil qui on sostie*n*t le mento*n*.
Rois, se nos ja de ce menton, 25*c*

3404 t. a req*uis* 3406 V. uolez c. 3426 F.] fra*ncier*

Sous les regards de nombreux marquis;
Il s'avança devant le roi vers l'estrade
Où siègent tous les grands.
Le jeune homme parle avec assurance:
"Dieu protège le roi Arthur
Et tout son entourage," *fait-il,*
"C'est le souhait de son amie, la belle Iseut!"
Le roi se lève de table:
"Et que le Dieu du ciel," *fait-il,*
"La sauve et la protège, ainsi que toi, mon ami!
Dieu," *fait le roi,* "comme j'ai souhaité
Recevoir ne fût-ce qu'un seul message d'elle!
Jeune homme, devant mes barons ici présents,
Je lui accorde tout ce que tu demandes.
Avec deux autres tu seras fait chevalier
A l'occasion du message de la plus belle
Qu'il y ait d'ici jusqu'à Tudèle.
— Sire," *fait-il*, "je vous remercie!
Apprenez pourquoi je suis venu ici;
Que ces barons m'écoutent aussi
Et spécialement monseigneur Gauvain.
La reine s'est réconciliée
Avec son époux, ce n'est pas un secret;
Sire, quand ils se réconcilièrent,
Tous les barons du royaume étaient présents.
Tristran s'offrit à se disculper
Et à justifier la reine
Devant le roi, quant à sa loyauté;
Mais nul ne voulut prendre les armes
Au sujet de cette loyauté.
Maintenant, sire, ils suggèrent au roi Marc
Qu'il exige d'elle une justification.
Mais il n'y a pas de gentilhomme, François ou Saxon,
A la cour du roi, qui soit de son lignage.
J'entends dire qu'il nage avec aisance,
Celui à qui l'on soutient le menton.
Roi, si je mens sur ce point,

si me tenez a losengier.
Li rois n'a pas coraige ent*ie*r,
senpres est ci *et* se*n*pres la.
La bele Yseut respondu l'a
q*u*(*e*) ele en fera droit devant v*os*;
devant le Gué Aventuros
v*os* requier[t] *et* m*er*ci vos crie,
*con*me la v*ost*re ch*ier*e amie,
q*ue* vos soiez au t*er*me mis;
cent i aiez de vos amis.
V*ost*re cort soit atant loial,
v*ost*re mesnie natural:
dedevant vos iert alegiee,
et De*us* la gart q*ue* n'i meschiee!
Q*ue* p*us* li serïez garant,
n'en faudrïez ne ta*n*t ne q*a*nt.
D(e) hui en *huit* jors e*st* p*ri*s le t*er*mes."
Plorer en font o groses lermes;
n'i a *un* sol qui de pitié
n'en ait des euil[z] le vis mollié.
"De*us*!" fait chascu*n*, "q*ue* li demande*n*t?
Li rois fait ce q*ue* il *con*mandent:
Trist*ra*n s'e*n* vet fors du païs.
Ja ne voist il s'anz p*ar*adis,
se li rois veut, q*ui* la n'ira
et q*ui* p*ar* droit ne l'aidera!"
Gau*vains* s'[en] est levé en piez,
p*ar*la *et* dist *con*me afaitiez:
"Oncle, se j'ai de toi l'ot*ri*se,
la deresne qui est assise
torra mal as t*ro*is felons.
Li plus coverz est Guenelons;
gel *con*nois bie*n*, si fait il moi:
gel boutai ja a *un* fangoi,
a *un* bohort fort *et* plen*ier*. *25d*
Se gel retie*n*, par sai*n*t Rich*ier*,
n'i estovra T*ri*stra*n* venir;

3448 P. len 3455 q*ui*l larara 3462 G.] plus felons 3464 fangai

Traitez-moi de mauvaise langue.
Le roi manque de constance dans ses opinions,
Tantôt il penche d'un côté, tantôt de l'autre.
La belle Iseut lui a répondu
Qu'elle se justifiera devant vous;
Elle vous prie et vous supplie,
En tant que votre chère amie,
De vous trouver au jour dit
Devant le Gué Périlleux;
Faites-vous accompagner de cent de vos amis.
Elle sait que votre cour est très loyale
Et votre maison honorable:
Devant vous, elle sera innocentée.
Et que Dieu la préserve d'y faillir!
Car ensuite vous seriez ses garants,
Vous n'y manqueriez ni peu ni prou.
La date est fixée à aujourd'hui en huit."
Cela leur fait verser de grosses larmes;
Il n'en est pas un qui, pris de pitié,
N'ait le visage baigné de pleurs.
"Dieu!" *dit chacun,* "qu'exigent-ils d'elle?
Le roi fait ce qu'ils ordonnent:
Tristran s'exile du pays.
Qu'il n'entre jamais au paradis,
Celui qui n'ira pas là-bas et ne l'aidera
Comme de juste, s'il plaît au roi!"
Gauvain s'est levé;
Il parla en homme qui sait vivre:
"Mon oncle, si j'ai ta permission,
La justification qui a été instituée
Tournera au désavantage des trois félons.
Ganelon est le plus perfide;
Je le connais bien et il me connaît de même:
Je l'ai culbuté un jour dans un bourbier
Lors d'une joute rude et importante.
Si je le tiens de nouveau, par saint Riquier,
Il ne sera pas nécessaire que Tristran vienne;

se gel pooie as poins tenir,
ge li feroie asez ennui
et lui pendrë a[n] *un* haut pui."
Gerflet s'en lieve enpr*é*s Gauvai*n*
et si s'en vi*n*dre[n]t mai*n* a mai*n*.
"Rois, m*o*lt p*ar* heent la roïne
Denaalain *et* Godoïne
et Guenelo*n*, m*o*lt a lonc tens.
Ja ne me tie*n*ge De*us* en sens,
se vois enco*n*tre Goudoïne,
se de ma g*ra*nt lance fresnine
ne pasent outre li coutel,
ja n'en enbraz soz le mantel
bele dame desoz cortine."
Perinis l'ot, le chief li cline;
Dit Evains, li filz Urïen:
"Asez *con*nois Dinoalen:
tot so*n* sens met e*n* acuser,
bien set faire le roi muser.
Tant li dirai q*ue* il me croie:
se je l'en*con*tre enmié ma voie,
con je fis ja *une* autre foiz,
ja ne m'en tie*n*ge lois ne fois,
s'il ne se puet de moi defendre,
s'a mes *deus* mains ne le fais pe*n*dre.
M*o*lt doit on felo*n* chastïer.
De[l] roi joent si loseng*ier*."
   Dist P*er*inis au roi Artur:
"Sire, je sui de tant seür
q*ue* li felon pre*n*dront colee,
q*ui* la roïne ont q*ui*s meslee.
Ainz a ta cort n'ot menacié
home de nul lui*n*tai*n* reigné, *26a*
q*ue* n'en aiez bie*n* trait a chief;
au p*ar*tir en remestre*n*t g*ri*ef
tuit cil q*ui* l'oure*n*t deservi."

3480 jannenbraz   3483 *Et* dit; f. dina*n*   3484 dinoala*n*   3494 r. ioiant   3501 a chies

3468 Si je pouvais le tenir entre les mains,
Je le malmènerais
Et je le ferais pendre sur un haut mont."
Girflet se lève à la suite de Gauvain
3472 *Et ils avancèrent la main dans la main.*
"Roi, Denoalen, Godoïne
Et Ganelon, depuis très longtemps,
Haïssent la reine violemment.
3476 Que Dieu m'ôte la raison
Si, dans un combat avec Godoïne,
Le fer de ma grande lance de frêne
Ne le transperce de part en part,
3480 Et que je n'embrasse jamais plus sous le manteau
De belle dame, derrière la courtine".
Périnis, à ces mots, incline la tête vers lui.
Ivain, le fils d'Urien, prend la parole:
3484 "Je connais bien Denoalen:
Il s'ingénie à lancer des accusations
Et s'entend à duper le roi.
Je lui en dirai tant qu'il me croira:
3488 Si je le trouve sur mon chemin,
Comme cela m'est déjà arrivé une fois,
Que foi ni loi ne me retiennent
3492 De le pendre de mes propres mains,
S'il ne peut se défendre contre moi.
Un félon doit être durement châtié.
Le roi est berné par ceux qui le flattent."
Périnis dit au roi Arthur:
3496 "Sire, je suis persuadé
Que les félons prendront une raclée,
Eux qui ont cherché querelle à la reine.
Jamais, à ta cour, on n'a menacé
3500 Un homme venu d'un pays lointain,
Sans que vous n'y avez heureusement mis un terme;
Au règlement de l'affaire,
Tous ceux qui l'avaient mérité s'en trouvèrent déconfits.

Li rois fu liez, *un* poi rougi:
"Sire vaslez, alez mangier;
cist pe*n*seront de lui ve*ngier*.
Li rois en son cuer out g*ra*nt joie;
p*ar*la, bie*n* vout P*er*inis l'oie:
"Mesnie franche *et* honoree,
gardez q'e*n*contre l'ase*n*blee
soient v*ost*re cheval tuit gras,
v*ost*re escu nuef, riche v*os* dras:
bohorderons devant la bele
dont vos oiez tuit la novele.
M*o*lt porra poi sa vie amer
q*ui* se fai*n*dra d'armes porter."
Li rois les ot trestoz semons;
le t*er*me heent q*u*(*i*) est si lons,
lor vuel fust il a l'e*n*demai*n*.
Oiez du franc de bone mai*n*.
P*er*inis le congié demande:
li rois monta sor Passelande,
qar co*n*voier veut le meschi*n*.
Contant vont p*ar*mié le chemi*n*;
tuit li conte sont de la bele,
q*u'i*l metra lance p*ar* astele.
Ainz q*ue* p*ar*te de parlemenz,
li rois offre les g*ar*nemenz
P*er*inis d'estre chevalier,
mais il nes vout encor ball*ier*.
Li rois *con*voié l'out un poi
por la bele franche au chief bloi,
ou il n'a poi*n*t de mautalent;
m*o*lt en p*ar*loient an alent.
Li vaslez out riche *con*voi *26b*
des ch*evalie*rs *et* du fra*n*c roi.
A g*ra*nt enviz so*n*t dep*ar*tiz;
li rois le claime: "Beaus amis,
alez vos e*n*, ne demorez.
V*ost*re dame me salüez

3518 lonc 3527 p*ar*lomenz 3531 c. senble li p.

Le roi fut flatté, il en rougit un peu:
"Jeune homme, allez manger;
En voici qui songeront à la venger."
Le roi ressentit une joie profonde en son coeur
Et dit, pour que Périnis l'entende:
"Noble et digne compagnie,
Veillez à ce que pour le jour de la réunion
Vos chevaux soient tous bien nourris,
Vos boucliers fourbis, vos habits magnifiques:
Nous jouterons devant la belle
Dont vous venez tous d'entendre des nouvelles.
Il tiendra bien peu à la vie,
Celui qui hésitera à prendre les armes."
Le roi les a tous sommés de venir;
Ils regrettent que la date soit encore si loin,
Ils auraient voulu que ce fût le lendemain.
Revenons au gentilhomme de bonne naissance.
Périnis demande son congé:
Le roi enfourcha Passelande,
Car il veut raccompagner le jeune homme.
Ils suivent la route tout en devisant;
Tous leurs propos portent sur la belle,
Car elle fera voler des lances en morceaux.
Avant de terminer l'entretien,
Le roi offre à Perinis
L'équipement de chevalier,
Mais celui-ci ne veut pas encore le recevoir.
Le roi l'accompagna quelque temps
En l'honneur de la belle et noble dame à la tête blonde
En qui il n'y a aucune méchanceté;
Ils parlaient beaucoup d'elle en cheminant.
Le jeune homme eut une brillante escorte,
Composée des chevaliers et du noble roi.
Ils se sont quittés à regret.
Le roi lui crie: "Cher ami,
Partez, ne tardez point.
Saluez-moi votre dame

de son demoine soudoier,
q*ui* vient a li por apaier.
Totes ferai ses volentez,
por lié serai entalentez:
el me porra m*o*lt ava*ncier*.
Me*n*bre li de l'espié lanc*ier*,
q*ui* fu en l'estache feru;
e le savra bie*n* ou ce fu.
P*ri*é vos q*ue* li dïez einsi."
—"Rois, si ferai, gel vos afi."
Adonc hurta le chaceor;
li rois se rest mis el retor.
Cil s'en vie*n*t; so*n* mesage a fait
P*er*inis q*ui* tant mal a trait
por le servise a la roïne.
*Con*me plus puet, *et* il chemine;
onq*ues* *un* jor ne sejorna
tant q*u'i*l vi*n*t la do*n* il torna.
Reconté a sa chevauchie
a celi q*ui* m*o*lt en fu lie,
du roi Artur *et* de T*ri*stran;
cele nuit fure*n*t a Lidan.
   Cele nuit fu la lune dime.
Q*ue* diroie? Li t*er*me ap*ri*me
de soi aleg*ier* la roïne.
Tristra*n*, li suens amis, ne fine.
Vestu se fu de mai*n*te guise:
il fu en legne, sanz chemise;
de let burel fure*n*t les cotes
et a q*a*rrea*us* fure*n*t ses botes; *26c*
une chape de burel lee
out fait tall*ier*, tote e*n*fumee.
Affublez se fu forme*n*t bie*n*,
malade se*n*ble pl*us* q*ue* rien;
et neq*ue*de*n* si ot s'espee
entor ses flans estroit noee.
Tristra*n* s'e*n* part, ist de l'ostal

3544 p. ue s. des alentez   3560 celui   3574 *suivi de 3607-8 déplacés*

De la part de son dévoué serviteur,
Qui vient vers elle pour établir la paix.
Je ferai tout ce qu'elle désire,
Pour elle, je serai plein de zèle;
Elle pourra accroître grandement mon mérite.
Qu'elle se rappelle le lancer du javelot
Qui s'enfonça dans le poteau;
Elle saura bien où cela eut lieu.
Je vous prie de lui répéter mes paroles.
— Roi, je le ferai, je vous le promets."
Sur ce il éperonna son coursier;
Le roi lui, a pris le chemin du retour.
L'autre chemine: Périnis a délivré son message,
Lui qui s'est donné tant de mal
Pour servir la reine.
Il avance le plus vite qu'il peut;
Il ne se reposa pas un jour
Jusqu'au moment où il revint à son point de départ.
Il a raconté son équipée
A celle qui s'en réjouit beaucoup
Et il parle du roi Arthur et de Tristran.
Cette nuit-là, ils se trouvèrent à Lidan.
   Cette nuit-là, la lune fut à son dixième jour.
Que vous dirais-je? Le jour approche
Où la reine aura à se justifier
Tristran, son ami, n'est pas inactif.
Il fut vêtu de manière bigarrée:
Il porta un vêtement de laine, sans chemise;
Sa tunique fut faite de bure grossière
Et ses bottes furent rapiécées;
Il s'était fait tailler une ample cape de bure,
Toute noircie par la fumée.
Il s'était fort bien déguisé
Et ressemble plus que quiconque à un lépreux;
Néanmoins, il porta son épée
Etroitement nouée à son côté.
Tristran s'en va; il quitte le logis

celeeme*n*t, a Gov*er*nal,
q*ui* li enseigne *et* si li dit:
"Sire T*ri*stra*n*, ne soiez bric;
prenez garde de la roïne,
qu'el n'en fera se*n*bla*n*t *et* signe."
—"Maistre," fait il, "si ferai bien.
Gardez q*ue* vos faciez mo*n* buen.
Ge me crie*m* m*o*lt d'ap*er*cheva*n*ce:
p*re*nez mo*n* escu *et* ma lance
ses m'aportez *et* mo*n* cheval
enreignez, mestre Gov*er*nal;
se mest*ier* m'est, q*ue* vos soiez
au pasage, prez, e*n*buschiez:
v*os* savez bie*n* le bue*n* passage,
pieç'a q*ue* vos en estes sage.
Li cheval est blans *con*me flor:
covrez le bie*n* trestot entor,
q*ue* il ne soit mes *con*neüz
ne de nul home ap*er*ceüz.
La ert Artus atot sa gent,
et li rois Marc tot e*n*seme*n*t.
Cil ch*evalie*r d'estra*n*ge te*r*re
bohordero*n*t por los aq*ue*rre
et, por l'amor Yseut m'amie,
i ferai tost *une* esbaudie;
sus la lance soit le peno*n* *26d*
dont la bele me fist le do*n*.
Mestre, or alez, pri vos form*en*t
que le faciez m*o*lt sauveme*n*t."
P*ri*st so*n* henap *et* so*n* puiot,
le *con*gié p*ri*st de lui si l'ot.
Gov*er*nal vi*n*t a so*n* ostel,
so*n* h*er*nois p*ri*st, ainz ne fist el,
puis si se mist tost a la voie.
Il n'a cure q*ue* nus le voie.

3582 q*ui*l n. 3583 b.] ie 3587 s.] sel
3589 v. aiez *(précédé de* s *suscrit très légèrement)* 3596 nul] uiel
3607-8 *placés après 3574*

En secret, avec Governal,
Qui l'instruit en lui disant:
3580 "Seigneur Tristran, ne faites pas le sot;
Observez bien la reine,
Car elle ne fera aucune signe.
— Maître," *fait-il,* "j'y songerai.
3584 Veillez à faire de votre côté ce que je désire.
Je crains fort d'être reconnu:
Prenez mon bouclier et ma lance,
Apportez-les moi et bridez
3588 Mon cheval, maître Governal;
En cas de besoin, soyez
Au gué, prêt, mais caché.
Vous savez bien le bon passage,
3592 Il y a longtemps que vous êtes au courant.
Le cheval est blanc comme fleur de farine:
Couvrez-le bien de tous les côtés
De manière qu'il ne soit reconnu
3596 Ni aperçu par personne.
Arthur sera là avec ses hommes
Et le roi Marc également.
Les chevaliers venus de l'étranger
3600 Jouteront pour se couvrir de gloire
Et moi, pour l'amour d'Iseut, mon amie,
J'y réaliserai peut-être un coup d'éclat;
Qu'à ma lance flotte le pennon
3604 Dont la belle me fit présent.
Allez maintenant, maître, je vous prie instamment
D'agir avec la plus grande prudence."
Il saisit son gobelet et sa béquille,
3608 *Demanda et obtint son congé.*
Governal se rendit à son logis,
Prit son équipement sans faire autre chose,
Puis se mit aussitôt en route:
3612 *Il ne tient pas à être aperçu.*

tant a erré q*u*(*e*) enbuschiez s'est
pr*es* de T*ri*stra*n*, q*ui* au Pas est.
Sor la mote, au chief de la mare,
s'asist T*ri*stra*n* sanz autre afaire.
Devant soi fiche so*n* bordo*n*;
atachié fu a *un* cordo*n*,
a q*ue*i l'avet pe*n*du au col.
Entor lui so*n*t li taier mol:
sor la mote forme*n*t se tret.
Ne se*n*bla pas home *con*tret,
qar il ert gros *et* corporuz,
il n'ert pas nains, *con*trez, boçuz.
La rote entent, la s'est asis.
M*o*lt ot bie*n* bocelé son vis.
Qant aucu*n* passe devant lui,
en plaign*an*t disoit: "Mar i fui!
ja ne quidai estre aumosn*ier*
ne servir jor de cest mest*ier*,
mais n'en poo*n* or mais el faire."
Tristra*n* lor fait des borses trere,
q*ue* il fait tant, chas*cun* li done;
il les reçoit, q*ue* n*us* n'e*n* sone.
Te*us* a esté *set* anz migno*n*
ne set si bie*n* traire guigno*n*,
meïsmes li corlai*n* a pié
et li garço*n*, li mains p*ro*isié,
q*ui* vont mangant p*ar* le chemi*n*.
Tristra*n*, q*ui* tie*n*t le chief e*n*clin, *27a*
lor aumosne por Deu lor q*i*ert;
l'un l'en done, l'autre le fiert.
Li cuv*er*t gars, li desfaé
migno*n*, h*er*lot l'o*n*t apelé.
Escoute T*ri*stra*n*, mot ne sone;
p*or* Deu, ce dit, le lor pardone.
Li corbel, q*ui* so*n*t plai*n* de rage,
li font ennui, *et* il est sage;
truant le claime*n*t *et* h*er*lot,

3616 safist T.   3619 an c.   3638 li pl*us* p.   3643 c. gras

Il a cheminé tant et si bien qu'il s'est embusqué
Près de Tristran, qui se trouve au Mal Pas.
Tristran s'assit sans plus de façons
Sur la butte, à l'extrémité du marais.
Devant lui, il plante son bourdon,
Attaché à une corde
Par laquelle il l'avait suspendu à son cou.
Autour de lui, il y a des bourbiers marécageux:
Il s'installe solidement sur la butte.
Il n'eut rien d'un infirme,
Car il était fort et bien bâti;
Il n'était ni nain, ni difforme, ni bossu.
Il entend le cortège et s'est assis là.
Il s'était fait une figure bien boursouflée.
Quand quelqu'un passe devant lui,
Il disait d'un ton plaintif: "Malheur à moi!
Jamais, je n'imaginai que je deviendrais mendiant
Et que j'exercerais un jour ce métier,
Mais désormais, nous n'en pouvons faire d'autre."
Tristran leur fait tirer leurs bourses,
Car il fait tant que chacun lui donne;
Il reçoit (les aumônes), personne n'y trouvant à redire.
Tel qui a été mignon pendant sept ans
Ne sait pas aussi bien soutirer de l'argent,
Même pas les courriers à pied
Et les individus les plus mal famés
Qui vont cherchant pitance le long du chemin.
Tristran, le front baissé,
Leur demande l'aumône au nom du Seigneur;
Les uns la lui font, les autres le battent.
Les valets fripons, les misérables
Le traitent de parasite, de vaurien.
Tristran écoute sans dire mot;
Pour l'amour de Dieu, il leur pardonne, se dit-il.
Les coquins, qui sont pleins de méchanceté,
Le houspillent et il se maîtrise;
Ils le traitent de truand et de vaurien

il les *con*voie o le puiot;
plus de *quatorze* e*n* fait saign*ier*,
si qu'il ne püe*n*t esta*n*chier.
Li franc vaslet de bone orine
f*er*li*n* ou maalle est*er*line
li ont doné; il les reçoit.
Il lor dit q*ue* il a toz boit:
si grant arso*n* a en so*n* cors
a poine l'en puet get*er* fors.
Tuit cil q*ui* l'oient si p*ar*ler
de pitié prene*n*t a plorer;
ne tant ne q*a*nt pas nu mesc*roie*n*t*
q*u'i*l ne soit ladres, cil quil voient.
Pense*n*t vaslet *et* escuier
q*u'i*l se hastent d'eus alegier
et des tres tendre lor seignors,
pavellons de mai*n*tes colors;
n'i riche home n'ait sa te*n*te.
A plai*n* erre, chemi*n* *et* se*n*te,
li ch*evalie*r viene*n*t aprés.
M*o*lt a g*ra*nt presse en cel marchés;
esfondré l'ont, mos est li fans.
Li cheval entre*n*t *jus*qu'as flans,
maint en i chiet, q*ui* q*ue* s'en traie.
Trista*n* s'en [r]ist, poi*n*t ne s'esmaie,
p*ar* *con*traire lor dit a toz: *27b*
"Tenez vos reignes p*ar* les noz
si hurtez bie*n* de l'espero*n*;
p*ar* Deu, ferez de l'espero*n*,
q*u'i*l n'a avant poi*n*t de taier."
Qant il pense*n*t outre essaier,
li marois font desoz lor piez:
chascu*n* q*ui* entre est entaiez;
q*ui*(l) n'a hueses, s'en a soffrete.
Li ladres a sa mai*n* fors traite;
qant en voit *un* q*ui* el tai voit*re*,

3651 q (*exp.*) .xiiii. 3653 b.] franc 3659 si] a 3664 hast de n*us*
3680 o.] estre

Et il les escorte avec sa béquille;
Il en fait saigner plus de quatorze,
Si abondamment qu'ils ne peuvent étancher le sang.
Les nobles pages de bonne naissance
Lui donnent un ferlin ou une maille sterling;
Il les accepte
Et leur dit qu'il boira à la santé de tous:
"Un tel feu brûle en son corps
Qu'il parvient à peine à l'éteindre".
Tous ceux qui l'entendent parler ainsi
Se prennent à pleurer de pitié;
Ceux qui le voient ne doutent nullement
Qu'il ne soit lépreux.
   Valets et écuyers songent
A se décharger rapidement
Et à dresser les tentes de leurs maîtres,
Des pavillons de toutes les couleurs;
Il n'est pas de grand seigneur qui n'ait sa tente.
A fond de train, par chemins et sentiers,
Arrivent ensuite les chevaliers.
Il y a grande foule en ce marécage.
Ils l'ont défoncé – la boue est molle.
Les chevaux s'y enfoncent jusqu'aux flancs;
Beaucoup y tombent, même si d'autres s'en sortent.
Tristran s'en moque et ne se trouble guère,
Au contraire, il leur dit à tous:
"Tenez vos rênes par les noeuds
Et piquez ferme de l'éperon,
Au nom du Ciel, donnez de l'éperon,
Car plus loin il n'y a pas de bourbier."
Quand ils veulent tenter leur chance plus loin,
Le marais s'enfonce sous leurs pas.
Quiconque y pénètre, est couvert de boue,
Et si quelqu'un n'a pas de bottes, elles lui manquent.
Le lépreux a tendu la main;
Quand il en voit un se vautrer dans la boue,

adonc flavele cil a cuite.
Qant il le voit plus en fa*n*goi,
li ladres dit: “Pe*n*sez de moi,
q*ue* De*us* vos get fors du Mal Pas!
Aidiez a noveler mes dras!”
O sa botele el henap fiert.
En estrange leu les requiert,
mais il le fait p*ar* lecherie,
qant or v*er*ra passer s’amie,
Yseut, qui a la c*ri*ne bloie,
q*ue* ele an ait en so*n* cuer joie.
M*o*lt a g*ra*nt noise e*n* cel Mal Pas:
li passeor solle*n*t lor dras,
de lui*en* puet l’*o*m oïr les huz
de ceus qui solle la paluz.
Cil q*ui* la passe n’est seürs.
Atant es vos le roi Art*us*.
Esgarder vie*n*t le passeor,
o lui de ses barons plusor:
crieme*n*t q*ue* li marois ne fo*n*de.
Tuit cil de la Table Reo*n*de
fure*n*t venu sor le Mal Pas,
o escus fres, o cheva*us* cras,
de lor armes entreseignié.
Tuit sont covert, que mens q*ue* pié; *27c*
maint drap de soie i ot levé.
Bohordant vont deva*n*t le gé.
Tristra*n* *con*noisoit bie*n* le roi
Artus si l’apela a soi:
“Sire Artus, rois, je sui malades,
bociez, meseaus, desfaiz *et* fades.
Povre est mo*n* pe*r*e, n’out ainz t*er*re,
ça qui venuz l’aumosne q*ue*rre;
m*o*lt ai oï de toi bie*n* dire,
tu ne me doiz pas es*con*dire.
Tu es vestu de bea*us* g*ri*sens

3694 v. p*ar*ler 3696 an a.] auoit 3701 q. les; s.] seuez
3710 q. m.] *et* m. 3714 a] o

Il agite sa crécelle avec ardeur.
Lorsqu'il le voit s'enliser davantage,
Le lépreux s'écrie: "Pensez à moi,
Pour que Dieu vous tire du Mal Pas!
Aidez-moi à me vêtir à neuf!"
De sa gourde il heurte son hanap.
Il les sollicite en un singulier endroit,
Mais c'est par espièglerie qu'il le fait,
Pour que, quand il verra passer
Son amie, Iseut aux cheveux blonds,
Elle s'en réjouisse en elle-même.
Il y a grand vacarme en ce Mal Pas:
Ceux qui traversent, souillent leurs vêtements.
De loin on peut entendre les cris
Des gens que souille le marécage.
Quiconque y passe est en danger.
  Voici qu'arrive le roi Arthur.
Il vient inspecter le passage,
Accompagné de plusieurs de ses barons:
Ils craignent que le marais ne cède.
Tous ceux de la Table Ronde
Etaient arrivés au Mal Pas,
Avec des boucliers neufs et des chevaux bien nourris,
Se distinguant par leurs armoiries.
Tous sont équipés de pied en cap;
On y arbora mainte étoffe de soie.
Ils se mettent à jouter devant le gué.
Tristran reconnaissait bien le roi
Arthur et l'appela près de lui:
"Sire Arthur, roi, je suis malade,
Tuméfié, lépreux, infirme et affaibli.
Mon père est pauvre, jamais il n'eut de terre.
Je suis venu ici pour demander la charité.
J'ai entendu dire beaucoup de bien de toi;
Tu ne dois pas me repousser.
Tu es vêtu d'un beau drap gris

de Renebors, si *con* je pens;
desoz la toile rencïene
la toue char e*st* bla*n*che *et* plaine;
tes janbes voi de riche(s) paile
chaucies *et* o v*er*te maile,
et les sorchauz d'une escarlate.
Rois Artus, voiz *con* je me grate?
J'ai les granz froiz, q*ui* q*u*(*e*) ait les chauz.
Por Deu me donne ces sorchauz."
Li nobles rois avoit pitié:
dui damoisel l'ont deschaucié.
L[i] malades les sorchauz p*re*nt,
otot s'en vet isneleme*n*t,
asis se rest sor la mut*er*ne.
Li ladres nus de ceus n'esp*er*ne
q*ui* devant lui so*n*t trespassé:
fins dras en a a g*ra*nt ple*n*té
et les sorchauz Art*us* le roi.
Trista*n* s'asist sor le maroi.
Qant il se fu iluec assis,
li rois Marc, fiers *et* posteïs,
chevaucha fort v*er*s le taier.
Tristran l'aqeut a essaier
s'il porra rie*n* avoir du sue*n*; *27d*
son flavel sonë a haut sue*n*,
a sa voiz roe crie a paine,
o le nes fait subler l'alaine:
"Por Deu, roi Marc, *un* poi de b*ie*n!"
S'aumuce trait si li dit: "Tie*n*,
f[re]re, met la ja sus to*n* chief;
maintes foiz t'a li tens fait g[r]ief."
—"Sire," fait il, "v*ost*re merci!
Or m'avez vos de froit gari."
Desoz la chape a mis l'aumuce,
qant qu'il puet la trestorne *et* muce.
"Dom es tu, ladres?" fait li rois.
—"De Carloo*n*, filz d'un Galois."

3723 re*n*tiene 3735 se se r. 3738 fait d.

De Ratisbonne, il me semble;
Sous la toile de Reims,
Ta peau est blanche et lisse;
Je vois que tes jambes sont gainées
De riche brocart et d'un filet vert,
Et les guêtres sont d'écarlate.
Roi Arthur, vois-tu comme je me gratte?
A moi la froidure, même si d'autres ont chaud.
Pour l'amour du Ciel, donne-moi ces guêtres."
Le noble roi eut pitié:
Deux damoiseaux l'ont déchaussé.
Le lépreux prend les guêtres,
Les emporte promptement,
Et s'est rassis sur la butte.
Le lépreux ne ménage aucun de ceux
Qui ont défilé devant lui:
Il obtient d'eux de beaux vêtements en abondance
En plus des guêtres du roi Arthur.
   Tristran s'assit au bord du marais.
Il venait de s'y installer,
Quand le roi Marc, fier et conquérant,
Chevaucha vivement vers le bourbier.
Tristran se met à l'entreprendre
Pour obtenir quelque chose de lui;
Il fait sonner sa crécelle bien fort
Et de sa voix rauque, il crie péniblement,
En sifflant par le nez:
"Pour Dieu, roi Marc, un petit quelque chose!"
Marc retire son chaperon et lui dit: "Tiens,
Frère, mets-le sur ta tête;
Le temps t'a souvent fait souffrir.
—"Sire," *fait-il,* "je vous remercie.
Voilà que vous m'avez protégé du froid."
Il a mis le chaperon sous la pèlerine,
En le pliant et le dissimulant de son mieux.
"D'où es-tu, lépreux?" *fait le roi.*
"De Caerleon, je suis fils de Gallois.

—“Qanz anz as esté fors de gent?”
—“Sire, *trois* anz a arrement.
Tant *con* je fui en saine vie,
m*o*lt avoie cortoise amie.
P*or* lié ai je ces boces lees;
ces tartaries plai*n* dolees
me fait *et* nuit *et* jor son*er*
et o la noisë estoner
toz ceus q*ui* je dema*n*t du lor
por amor Deu le c*ri*ator.”
Li rois li dit: “Ne celez mie:
*con*ment ce te donna t’amie?”
—“Dans rois, ses sires ert mesea*us*;
o lié faisoie mes joia*us*:
cist maus me p*ri*st de la comune.
Mais plus bele ne fu q*ue* une.
—“Q*ui* est ele?”—“La bele Yseut;
einsi se vest *con* cele seut.”
Li rois l’entent, riant s’en part.
Li rois Artus de l’autre part
en est venuz, q*ui* bohordot;
joios se fist, q*ue* pl*us* ne pout. *28a*
Artus enquist de la roïne.
“El vient,” fait Marc, “p*ar* la gaudine,
dan roi, ele vie*n*t o Andret;
de lié *con*duire s’e*n*tremet.”
Dist l’un a l’autre: “Ne sai pas
*con*ment isse de cest Mal Pas.
Or esto*n* ci si p*re*no*n* garde.”
Li troi felon, q*ui* mal feu arde,
vindre*n*t au gué si demandere*n*t
au malade p*ar* ont passere*n*t
cil q*ui* mai*n*s fure*n*t entaié.
Tristra*n* a so*n* puiot drecié
et lor enseigne *un* gr*an*t molanc:
“Vez la cel torbe ap*rés* cel fanc,
la est li droiz asseneors;

3760 a] .i.   3773 c.] couine   3783 o A.] orendroit

— Combien d’années as-tu vécu hors du monde?
— Sire, il y aura bientôt trois ans.
Tant que je fus en bonne santé,
J’avais une amie très courtoise.
C’est à cause d’elle que j’ai ces larges tumeurs;
Elle me fait sonner, nuit et jour,
Ces crécelles bien polies
Et étourdir de leur bruit
Tous ceux à qui je demande du leur,
Pour l’amour de Dieu le Créateur.”
Le roi lui dit: “Ne me cachez rien:
Comment ton amie t’a-t-elle donné cela?
— Sire roi, son mari était lépreux —
Et je prenais mon plaisir avec elle:
Ce mal me vint de nos rapports.
Jamais il n’y en eut de plus belle, sauf une.
— Qui est-ce? — La belle Iseut;
Elle s’habille comme l’autre.”
A ces mots, le roi le quitte en riant.
Le roi Arthur, qui était en train de jouter,
Est arrivé de l’autre côté;
Il se divertit on ne peut mieux.
Arthur s’enquit de la reine.
“Elle vient,” *fait Marc*, “par la forêt,
Sire roi, elle vient avec Andret;
Il se charge de l’escorter.”
L’un dit à l’autre: “Je ne sais
Comment elle pourra sortir de Mal Pas.
Restons ici et faisons attention.”
Les trois félons — que le feu d’enfer les brûle! —
Arrivèrent au gué et demandèrent
Au lépreux où ont traversé
Ceux qui furent le moins maculés.
Tristran a levé sa béquille
Et leur indique une grande fondrière:
“Voyez là-bas cette tourbière après ce bourbier,
C’est là le bon repère;

g'i ai veü passer plusors."
Li felon entrent e*n* la fange,
la ou li ladres lor e*n*seigne.
Fange trovere*nt* a m*er*velle
desi q'as auves de la selle.
Tuit troi chïent a une flote.
Li malade fu sus la mote
si lor cria: "Poigniez a fort,
se vos estes de tel tai ort.
Alez, seignor! P*ar* sai*n*t apostre,
si me done chascu*n* du vostre!"
Li cheval fonde[n]t el taier:
cil se p*r*ene*n*t a esmaier,
qar ne trove*nt* rive ne fonz.
Cil q*ui* bohorde*nt* sor le mont
sont acoru isnelement.
Oiez du ladre co*m* il ment:
"Seignors," fait il a ces barons,
"Tenez vo*s* bie*n* a vos archons.
Mal ait cil fans q*ui* est mos! *28b*
Ostez ces mantea*us* de vos co*us*
si braçoiez p*ar*mié le tai;
je vos di bie*n*, q*ue* tres bie*n* sai,
g'i ai hui veü gent passer."
Q*ui* donc veïst henap casser!
Qant li ladres le henap loche,
o la coroie fiert la boche
et o l'autre des mains flavele.
Atant es vos Yseut la bele.
El taier vit ses ainemis,
sor la mote sist ses amis;
joie en a g*ra*nt, rit *et* e*n*voise,
a pié decent sor la faloise.
De l'autre part fure*nt* li roi
et li baron q*u'i*l ont o soi,
q*ui* esgarde*nt* ceus du taier
torn*er* sor coste *et* ve*n*trell*ier*.

3800 as a.] as leues 3823 flatele (*ou* flacele)

J'y ai vu passer plusieurs."
Les félons entrent dans la vase
A l'endroit que le lépreux leur indique.
Ils découvrirent de la vase en quantité prodigieuse,
Jusqu'aux aubes de leurs selle.
Tous trois y tombent ensemble.
Le lépreux se tint sur la butte
Et leur cria: "Piquez ferme,
Si vous vous êtes salis dans cette boue.
Allez, seigneurs! Par le saint Apôtre,
Que chacun de vous me donne quelque chose!"
Les chevaux s'enfoncent dans le bourbier:
Eux commencent à s'affoler,
Car ils ne touchent ni rive ni fond.
Ceux qui joutent sur la hauteur
Sont accourus rapidement.
Ecoutez mentir le lépreux:
"Seigneurs," *fait-il à ces barons,*
"Cramponnez-vous bien à vos arçons.
Maudite soit cette fange si peu ferme!
Otez ces manteaux de vos épaules
Et avancez dans la base à la brasse;
Je vous l'affirme, car je le sais avec certitude,
J'ai vu passer des gens par là aujourd'hui."
Il fallait le voir alors frapper son hanap!
Le lépreux, en agitant le hanap,
Heurte la bosse avec la courroie
Et, de l'autre main, joue de la crécelle.
   Voici que paraît Iseut la belle.
Elle vit ses ennemis dans le bourbier,
Et son ami campé sur la butte;
Elle en est toute joyeuse, elle rit et s'amuse.
Elle met pied à terre sur la berge.
En face se trouvèrent les deux rois
Et les barons qui les accompagnent;
Ils observent ceux qui, dans le bourbier,
Se tournent, tantôt sur le côté, tantôt sur le ventre.

Et li malades les argüe:
"Seignors, la roïne est venue
p*or* fere so*n* aresnement:
alez oïr cel jugement."
Poi en i a joie n'e*n* ait.
Oiez del ladre, du desfait,
Dono[a]len met a raiso*n*:
"P*re*n t'a la mai*n* a mo*n* basto*n*,
tire a *deus* poinz m*o*lt durem*en*t."
Et cil li tent tot mai*n*tenant.
Li baston li let li degiez:
ariere chiet, tot est plu*n*giez,
n'en vit on fors le poil rebors.
Et qant il fu du tai trait fors,
fait li malades: "N'e*n* poi mes:
j'ai endormi joi*n*tes *et* ners,
les mains gourdes p*o*r le mal d'Acre,
les piez enflez por le poacre(s); *28c*
li ma*us* a enpiriez ma force,
ses sont mi braz *com une* escorce."
Dinas estoit o la roïne,
ap*er*çut soi, de l'uiel li cline,
bie*n* sout T*ri*stra*n* ert soz la chape,
les trois felons vit en la trape;
m*o*lt li fu bel *et* m*o*lt li plot
de ce qu'il sont en lait t*ri*pot.
A g*ra*nt martire *et* a dolor
sont issu li encuseor
du taier defors; a c*er*tain,
ja ne seront mais net sanz bai*n*.
Voiant le pueple, se despollent,
li dras laisent, autres racuelle*n*t.
Mais or oïez du franc Dinas,
q*ui* fu de l'autre part du Pas.
La roïne met a raiso*n*:
"Dame," fait il, "cel siglato*n*
estera ja forme*n*t laidiz:

3843 li d.] tot tegrez (*ou* regrez) 3849 le m. dag*re*s

Et le lépreux les presse:
"Seigneurs, la reine est venue
Pour prononcer son discours:
Allez écouter le jugement."
Rares sont ceux qui n'en rient pas.
Ecoutez ce que fait le lépreux, le disgracié.
Il s'adresse à Denoalen:
"Agrippe-toi à mon bâton,
Tire des deux mains, énergiquement."
Et il le lui tend aussitôt.
Le lépreux lui abandonne le bâton:
L'homme tombe à la renverse, entièrement submergé —
On ne vit plus que ses cheveux hérissés.
Et quand on l'eut extrait du bourbier,
Le malade lui dit: "Je n'y ai rien pu,
J'ai les jointures et les nerfs engourdis,
Les mains raidies par le mal d'Acre,
Les pieds enflés par la goutte;
La maladie a sapé ma vigueur,
Mes bras sont secs comme une écorce."
   Dinas se tenait près de la reine.
Il vit ce qui se passait et lui fait un clin d'oeil;
Il sut bien que cette cape cachait Tristran
Et vit les trois félons pris au piège;
Cela le ravit et lui plut beaucoup
De les voir en mauvaise posture.
C'est en souffrant le martyre
Que les accusateurs sont sortis
Du bourbier; assurément,
Pour être propres, il leur faudra un bain.
Ils se déshabillent devant tout le monde
Et abandonnent leurs vêtements pour en mettre d'autres.
Mais écoutez ce que fit le noble Dinas,
Qui se trouva de l'autre côté du Mal Pas.
Il s'adresse à la reine:
"Dame," *fait-il,* "ce vêtement
Va se trouver fort abîmé:

cist garez est plai*n* de rouïz.
Marriz en sui, forme*n*t m'e*n* poise,
se a vos dras poi en adoise."
Yseut rist, q*ui* n'ert pas coarde,
de l'uel li guigne si l'esgarde:
le penser sout a la roïne.
Un poi aval, lez une espine,
torne a *un* gué lui *et* Andrez,
ou trepassere*n*t auq*ue*s nez.
De l'autre part fu Yseut sole;
devant le gué fu g*ra*nt la fole
des *deus* rois *et* de lor barnage.
Oiez d'Yseut *com* el fu sage!
Bie*n* savoit q*ue* cil l'esgardoient
q*ui* outre le Mal Pas estoient.
Ele est au palefroi venue, *28d*
p*re*nt les langues de la sanbue
ses noua desus les arçons;
n*us* escuiers ne nus garçons
por le taier me*us* nes levast
ne ja me*us* nes ap*ar*ellast.
Le lorai*n* boute soz la sele;
le poitral oste Yseut la bele,
au palefroi oste so*n* frai*n*;
sa robe tient e*n* *une* mai*n*,
en l'autre la corgie tint;
au gué o le palefroi vint,
de la corgie l'a feru,
et il passe outre la palu.
La roïne out m*o*lt g*ra*nt esgart
de ceus q*ui* sont de l'autre part.
Li roi p*ri*sié s'e*n* esbahire*n*t,
et tuit li autre q*ui* le vire*n*t.
La roïne out de soie dras;
aporté fure*n*t de Baudas,
forré fure*n*t de blanc h*er*mine;
mantel, bliaut, tot li t*ra*ïne.

3872 d. posen a.   3877 l.] lie   3892 la poi*n*ture o.

Cette jachère est pleine de vase.
Je serai navré et profondément désolé
S'il en vient à coller un peu à vos vêtements."
Iseut rit, qui n'était pas inquiète;
Elle lui fait un clin d'oeil et le fixe:
Il saisit la pensée de la reine.
Un peu en aval, près d'un buisson d'épines,
Lui et Andret se dirigent vers un gué,
Qu'ils passèrent à peu près propres.
Sur l'autre rive, Iseut resta seule;
Devant le gué, il y eut la grande presse
Des deux rois et de leurs vassaux.
  Apprenez comme Iseut fut habile!
Elle se savait bien observée par ceux
Qui se tenaient sur l'autre rive du Mal Pas.
Elle s'est approchée du palefroi,
Prit les languettes de la housse de selle
Et les noua au-dessus des arçons;
Aucun écuyer, aucun palefrenier
Ne les eût mieux relevées
Ni mieux arrangées pour affronter le bourbier.
Elle glisse les courroies sous la selle;
La belle Iseut retire le harnais de poitrail,
Elle ôte au palefroi son frein.
D'une main, elle retrousse sa robe,
Et de l'autre elle tint la cravache.
Elle amena le palefroi près du gué,
Elle lui a donné un coup de cravache,
Et il franchit le marécage.
  La reine attira fortement l'attention
De ceux qui sont sur l'autre rive.
Les illustres rois furent ébahis,
Comme tous les autres qui assistèrent à cette scène.
La reine avait des vêtements de soie,
Venus de Bagdad
Et doublés d'hermine blanche;
Manteau et tunique, tout traîne jusqu'à terre.

Sor ses espaules sont si cri*n*,
bendé a ligne sor or fi*n*;
un cercle d'or out sor so*n* chief,
q*ui* emp*ar*e de chief e*n* chief,
color rosine, fresche *et* bla*n*che.
Einsi s'adrece v*er*s la planche:
"Ge vuel avoir a toi afere."
—"Roïne franche, debonere,
a toi irai sanz es*con*dire,
mais je ne sai q*ue* tu veus dire."
—"Ne vuel mes dras empalüer;
asne seras de moi port*er*
tot souavet p*ar* sus la pla*n*che."
—"Avoi!" fait il, "roïne franche, *29a*
ne me req*ue*rez pas tel plet:
ge sui ladres, boçu, desfait."
—"Cuite," fait ele, "*un* poi t'are*n*ge.
Quides tu q*ue* to*n* mal me pre*n*ge?
N'en aies doute, non fera."
—"A! De*us*," fait il, "ce q*ue* sera?
A lui p*ar*ler point ne m'e*n*noie."
O le puiot sove*n*t s'apoie.
"Diva! malades, m*o*lt est gros!
Tor la to*n* vis *et* ça ton dos:
ge mo*n*terai *con*me vaslet."
Et lors s'en sorrist li deget.
Torne le dos, *et* ele monte;
tuit l'esgardent, *et* roi *et* conte.
Ses cuises tient sor so*n* puiot,
l'un pié sorlieve *et* l'autre clot;
sovent fait se*n*blant de choier,
g*ra*nt chiere fait de soi doloir.
Yseut la bele chevaucha,
janbe deça, ja*n*be dela.
Dist l'u*n* a l'autre: "Or esgardez
. . . .

3919 sus] soz   3932 degret   3935 sor] soz

Sur les épaules tombent ses cheveux,
Tressés de ruban de lin et de fil d'or.
Elle avait sur la tête un cercle d'or,
Qui l'entoure complètement.
Elle avait le teint rose, frais et clair.
C'est ainsi qu'elle s'avance vers la passerelle:
"C'est à toi que je veux avoir affaire.
— Reine noble et bien née,
J'irai vers toi sans protester,
Mais je ne sais ce que tu me veux.
— Je ne veux pas crotter mes vêtements;
Tu me serviras d'âne pour me porter
Prudemment sur la passerelle.
— Quoi!" *fait-il*, "noble reine,
Ne mc demandez pas une chose pareille:
Je suis lépreux, couvert de tumeurs, infirme.
— Dépêche-toi," *fait-elle*, "range-toi un peu.
Crois-tu que je vais prendre ton mal?
N'aie crainte, il n'en sera rien.
— Ah Dieu!" *fait-il*, "que va-t-il se passer?
Je ne suis pas triste de lui parler."
Il s'appuie ferment sur sa béquille.
"Allons! lépreux, tu es bien membré!
Mets ta tête là et ton dos par ici:
Je monterai comme un garçon."
Alors le lépreux sourit.
Il présente le dos et elle y monte;
Tous l'observent, et rois et comtes.
Il soutient ses jambes de la béquille,
Il lève un pied — l'autre cloche;
A plusieurs reprises il fait mine de tomber,
Il prend des airs de martyr.
Iseut la belle chevaucha,
Jambe deçà, jambe delà.
Chacun dit à son voisin: "Regardez donc
. . . .

Vez la roïne chevauch*ier*
un malade q*ui* fet cloch*ier*;
pres q*u'i*l ne chiet de sor la pla*n*che.
Son puiot tie*n*t desoz sa ha*n*che.
Alo*n* en*con*tre cel mesel
a l'issue de cest gacel."
La coruren*t* li damoisel
. . . .
Li rois Artus cele p*ar*t torne,
et li autre trestot a orne.
Li ladres ot e*n*cli*n* le vis;
de l'autre p*ar*t vi*n*t el païs.
Yseut se lait escolorg*ier*,
li ladres p*re*nt a rep*er*ier;
au dep*ar*tir li redemande, *29b*
la bele Yseut, anuit via*n*de.
Artus dist: "Bie*n* l'a des*er*vi;
ha roïne, donez la li!"
Yseut la bele dist au roi:
"P*ar* cele foi q*ue* je vos doi,
f(r)orz truanz est, asez e*n* a,
ne ma*n*gera hui ce q*u'i*l a.
Soz sa chape senti sa guige,
rois, s'aloiere n'apetiche;
les pains demiés *et* les entiers
et les pieces *et* les q*a*rtiers
ai bien p*ar*mié le sac sentu;
via*n*de a si est bie*n* vestu.
De vos sorchauz, s'il les veut ve*n*dre,
puet il *cinc* soz d'est*er*lins p*re*ndre,
et de l'aumuce mon seignor
achat berbiz si soit pastor,
ou *un* asne qui past le tai.
Il est h*er*lot, si q*ue* jel sai.
Hui a suï bone pasture,
trové a gent a sa mesure.

3944 q. set 3945 s.] soz 3966 saloier nest pas petite
3974 b.] b*ie*n lit 3975 p.] port 3978 mesire

Voyez la reine chevaucher
Un lépreux qu'elle fait boiter:
Peu s'en faut qu'il ne tombe de la passerelle.
Il tient la béquille sous sa hanche.
Allons au-devant du lépreux
Au bout du marécage."
Les jeunes gens y coururent
. . . .
Le roi Arthur se dirige de ce côté,
Ainsi que les autres, à la file.
Le lépreux, tête baissée,
Gagne la terre ferme sur l'autre rive.
Iseut se laisse glisser et
Le lépreux s'apprête à repartir;
En la quittant, il demande en retour
A la belle Iseut à manger pour ce soir.
Arthur dit: "Il l'a bien mérité;
Ah reine, donnez-le lui!"
Iseut la belle dit au roi:
"Avec tout le respect que je vous dois,
Ce gueux est robuste, il ne manque de rien
Et ne mangera pas aujourd'hui ce qu'il a.
Sous sa pèlerine, je sentis sa ceinture;
Roi, sa besace ne s'amincit pas:
J'ai bien senti à travers le sac,
Des demi-pains et des entiers
Ainsi que des morceaux et des quartiers;
Il a de quoi manger et il est bien vêtu;
De vos guêtres, s'il veut les vendre,
Il peut tirer cinq sous sterling.
Et avec le chaperon de mon mari,
Qu'il achète des brebis et se fasse berger,
Ou un âne qui transporte de la boue.
C'est un vaurien, j'en suis sûre.
Il a obtenu aujourd'hui bonne pâture,
Il a trouvé un public selon son coeur.

De moi n'e*n* portera q*ui* valle,
un sol f*er*linc n'une maalle."
Grant joie *e*n meine*nt* li dui roi.
Amené ont so*n* palefroi,
montee l'ont; d'iluec tornere*nt*.
Q*ui* ont armes, lors bohorderent.
  Tristra*n* s'e*n* vet du p*ar*lement,
vient a so*n* mestre, q*ui* l'atent.
Deus cheva*us* riches de Castele
ot amené, o frai*n*, o sele,
et deus lances *et deus* escuz;
m*o*lt les out bie*n* des*con*neüz.
Des ch*evalie*rs q*ue* v*os* diroie?
Une gui*n*ple blanche de soie *29c*
out Gov*er*nal sor so*n* chief mise;
n'en p*er*t q*ue* l'uel en nule guise.
Arire s'en torne le pas,
m*o*lt p*ar* out bel cheval *et* cras.
Tristra*n* rot le Bel Joëor;
ne puet on pas trov*er* mellor.
Coste, silie, dest*r*ier *et* targe
out covert d'une noire sarge;
son vis out cov*er*t d'u*n* noir voil,
tot ot cov*er*t *et* chief *et* poil.
A sa lance ot l'enseigne mise
q*ue* la bele li ot t*ra*mise.
Chascun mo*n*te sor so*n* dest*r*ier,
chascu*n* out çai*n*t le brant d'ac*ier*;
einsi armé, sor lor chevaus,
p*ar un* vert pré, entre *deus* va*us*,
sordent sus en la Blanche Lande.
Gauvai*n*s, li niés Art*us*, dema*n*de
Gerflet: "Vez en la *deus* venir,
q*ui* m*o*lt vienent de g*ra*nt aïr.
Nes *con*nois pas; ses tu q*u'i*l sont?"
—"Ges *con*nois bien," Girflet respo*nt*.

3992 Dune g. 4000 targe 4001 uoile (*avec* e *exp.*) 4002 t. ait c. 4003 A] *que*

De moi, il n'emportera rien qui ait de la valeur,
Pas un seul ferlin, pas une maille."
Cela amuse beaucoup les deux rois.
Ils ont amené son palefroi,
L'ont mise en selle et s'éloignent de là.
Ceux qui sont armés, engagèrent alors une joute.
   Tristran quitte l'assemblée
Et rejoint son maître, qui l'attend.
Il avait amené deux magnifiques chevaux de Castille,
Equipés de frein et de selle,
De deux lances et de deux boucliers;
Il les a bien rendus méconnaissables.
Que vous dire des cavaliers?
Governal s'était couvert la tête
D'une guimpe de soie blanche;
Seuls les yeux sont visibles.
Il s'éloigne au pas;
Il avait un très beau cheval, bien en chair.
Tristran, lui, montait Beau Joueur;
Il n'en existe pas de meilleur.
Tunique, selle, cheval et bouclier
Furent couverts d'une serge noire;
Il s'était mis un voile noir sur le visage,
Et avait tout dissimulé, tête et cheveux.
A sa lance il avait fixé la banderole
Que la belle lui avait envoyée.
Chacun enfourche sa monture,
Chacun avait ceint l'épée d'acier;
Armés de cette manière, sur leurs chevaux,
En passant par une verte prairie, entre deux vallons,
Ils surgissent dans la Blanche Lande.
Gauvain, le neveu d'Arthur, interroge
Girflet: "Regardez venir ces deux-là
Qui arrivent au grand galop.
Je ne les connais pas, sais-tu qui ils sont?
— Je les reconnais bien," *répond Girflet,*

Noir cheval a *et* noire e*n*seigne:
ce est li Noirs de la Mo*n*taigne.
L'autre *con*nois as armes vaires,
qar en cest païs n'e*n* a gaires.
Il so[n]t faé, gel sai sanz dote."
Icil vi*n*drent fors de la rote,
les escus pres, lances levees,
les enseignes as f*er*s f*er*mees;
tant bel porte*n*t lor garneme*n*t
*con*me s'il fuse*n*t né dedenz.
Des *deus* parolent assez plus
li rois Marc *et* li rois Artus
q*u'i*l ne font de lor *deus con*paignes, *29d*
q*ui* sont laïs es larges plaignes.
Es rens pere*n*t li dui sovent,
esgardé so*n*t de mai*n*te gent;
p*ar*mié l'angarde ense*n*ble poigne*n*t,
mais ne trove*n*t a q*ui* il joigne[n]t.
La roïne bie*n* les *con*nut;
a une part du renc s'estut,
ele *et* Bre*n*gai*n*. *Et* Andrez vi*n*t
sor son dest*ri*er, ses armes tint;
lance levee, l'escu p*ri*s,
a Tristra*n* saut en mié le vis.
Nu *con*noisoit de nule rie*n*,
et T*ri*stra*n* le *con*noisoit bie*n*;
fiert l'en l'escu, e*n* mié la voie
l'abat *et* le braz li peçoie:
devant les piez a la roïne
cil jut sanz lev*er* sus l'eschine.
Gov*er*nal vit le forest*ier*
venir des tre[s] sor *un* dest*ri*er,
q*ui* vout T*ri*stra*n* liv*rer* a mort
en sa forest, ou dormoit fort.
Gran[t] aleüre a lui s'adrece,
ja ert de mort en g*ra*nt destrece.

4017 uoires (*ou* noires) 4022 e. aus 4033 Ja r.
4044 *entre* l. *et* s. *mot barré* (fin *ou* fui)

Un cheval noir et une enseigne noire —
C’est le Noir de la Montagne.
Je reconnais l’autre à ses armes bigarrées,
Car il y en a peu dans cette région.
Ils sont ensorcelés, j’en suis convaincu.”
Les deux hommes s’écartent de la compagnie,
Leurs boucliers au poing, les lances dressées,
Les banderoles fixées aux fers;
Ils portent si bien leur armure
Qu’on les croirait nés ainsi équipés.
Le roi Marc et le roi Arthur
S’entretiennent de ces deux-là beaucoup plus
Que des hommes de leurs suites,
Qui sont là-bas dans les vastes plaines.
Les deux apparaissent partout dans les rangs
Et ils attirent l’attention de beaucoup de gens;
Ils piquent ensemble en première ligne,
Mais ils ne trouvent personne à qui s’opposer.
La reine les reconnut parfaitement;
Elle se tint d’un côté du rang
Avec Brangain. Alors arriva Andret
Sur son destrier, serrant ses armes;
La lance dressée et le bouclier au poing,
Il fonce de plein front sur Tristran.
Il ne le reconnaissait pas du tout,
Mais Tristran, lui, le reconnaissait bien;
Il le frappe sur le bouclier et l’abat
Au milieu du chemin en lui cassant le bas:
Aux pieds de la reine
L’homme gisait, sans se redresser.
Governal vit venir du côté des tentes,
Sur un cheval, le forestier
Qui voulut livrer Tristran à la mort
Dans la forêt où il dormait profondément.
Il s’élance vers lui à toute allure:
L’autre était déjà en grand danger de mort.

Le fer trenchant li mist el cors,
o l'ac*ier* bote le cuir fors.
Cil chaï mort, si *c'on*q*ue*s prestre
n'i vi*n*t a tens ne n'i pot estre.
Yseut, q*ui* ert *et* fra*n*che *et* si*n*ple,
s'en rist douceme*n*t soz sa gi*n*ple.
Gerflet *et* Cinglor *et* Ivai*n*,
Tolas *et* Coris *et* Vauvai*n*
vire*n*t laid*ier* lor *con*paigno[n]s.
"Seignors," fait Gaugai*ns*, "q*ue* fe*r*ons?
Li forest*ier* gist la baé;
saciez q*ue* cil dui sont faé: 30a
ne tant ne q*a*nt nes *con*noiso*n*[s].
Or nos tiene*n*t il por b*ri*cons.
Brochons a eus, alons les prendre."
—"*Qui*(e)s nos porra," fait li rois, "(p)rendre,
m*o*lt nos avra s*er*vi a gré."
Tristra*n* se trait aval au gé
et Gove*r*nal, outre passere*n*t.
Li autre sirre nes osere*n*t,
en pais remestre*n*t, tuit estroit;
bie*n* pensere*n*t fantosme soit.
As h*er*berges vuele*n*t torner,
qar laisié ont le bohord*er*.
Artus la roïne destroie,
m*o*lt li se*n*bla b*ri*ve la voie
. . . .
q*ui* la voie aloignast sor destre.
Decendu so*n*t a lor h*er*berges.
En la lande ot assez h*er*be*r*ges;
m*o*lt en costere*n*t li cordel.
En leu de jonc *et* de rosel,
glagié avoient tuit lor tentes.
P*ar* chemins viene*n*t *et* p*ar* se*n*tes.
La Blanche Lande fu vestue,
maint ch*evali*er i out sa drue.

4065 a. l. p.] si les pe*r*no*n*s 4081 corbel 4082 j.] lonc
4083 logie auoit totes l. t. 4086 sa d.] uestue

Il lui planta le fer tranchant dans le corps
Et fait passer le manche après l'acier.
L'homme s'écroula mort si vite que jamais un prêtre
N'arriva ni n'eût pu venir à temps.
Iseut qui était noble et spontanée,
En rit discrètement sous sa guimpe.
Girflet, Cinglor, Ivain,
Taulas, Coris et Gauvain
Virent malmener leurs compagnons.
"Seigneurs," *fait Gauvain,* "qu'allons-nous faire?
Le forestier est étendu là, bouche ouverte;
Sachez que ces deux-là sont ensorcelés:
Nous ne les connaissons ni peu ni prou.
Voilà qu'ils nous prennent pour les lâches.
Piquons vers eux, allons les prendre.
— Qui pourra nous les livrer," *fait le roi,*
"Nous aura rendu un fier service."
Tristran descend vers le gué
Avec Governal; ils traversèrent.
Les autres n'osèrent pas les suivre,
Mais se tinrent cois, tous apeurés;
Ils crurent vraiment à un enchantement.
Ils veulent regagner les cantonnements,
C'est pourquoi ils ont cessé de jouter.

Arthur chevauche à la droite de la reine,
Le chemin lui parut très court
. . . .
Qui s'éloignerait à droite de la route.
Ils sont descendus devant leurs pavillons.
Il y avait de nombreux pavillons sur la lande,
Et les tendeurs coûtèrent fort cher.
Au lieu de joncs et de roseaux,
Ils avaient tous jonché leurs tentes de fleurs.
Ils arrivent par chemins et par sentes.
La Blanche Lande fut couverte le monde:
Beaucoup de chevaliers amenèrent leur amie.

Cil qui la fu enz en la pree
de mai*n*t g*ra*nt cerf ot la menee.
La nuit sejorne*n*t a la lande.
Chas*cun* rois sist a sa dema*n*de;
q*ui* out devices n'est pas lenz,
li uns a l'autre fait p*re*senz.
Ly rois Art*us*, ap*ré*s mengier,
au tref roi Marc vait coi*n*toier,
sa p*ri*vee maisnie maine.
La ot petit de dras de laine,
tuit li plusor fure*n*t de soie.
Des vesteüres que diroie? *30b*
De laine i out, ce fut e*n* graine,
escarlate cel drap de laine.
M*o*lt i ot gent de riche ator,
nus ne vit *deus* plus riches corz:
mestier ne*n* est dont la nen ait.
Es pavellons ont joie fait;
la nuit devisent lor afaire,
*con*ment la franche debonere
se doit deraisn*ier* de l'enseigne
voiant les rois *et* lor conpaigne.
Couch*ier* s'en vait li rois Artus
o ses barons *et* o ses druz.
Maint calemel, mai*n*te troïne,
q*ui* fu la nuit en la gaudine
oïst an pavell*o*n soner.
Devant le jor p*ri*st a toner:
a f*er*meté fu de chalor.
Les gaites o[n]t corné le jor;
p*ar* tot *con*me*n*cent a lev*er*,
tuit sont levé sanz demorer.
   Li soleuz fu chauz sor la p*ri*me,
choiete fu *et* nielle *et* frime.
Devant les tentes as *deus* rois
sont ase*n*blé Corneualois;

4087 place (la *exp.*) *corr. en* preee 4095 p*ri*ueen 4098 uoteures 4102 ni v.; cort 4103 m.] maistre 4108 c.] barnage 4111 traine 4116 corn*er*

Ceux qui furent là dans la pré,
Entendirent poursuivre plus d'un grand cerf.
Ils passent la nuit dans la lande.
Chaque roi présida à sa séance de requêtes;
Ceux qui disposèrent de richesses, n'hésitèrent pas,
Ils se firent mutuellement des présents.
Après le repas, le roi Arthur
Va visiter le roi Marc dans sa tente,
Et il emmène sa suite personnelle.
On y vit peu de tissus de laine,
La plupart furent de soie.
Que vous dire des vêtements?
S'il y en eut en laine, elle était teinte en rouge;
Ce drap de laine était de l'écarlate.
Il s'y trouvait quantité de gens somptueusement vêtus.
Personne ne vit jamais deux cours plus brillantes.
Il n'est pas de besoin qu'on n'y puisse satisfaire.
Dans les pavillons ils se sont divertis;
Cette nuit-là ils discutent de la situation,
Comment la noble et prestigieuse dame
Doit se laver de l'accusation
Devant les rois et leur entourage.
Le roi Arthur va se coucher
Suivi de ses barons et de ses intimes.
Quiconque se serait troué cette nuit-là dans le bois,
Aurait entendu jouer dans les pavillons
Maint flageolet et mainte trompe.
Avant l'aube, il se mit à tonner,
Sans doute sous l'effet de la chaleur.
Les veilleurs ont sonné l'arrivée du jour;
Partout ils commencent à se lever,
Tous se sont levés sans tarder.
   Le soleil fut chaud dès la première heure,
La brume et le givre s'étaient dissipés.
Devant les tentes des deux rois,
Les Cornouaillais se sont assemblés;

n'out ch*evalie*r en tot le reigne
q*ui* n'ait o soi a cort sa feme.
Un drap de soie a paile bis
devant le tref au roi fu mis;
ovrez fu en bestes, menuz;
sor l'*er*be vert fu este*n*duz.
Li dras fu achaté en Niq*ue*s.
En Cornoualle n'ot reliq*ue*s
en tresor ne en filat*ier*es,
en aumaires n'en autres bieres,
en fiertres n'en escrinz n'e*n* chases, *30c*
en croiz d'or ne d'argent n'e*n* mases,
sor le paile(s) les orent mises,
arengies, p*ar* ordre asises.
   Li roi se traient *une* part,
faire i volent loial esgart.
Li rois Art*us* p*ar*la prem*ier*,
q*ui* de p*ar*ler fu p*ri*nsautier:
"Rois Marc," fait il, "q*ui* te *con*selle
tel outrage si fait m*er*velle;
certes," fait il, "sil se desloie.
Tu es leg*ier* a metre en voie,
ne doiz croire p*ar*ole fause;
trop te fesoit am*er*e sause
q*ui* p*ar*lement te fist joster;
m*o*lt li devroit du cors cost*er*
et ennuier, q*ui* voloit faire.
La franche Yseut, la debonere,
ne veut respit ne t*er*me avoir.
Cil püe*n*t bie*n* de fi savoir,
q*ui* vendront sa deresne pre*n*dre,
q*ue* ges ferai encore pe*n*dre,
q*ui* la reteront de folie
p*us* sa deresne, p*ar* e*n*vie;
digne seroient d'avoir mort.
Or oiez, roi, q*ui* ara tort.

4132 b.] ceres   4134 mases (m *écrit sur* p)   4145 ne doit trou*er*
4146 feroit

Pas un chevalier dans tout le royaume
Qui ne soit accompagné de sa femme à la cour.
Un drap de soie orné de brocart foncé
Fut placé devant la tente du roi;
Il est brodé à petits points de figures d'animaux.
On l'étendit sur l'herbe verte.
Le drap fut acheté à Nicée.
Il n'y avait de reliques en Cornouailles,
En trésors ou en phylactères,
En armoires ou autres coffres,
En reliquaires, écrins ou châsses,
En crois d'or et d'argent ou en masses,
Qu'ils n'eurent posées sur le brocart,
Rangées et disposées dans l'ordre.
Les rois se retirent à l'écart:
Ils veulent rendre un jugement équitable.
Le roi Arthur prit le premier la parole,
Etant prompt à parler:
"Roi Marc," *fait-il,* "celui qui te conseille
Une telle extrémité, commet une énormité;
Vraiment," *fait-il*, "il se conduit de façon déloyale.
Tu es facile à faire marcher,
Tu ne dois pas ajouter foi à un discours mensonger.
Il te préparait une sauce bien amère,
Celui qui te fit réunir cette assemblée;
Il devrait le payer cher
Et en souffrir, celui qui a voulu cela.
Iseut, la noble et bien née,
Ne veut avoir de sursis ni de délai.
Qu'ils soient bien assurés,
Ceux qui viendront assister à sa défense,
Que je les ferai pendre à l'avenir,
Ceux qui, par envie, l'accuseront d'inconduite
Après sa justification;
Ils mériteraient la mort.
Sachez donc, roi, où sont les vrais coupables.

La roïne ve*n*dra avant,
si qel v*er*ront petit *et* gr*a*nt,
et si jurra o sa mai*n* destre
sor les corsainz, au roi celestre
q*u'e*l onq*ue*s n'ot amor *con*mune
a to*n* nevo, ne *deus* ne une,
q*ue* l'en tornast a vilanie,
n'amor ne p*ri*st p*ar* puterie.
Da*n* Marc, trop a ice duré:
qant ele avra eisi juré, *30d*
di tes barons q*u'i*l aient pes."
—"Ha! sire Artus, q'e*n* p*us* je mes?
Tu me blasmes, *et* si as droit,
q*ar* fous est q*ui* envieus croit.
Ges ai creüz outre mo*n* gré.
Se la deraisne est e*n* cel pré,
ja n'i avra mais si hardiz,
se il ap*ré*s les esco*n*diz
en disoit rie*n* se anor no*n*,
q*ui* n'e*n* eüst mal g*er*redo*n*.
Ce saciez vos, Art*us*, frans rois,
c'a esté fait, c'est sor mo*n* pois.
Or se gardent d'ui en avant!"
Li *con*sel dep*ar*te*n*t atant.
   Tuit s'asistre*n*t p*ar* mié les rens,
fors les deus rois. C'est a gr*a*nt sens:
Yseut fu entre eus deus as mai*n*s.
Pres des reliq*ue*s fu Gauvai[n]s;
la mesnie Art*us*, la proisie,
entor le paile est are*n*gie.
Art*us* p*ri*st la p*ar*ole en mai*n*,
q*ui* fu d'Iseut le pl*us* prochai*n*:
   Entendez moi, Yseut la bele,
oïez de qoi on vos apele:
q*ue* T*ri*stra*n* n'ot v*er*s vos amor
de puteé ne de folor,

4171 d.] tort   4172 f.] felons (*avec* el *exp.*)   4183 T.] Quit
4186 fu] fait   4187 le p.

La reine s'avancera
De manière que petits et grands la voient,
Et jurera de la main droite
Sur les reliques, prenant à témoin le Roi céleste,
Que jamais elle ne connut avec ton neveu,
Un amour, partagé ou non,
Que l'on puisse tenir pour indigne,
Et qu'elle ne s'est éprise par luxure.
Seigneur Marc, ceci n'a que trop duré;
Quand elle aura prêté serment dans ces conditions
Dis à tes barons qu'ils se tiennent en paix.
— Hélas! sire Arthur, qu'y puis-je?
Tu me fais des reproches et tu as raison,
Car insensé est celui qui croit les envieux.
Je les ai crus malgré moi.
Si elle est innocentée en ce pré,
Il n'y aura plus personne d'assez téméraire,
Après la justification,
Pour parler d'elle autrement qu'en termes honorables
Sans recevoir une dure récompense.
Sachez ceci, noble roi Arthur,
Ce qui a été fait, l'a été malgré moi.
Mais qu'ils prennent garde dorénavant!"
Sur ce, ils terminent leur entretien.
Tous s'assirent dans les rangées,
Excepté les deux rois. C'est judicieux:
Iseut se tint entre eux, la main dans leur main.
Gauvain se trouva près des reliques;
La suite d'Arthur, tant prisée,
Est rangée autour du drap de soie.
Arthur, qui fut le plus près d'Iseut,
Prit la parole:
"Ecoutez-moi, belle Iseut,
Apprenez la déclaration qu'on attend de vous:
Que Tristran ne vous porta
Aucun sentiment, honteux ou coupable,

fors cele q*ue* devoit porter
e*n*ver*s* son oncle *et* ver*s* sa per."
"Seignors," fait el, "por Deu m*er*ci,
sai*n*tes reliq*ue*s voi ici.
Or escoutez q*ue* je ci jure,
de quoi le roi ci aseüre:
si m'aït De*us* *et* sai*n*t Ylaire,
ces reliq*ue*s, cest sai*n*tuaire,
totes celes q*ui* ci ne sont *31a*
et tuit icil de p*ar* le mont,
q'entre mes cuises n'e*n*tra home,
fors le ladre q*ui* fist soi some,
q*ui* me porta outre les guez,
et li rois Marc mes esposez.
Ces deus ost de mo*n* soireme*n*t,
ge n'e*n* ost plus de tote gent.
De deus ne me p*us* esc*on*dire:
du ladre, du roi Marc, mo*n* sire.
Li ladres fu entre mes ja*n*bes
. . . .
Q*ui* voudra q*ue* je plus en face,
tote en sui p*re*ste e*n* ceste place."
Tuit cil q*ui* l'ont oï jurer
ne püent pas pl*us* endurer.
"De*us*!" fait chascuns, "si fiere en jure!
Tant en a fait ap*ré*s droiture!
Plus i a mis q*ue* ne disoient
ne q*ue* li fel ne req*ue*roient.
Ne li covient plus escondit —
q'avez oï, g*ra*nt *et* petit —,
fors du roi *et* de son nevo.
Ele a juré *et* mis en vo
q'entre ses cuises nus n'e*n*tra
q*ue* li meseau*s* qui la porta
ier, endroit tierce, outre les guez,
et li rois Marc, ses esposez.

4204 t. celes 4206 soi] sor 4208 esporez 4219 chascune
4229 o.] entre

Excepté celui qu'il devait
A son oncle et à la compagne de celui-ci.
— Seigneurs," *fait-elle*, "grâce à Dieu,
Je vois ici de saintes reliques.
Ecoutez donc ce que je jure en ce lieu
Et ce que j'affirme au roi ici présent: —
Dieu me soit témoin et saint Hilaire —
Que, par ces reliques, par cette châsse,
Par toutes celles qui ne sont pas ici
Et toutes celles de par le monde,
Jamais homme n'entra entre mes cuisses,
Hormis le lépreux qui se fit bête de somme
Pour me porter par delà le gué,
Et le roi Marc mon époux.
J'exclus ces deux-là de mon serment,
Mais je n'en exclus personne d'autre.
Pour deux personnes, je ne puis nier:
Le lépreux et le roi Marc mon époux.
Le lépreux se trouva entre mes jambes
. . . .
Si l'on veut que j'en fasse davantage,
J'y suis toute prête, en ce lieu même."
Tous ceux qui l'ont entendue jurer,
Ne peuvent en supporter davantage.
"Dieu!" *fait chacun*, "son serment est plein d'assurance!
Elle s'est si bien conformée aux exigences de la justice!
Elle en a dit plus qu'on ne demandait
Et que les félons n'exigeaient.
Il ne lui faut d'autre justification —
Et vous l'avez entendue, grands et petits —
Outre celle qui concerne le roi et son neveu.
Elle a juré et fait serment
Que personne n'entra entre ses cuisses
A l'exception du lépreux qui la porta
par delà le gué, hier, vers l'heure de tierce,
Et du roi Marc, son époux.

Mal ait jamais l'e*n* mesq*ue*rra!"
Li rois Art*us* en piez leva,
li roi Marc a mis a raiso*n*,
q*ue* tuit l'oïre*n*t li baro*n*:
"Rois, la deraisne avon veüe
et bie*n* oïe *et* ente*n*due.
Or esgardent li troi felo*n*,
Donoalent *et* Guenelon,
et Goudoïne li mauvés, *31b*
q*u*(e) il ne parole*n*t sol jamés.
Ja ne seront en cele t*er*re
que m'en tenist ne pais ne g*er*re,
des q*ue* j'orroie la novele
de la roïne Yseut la bele,
q*ue* n'i allons a esperon
lui deraisn*ier* p*ar* g*ra*nt raiso*n*."
—"Sire," fait el, "v*ost*re merci!"
M*o*lt sont de cort li troi haï.
Les corz departe*n*t si s'e*n* vont.
Yseut la bele o le chief blont
mercie m*o*lt le roi Artur.
"Dame," fait il, "je vos asur:
ne troverez mais q*ui* vos die,
tant *con* j'aie santé ne vie,
nis une rie*n* se anor non.
Mal le pensere*n*t li felo*n*.
Ge p*ri*é le roi v*ost*re seignor,
et feelme*n*t, m*o*lt p*ar* amor,
q*ue* mais felo*n* de vos ne croie."
Dist li roi Marc: "Se gel faisoie
d'or en avant, si me blasmez."
Li uns de l'autre s'est sevrez,
chascu*n* s'e*n* vie*n*t a so*n* roiaume:
li rois Art*us* vie*n*t a D*u*relme,
rois Marc remest e*n* Cornoualle.

4232 r.] nies   4235 a. oie (*biffé*) v.   4242 q*ui*l mai*n*tenist
4255 u.] nūe (*le titulus d'une encre plus pâle*); amor

Malheur à qui refusera jamais de la croire!"
Le roi Arthur se mit debout
Et s'adressa au roi Marc
En sorte que tous les barons l'entendent:
"Roi, la défense, nous l'avons vue,
Nous l'avons bien écoutée et comprise.
Maintenant, que les trois félons,
Denoalen et Ganelon
Et Godoïne, le mauvais, se gardent
De jamais prononcer une seule parole.
Tant qu'ils seront en ce pays,
Ni paix ni guerre ne me retiendront,
Dès que j'entendrai des bruits
Au sujet de la reine Iseut, la belle,
De m'y rendre à toute allure
Pour prendre, à juste titre, sa défense.
— Sire," *fait-elle*, "je vous remercie!"
Les trois sont fort détestés par la cour.
Les deux cours se quittent et s'en vont.
Iseut, la belle aux cheveux blonds,
Remercie chaleureusement le roi Arthur.
"Dame," *fait-il* "je vous le garantis:
Vous ne trouverez plus personne pour vous dire,
Tant que j'aurai santé et vie,
Ne fût-ce qu'un seul mot qui ne soit respectueux.
C'est pour leur malheur que les félons eurent ce dessein.
Je prie le roi votre époux,
En toute loyauté et amitié,
De ne plus croire un félon à votre sujet."
Le roi Marc répond: "Si je le faisais
Dorénavant, infligez-moi un blâme."
Ils se sont quittés,
Chacun regagne son royaume:
Le roi Arthur se rend à Durham,
Le roi Marc reste en Cornouailles.

Trista*n* sejorne, poi travalle.
   Li rois a Cornoualle en pes,
tuit le c*ri*eme*nt* *et* lui*n* *et* pres.
En ses deduiz Yseut en meine,
de lié am*er* forme*n*t se paine.
Mais, q*ui* q'ait pais, li t*ro*i felo*n*
sont en esgart de t*ra*ïso*n*.
A eus fu venue *une* espie,
q*ui* va q*ue*rant chang*ier* sa vie. *31c*
"Seignors," fait il, "or m'e*n*te*n*dez;
se je vos ment, si me pendez.
Li rois v*os* sout l'aut*rier* mal gré
et vos en acuelli en hé
por le deraisne sa moll*ier*.
Pendre m'otroi ou essill*ier*,
se ne vos mostre ap*er*teme*n*t
Trista*n*, la ou so*n* aise atent
de p*ar*ler o sa ch*ier*e drue;
il est repost si sai sa mue.
Trista*n* set m*o*lt de Malpertis:
qant li rois vait a ses deduis,
en la cha*n*bre vet *con*gié p*re*ndre.
De moi faciez en *un* feu ce*n*dre,
se vos alez a la fenestre
de la cha*n*bre, derier' a destre,
se n'i veez T*ri*stra*n* ven*ir*,
s'espee çai*n*te, *un* arc ten*ir*,
deus seetes en l'autre main;
enuit *ver*rez venir, p*ar* main."
—"*Con*ment le sez?"—"Je l'ai veü."
—"Trista*n*?"—"Je, voire, *et* *con*neü."
—"Qant i fu il?"—"Hui mai*n* l'i vi."
—"*Et* qui o lui?"—"Cil son ami."
—"Ami? *Et* q*ui*?"—"Dan Gov*er*nal."
—"Ou se so*n*t mis?"—"En haut ostal
se deduient."—"C'est chiés Dinas?"
—"*Et* je q*ue* sai?"—"Il n'i sont pas

4285-6 *intervertis*   4286 so*n* deduits (*avec* s *ajouté*)   4300 Q*ui*l se

Tristran demeure là et ne se fait guère de souci.
Le roi maintient la Cornouailles en paix;
4268 *Tous le redoutent, et de loin et de près.*
Il fait participer Iseut à ses divertissements
Et met tous ses efforts à lui marquer son affection.
Mais, malgré la paix générale,
4272 *Les trois félons méditent une trahison.*
Un espion se présenta à eux,
En quête d'une meilleure existence.
"Seigneurs," *fait-il*, "écoutez-moi!
4276 Si je vous mens, pendez-moi.
Le roi, l'autre jour, vous a su mauvais gré
Et il vous a pris en haine
Suite à la défense de son épouse.
4280 Je consens à être pendu ou exilé,
Si je ne vous montre clairement
Tristran, guettant le moment propice
De parler à sa chère amie;
4284 Il est caché, mais je connais son refuge.
Tristran en sait long sur Malpertuis:
Quand le roi s'en va se divertir,
Il se rend dans la chambre pour prendre congé.
4288 Vous pouvez me brûlez jusqu'aux cendres
Si, en vous approchant de la fenêtre
De la chambre, derrière à droite,
Vous n'y voyez arriver Tristran,
4292 L'épée ceinte, tenant un arc d'une main
Et deux flèches de l'autre.
Vous le verrez arriver cette nuit, vers l'aube.
— Comment le sais-tu? — Je l'ai vu.
4296 — Tristran? — Oui vraiment, je l'ai vu et reconnu.
— Quand s'y trouvait-il? — Je l'ai vu là ce matin.
— Et qui était avec lui? — Celui qui est son ami.
— Son ami? Et qui donc? — Le seigneur Governal.
4300 — Où se sont-ils installés? — Ils prennent leurs aises
Dans un logement élégant. — Est-ce chez Dinas?
— Qu'en sais-je? — Ils ne s'y trouvent pas

sanz son seü!"—"Asez puet estre."
—Ou v*er*ro[n] nos?"—"P*ar* la fenestre
de la chanbre; ce est tot voir.
Se gel vos mostre, g*ra*nt avoir
en doi avoir, q*a*nt l'en ratent."
—"Nomez l'avoir."—"*Un* marc d'arge*n*t,
et plus assez q*ue* la pramesse, *31d*
si vos aït iglise *et* messe."
—"Se tu mostres, n'i puez fallir
ne te faço*n* amana*n*tir."
—"Or m'entendez," fait li cuvert,
a *un* petit fenestre overt
endroit la cha*n*bre la roïne;
p*ar* dedevant vet la cortine.
Triés la cha*n*brë est g*ra*nt la doiz
et bie*n* espesse li jagloiz.
L'un de vos trois i aut mati*n*
p*ar* la fraite du nuef jardi*n*.
Voist beleme*n*t tresq*ue* au p*er*tus;
fors la fenestre n'i aut nus.
Faites une longue brochete,
a *un* coutel, bie*n* agü(c)ete;
poigniez le drap de la cortine
o la broche poigna*n*t d'espine;
la cortine souavet sache
au p*er*tuset, c'o*n* ne l'estache,
q*ue* tu voies la dedenz cler,
qant il venra a lui p*ar*ler.
S'issi t'en p[re]nz sol *trois* jorz garde,
atant otroi q*ue* l'en m'e*n* arde,
se ne veez ce q*ue* je di."
Fait chascu*n* d'eus: "Je vos afi
a tenir n*ost*re covenant."
L'espie font aler avant.
Lors devise*n*t li qeus d'eus trois
ira prem*ier* voier l'orlois
q*ue* Tristra*n* a la cha*n*bre maine

4307 q. leuꝰ rati*n* 4314 a] *et* 4317 cla*n*bre 4331 Se il si t.; iarde

A son insu! — C'est probable.
— Où les verrons-nous? — Par la fenêtre
De la chambre; c'est la pure vérité.
Si je vous le montre, il me faudra
Beaucoup d'argent, puisque j'y compte.
— Indiquez le montant. — Un marc d'argent,
Et bien plus qu'une simple promesse,
Que l'Eglise et la messe vous soient un secours.
— Si tu nous le montres,
Nous ne manquerons pas de t'enrichir.
— Ecoutez-moi maintenant," *fait l'infâme,*
"Il y a une petite fenêtre ouverte
Juste à la hauteur de la chambre de la reine;
La tapisserie la dissimule.
Derrière la chambre, le ruisseau est large
Et les glaïeuls y poussent bien dru.
Que l'un de vous trois s'y rende de bon matin
En passant par la brèche du nouveau jardin.
Qu'il aille doucement jusqu'à l'ouverture;
Que personne ne passe devant la fenêtre.
Faites une longue perche
Bien épointée au couteau;
Piquez le tissu de la tenture
Avec la tige pointue comme une épine;
Ecarte doucement la tenture
De l'ouverture (car elle n'est pas fixée),
Afin de voir distinctement à l'intérieur,
Quand il viendra la voir.
Si tu fais ainsi le guet trois jours seulement,
Alors j'accepte que l'on me brûle,
Si vous ne voyez ce dont je parle."
Chacun d'eux répond: "Je vous garantis
Que nous respecterons notre engagement."
Ils envoient l'espion en avant.
Alors ils discutent pour savoir lequel des trois
Ira le premier regarder les ébats
Auxquels Tristran se livre dans la chambre

o celié q*ui* seue est demeine;
otroié ont q*ue* Goudoïne
ira au p*re*merai*n* te*r*mine.
Dep*ar*te*n*t soi, chas*cun* s'en vet,
demai*n* savro*n*t *con* Tr*i*stra*n* sert. *32a*
Deus! la franche ne se gardoit
des felons ne de lor t*ri*pot.
P*ar* Pe*r*inis, *un* sue*n* p*ro*chai*n*,
avoit mandé q*ue* l'e*n*demai*n*
Tristra*n* venist a lié mati*n*:
li rois iroit a Sai*n*t Lubi*n*.
Oez, seignors, q*e*l ave*n*ture!
L'endemai*n* fu la nuit oscure.
Tristra*n* se fu mis a la voie
p*ar* l'espesse d'u*n*' espinoie.
A l'issue d'une gaudine
garda, vit venir Go*n*doïne;
et s'e*n* venoit de son recet.
Tristra*n* li a fet *un* aget,
repost se fu a l'espinoi.
"Ha De*us*," fait il, "regarde moi,
q*ue* cil q*ui* vient ne m'ap*er*çoive
tant q*ue* devant moi le reçoive!"
En sus l'atent, s'espee tie*n*t.
Goudoïne autre voie tient.
Tristra*n* remest, a q*ui* m*o*lt poise;
ist du buiso*n*, cele part toise,
mais por noient, q*ar* cil s'esloigne,
q*ui* en fel leu a mis sa poine.
Tristra*n* garda au luie*n* si vit —
ne demora q*ue* *un* petit —
Denoalan venir anblant
o *deus* lev*r*iers, m*e*rvelles *gra*nt.
Afustez est a *un* pomier;
Denoalent vint le sent*ier*
sor *un* petit palefroi noir;
ses chiens out envoié mover
en *une* espoise *un* fier sengler.
Ainz qu'il le puisen[t] desangler,

Avec celle qui est toute à lui;
Ils conviennent que Godoïne
Ira la première fois.
Ils se quittent et chacun s'en va;
Demain ils sauront comment Tristran se conduit.
Dieu! la noble dame ne prenait pas garde
Aux félons et à leur intrigue.
Par l'intermédiaire de Périnis, un de ses familiers,
Elle avait demandé que Tristran vienne
A elle le lendemain matin:
Le roi se rendrait à Saint-Lubin.
   Apprenez, seigneurs, ce qui est arrivé!
Le lendemain, à la nuit noire,
Tristran se fraya un chemin
A travers une épaisse épinaie.
A l'orée d'un bois, il regarda autour de lui
Et vit venir Godoïne;
Il revenait de sa cachette.
Tristran lui a tendu un piège
Et se dissimula dans le bosquet d'épines.
"Ah Dieu," *s'exclame-t-il,* "veille sur moi,
Puisse celui qui vient ne pas m'apercevoir
Avant d'être à ma portée!"
Il l'attend à distance, l'épée en main.
Godoïne prend un autre chemin.
Tristran reste là plein de dépit;
Il sort du bosquet et se dirige de ce côté,
Mais c'est en vain, car il s'éloigne déjà,
Celui qui s'est dépensé à faire le mal.
Tristran regarda au loin et vit,
Peu de temps après,
Denoalen venir à l'amble
Avec deux lévriers d'une taille étonnante.
Il s'est placé à l'affût près d'un pommier.
Denoalen suivit le sentier
Sur un petit palefroi noir;
Il avait envoyé ses chiens dans un fourré
Lever un farouche sanglier.
Avant qu'ils ne parviennent à le débusquer,

avra lor mestre tel colee *32b*
q*ue* ja p*ar* mire n'ert sanee.
Tristra[n] li preuz fu desfublez.
Denoale*n* est tost alez;
ainz n'en sout mot, q*a*nt T*ri*stra*n* saut.
Fuïr s'en veut, mais il i faut:
Tristra*n* li fu devant trop pres,
morir le fist. Q'e*n* pout il mes?
Sa mort q*ue*roit; cil s'e*n* garda,
q*ue* le chief du bu li sevra.
Ne li lut dire: "Tu me bleces."
O l'espee trencha les treces,
en sa chauce les a boutees,
qant les avra Yseut mostrees,
q*u'e*le l'en croie q*u'i*l l'a mort.
D'iluec s'en p*ar*t T*ri*stra*n* a fort.
"Ha las," fait il, "q*u*(*e*) est devenuz
Goudouïnë — or s'est toluz —
q*ue* vi venir orainz si tost?
Est il passez? Ala ta*n*tost?
S'il m'ate*n*dist, savoir peüst
ja mellor g*er*redo*n* n'eüst
q*ue* Do[n]alan, le fel, en porte,
q*ui* j'ai laisié la teste morte."
Tristra*n* laise le cors gesant
enmié la lande, env*er*s, sangle*n*t.
Tert s'espee si l'a remise
en so*n* fuerre, sa chape a p*ri*se,
le chapero*n* el chief sei met,
sor le cors *un* gr*a*nt fust atret.
A la cha*n*bre sa drue vi*n*t.
Mais or oiez *con* li avint:
Goudoïne fu acoruz
et fu ainz q*ue* T*ri*stra*n* venuz.
La cortine e[r]t dedenz p*er*cie:
vit la cha*n*bre, qui fu jo*n*chie, *32c*
tot vit q*a*nt q*ue* dedenz avoit,
home fors P*er*inis ne voit.
Brengai*n* i vint, la damoisele,

Leur maître recevra un coup
Que jamais médecin ne pourra guérir.
Tristran le preux avant enlevé son manteau.
Denoalen est arrivé rapidement;
Il ne se douta de rien quand Tristran bondit.
Il veut s'enfuir, mais n'y réussit pas;
Tristran le serra déjà de trop près
Et le tua. Que pouvait-il faire d'autre?
L'homme voulait sa mort; il sut s'en préserver
Et lui sépara la tête du tronc
Sans lui laisser le temps de dire: "Je suis blessé".
Il trancha les tresses avec son épée
Et les a glissées dans ses chausses,
Afin qu'Iseut comprenne qu'il l'a tué,
Quand il les lui aura montrées.
Tristran quitte rapidement les lieux.
"Hélas," *fait-il*, "qu'est devenu
Godoïne — il a disparu maintenant —,
Lui que j'ai vu venir si vite tout à l'heure?
Est-il passé? Est-il parti aussitôt?
S'il m'avait attendu, il aurait pu savoir
Qu'il n'emporterait pas de meilleure récompense
Que celle remportée par le félon Denoalen,
Que j'ai laissé la tête coupée."
Tristran abandonne le corps sanglant
Couché sur le dos, au milieu de la lande.
Il essuie son épée et l'a remise
Dans le fourreau, a pris son manteau
Et se coiffe de son chaperon;
Après avoir couvert le corps d'une grosse branche,
Il se dirige vers la chambre de son amie.
Mais écoutez maintenant ce qui lui arriva.
Godoïne, en courant,
Etait arrivé avant Tristran.
La tenture était percée à l'intérieur:
Il découvrit la chambre jonchée
Et tout ce qu'elle contenait;
Il n'y aperçut d'autre homme que Périnis.
Brangain, la demoiselle, y pénétra

ou out pignié Yseut la bele;
le pieigne avoit encor o soi.
Le fel qui fu a la paroi
garda si vit T*ri*stra*n* entrer,
q*ui* tint *un* arc d'aubor anter;
en sa mai*n* tint ses *deus* seetes,
en l'autre *deus* treces longuetes.
Sa chape osta, p*er*t ses genz cors.
Iseut, la bele o les c*ri*ns sors,
*con*tre lui lieve sil salue.
P*ar* sa fenestre vit la nue
de la teste de Go*n*doïne.
De g*ra*nt savoir fu la roïne.
D'ire tresue sa p*er*sone.
Yseut T*ri*stra*n* en araisone:
"Se De*us* me gart," fait il, "au sue*n*,
vez les treces Denoalen.
Ge t'ai de lui p*ri*s la ve*n*jance:
jamais p*ar* lui escu ne lance
n'iert achatez ne mis e*n* p*ri*s."
—"Sire," fait ele, "ge q'e*n* puis?
Mes p*ri*é vos q*ue* cest arc te*n*dez,
et ve*r*ron co*m* il est bendez."
Tristra*n* l'estent si s'ape*n*sa;
oiez! en son pe*n*ser tensa.
P*re*nt s'ente*n*te si te*n*di l'arc.
Enq*i*ert noveles du roi Marc;
Yseut l'en dit ce q*u'e*le en sot
. . . .
S'il en peüst vis eschaper,
du roi Marc *et* d'Iseut sa per
referoit sordre mortel g*er*re.
Cil q*ui* De*us* doinst anor *con*q*ue*rre, *32d*
l'engardera de l'eschaper.
Yseut n'out cure de gaber:
"Amis, une seete encorde,
garde du fil q*u'i*l ne retorde.

4422 anc*er* 4441 T. sestent 4454 temorde (*ou* remorde)

Après avoir coiffé la belle Iseut;
Elle tenait encore le peigne en main.
4420 *Le félon, appuyé contre le mur,*
Observa et vit entrer Tristran,
Portant un excellent arc d'aubier;
D'une main il tint ses deux flèches
4424 *Et de l'autre, deux tresses assez longues.*
Il ôta son manteau et sa noble stature apparaît.
Iseut, la belle aux cheveux blonds,
Se lève à sa rencontre et le salue.
4428 *Par la fenêtre elle aperçut l'ombre*
De la tête de Godoïne.
La reine gardait son sang-froid,
Mais la colère la couvre de sueur.
4432 *Tristran s'adresse à Iseut:*
"Dieu me garde comme l'un des siens," *dit-il*,
"Voici les tresses de Denoalen.
Je t'ai vengée de lui:
Jamais il n'achètera ni ne marchandera
4436 D'écu ni de lance.
— Seigneur," *répond-elle*, "cela me concerne-t-il?
Mais, je vous en prie, tendez donc cet arc,
4440 Que nous voyions comment on le bande."
Tristran le tend, puis se mit à réfléchir.
Ecoutez! Il s'interrogea,
Se fait une opinion, et banda l'arc.
4444 *Il s'enquiert du roi Marc;*
Iseut lui dit ce qu'elle en savait.
. . . .
S'il (Godoïne) pouvait en échapper vivant,
Il ferait naître un conflit fatal
4448 *Entre le roi Marc et Iseut, son épouse.*
Celui à qui Dieu permette de se couvrir d'honneur
Fera obstacle à sa fuite.
4452 *Iseut n'était pas d'humeur à plaisanter:*
"Ami, encoche une flèche et
Veille à ce que le fil ne se torde.

Je voi tel chose dont moi poise;
Trista*n*, de l'arc nos p*re*n ta toise."
Tristra*n* s'estut si pe*n*sa pose,
bie*n* soit q'el voit aucune chose
q*ui* li desplaist. Garda e*n* haut —
grant poor a, tre*n*ble *et* t*re*saut —
contre le jor, p*ar* la cortine,
vit la teste de Godoïne.
"Ha De*us*, vrai roi, ta*n*t riche trait
ai d'arc *et* de seete fait;
*con*sentez moi q*ue* cest ne falle!
Un des trois feus de Cornoualle
voi, a g*ra*nt tort, p*ar* la defors.
De*us*, qui le tue*n* sai*n*tisme cors
por le pueple meïs a mort,
lai moi ve*n*jance avoir du tort
q*ue* cil felo*n* muevent v*er*s moi!"
Lors se torna v*er*s la paroi;
sovent ot entesé si trait:
la seete si tost s'e*n* vait
riens ne peüst de lui ga*n*dir;
p*ar* mié l'uel la li fait bra*n*dir:
trencha le test *et* la c*er*vele.
Esm*er*illons ne aro*n*dele
de la moitié si tost ne vole;
se ce fust *une* pome mole,
n'issist la seete plus tost.
Cil chiet si se hurte a *un* post;
onq*ue*s ne piez ne braz ne mut,
seuleme*n*t dire ne li lut:
"Bleciez sui! De*us*! *con*fessïo*n*
. . . .

4463 riches(?) 4472 L. atornera v. le roi (*barré*) la p.
4485 *Ce vers est la réclame du cahier suivant, au bas de la page.*

J'aperçois quelque chose qui m'importune;
Tristran, tends-nous cet arc autant que tu pourras."
Tristran resta sans bouger et réfléchit un instant;
Il sait bien qu'elle voit quelque chose
Qui lui déplaît. Il leva les yeux —
Il est pris d'angoisse, il tremble et frémit:
A contre-jour, à travers la tenture,
Il vit la tête de Godoïne.
"Ah Dieu, vrai roi, j'ai réussi de si beaux coups
Avec un arc et une flèche;
Faites que je ne manque pas celui-ci!
Je vois là dehors, prêt à faire beaucoup de mal,
Un des trois félons de Cornouailles.
Dieu, Toi qui as immolé ton corps très saint
Pour le bien de l'humanité,
Laisse-moi me venger du tort
Que ces félons me causent!"
Il se tourna alors vers le mur,
Après avoir longuement visé, il tire:
La flèche part si vite
Que rien n'aurait pu lui échapper.
Il la lui envoie se ficher en plein dans l'oeil;
Elle transperça le crâne et la cervelle:
Ni l'émerillon ni l'hirondelle
N'atteignent la moitié de sa vitesse;
Eût-ce été une pomme blette,
La flèche ne serait pas ressortie plus vite.
L'homme tombe en heurtant un poteau;
Il ne remua plus ni bras ni jambes
Et n'eut même pas le temps de dire:
"Je suis blessé! Dieu! Confession
. . . .

INDEX DES NOMS PROPRES

TABLE DES MATIÈRES

PRINTED ON PERMANENT PAPER • IMPRIME SUR PAPIER PERMANENT • GEDRUKT OP DUURZAAM PAPIER - ISO 9706

ORIENTALISTE, KLEIN DALENSTRAAT 42, B-3020 HERENT